『老子』德论

王康宁 著

中国社会科学出版社

图书在版编目（CIP）数据

《老子》"德"论／王康宁著. —北京：中国社会科学出版社，
2021.7

ISBN 978 - 7 - 5203 - 8593 - 0

Ⅰ.①老… Ⅱ.①王… Ⅲ.①老子—哲学思想—研究
Ⅳ.①B223.15

中国版本图书馆 CIP 数据核字（2021）第 106922 号

出 版 人　赵剑英
责任编辑　安　芳
责任校对　张爱华
责任印制　李寡寡

出　　　版　中国社会科学出版社
社　　　址　北京鼓楼西大街甲 158 号
邮　　　编　100720
网　　　址　http://www.csspw.cn
发 行 部　010 - 84083685
门 市 部　010 - 84029450
经　　　销　新华书店及其他书店

印　　　刷　北京明恒达印务有限公司
装　　　订　廊坊市广阳区广增装订厂
版　　　次　2021 年 7 月第 1 版
印　　　次　2021 年 7 月第 1 次印刷

开　　　本　710 × 1000　1/16
印　　　张　17.75
字　　　数　265 千字
定　　　价　98.00 元

前　　言

作为传统文化的重要组成部分，道家《老子》博大、玄远的思想内涵及其对现实的镜鉴价值，是其得以成为延续不断、经久不息之传统的要因。一直以来，学界对于《老子》的研究，多集中于"道"论。以"道"作为关键词，业已出现众多研究成果。然而，视角的聚焦虽有利于研究的深入，却有可能窄化研究的范畴。学界对于《老子》"道"论集中、长久的关注，以及早期存在的关于《老子》"道德虚无主义""无道德""反道德"等观点，在相当程度上阻碍"德"论研究的进展，致使《老子》之"德"颇受"冷落"。目前来看，关于《老子》"道德虚无主义""无道德""反道德"的早期看法，已在相当程度上得以"纠偏"，此为"德"之"出场"，提供了一个较为宽松的环境。

相比于"道"论，学界已有的关于《老子》之"德"的研究成果较少。以学科归属为划分标准，为数不多的研究基本上局限于伦理学领域。将"德"作为伦理学概念，等同于将"德"之主体限定为"人"。"人"是《老子》之"德"的主体，却不是唯一主体。《老子》"德"之概念、内涵的复杂性，决定"德"的主体并不仅是"人"，对于《老子》"德"论的研究亦不应局限于伦理学领域。

以全面、多维的视角观照《老子》之"德"，既是《老子》"德"论研究的必要前提，也是为德育理论及实践提供借鉴的前提。《老子》"德"论是一个体系化、结构化的整体理论，涵盖概念、主体、内容、方法等层面，具有自上而下的系统性。

从概念上讲，《老子》之“德”，在继承前期“德”概念的基础上，富含道家内涵。《老子》之“德”除具伦理义外，亦包括哲学义。在《老子》中，“德”首先是形上概念，并不直接与“道德”“美德”等伦理义相关。《老子》之“德”的主体及主体间关系，使得“德”呈现出“形上—形下”“哲学—伦理”的双重性。依照《老子》文本展开对“德”义的分析，可见《老子》之“德”具备三种含义，即伦理义、哲学义及一般的动词义。

从“德”论的体系及层级上讲，《老子》中既有构成“德”论的相关概念及主体，又有构成“德”之层级的具体内容。在《老子》中，构成“德”论的主要概念有二，即“道”“德”。“德”是“德”论最核心的概念。“道”作为《老子》的核心、首要概念，处于“德”之上位，因其与“德”的密切关系，故成为“德”论的另一重要概念。《老子》的“道”“德”是构成“德”论概念体系的关键。“德”作为“德”论的核心概念，其主体及主体间的关系，体现为“道—天—地—人”的直线式和圆环式关系。这两种关系模式，具有不同的意旨。在《老子》中，“德”作为价值起源，本身便是“价值”；而其中关于“道”“德”“仁”“义”“礼”的论述，则构成“德”论的价值层级，体现为“道—德—仁—义—礼”及“上德—下德”的结构。

从“德”论的主体及表现形式上讲，《老子》之“德”，因主体不同而有不同的表现形式。《老子》之“德”的第一主体是“道”，由“道”而“生”的“德”，是形上的、无为的，并在一定程度上与“道”重合。“天地”作为“域中四大”，亦是“德”之主体。“天地之德”承袭“道之德”，表现为“不仁”。天地之间的“万物”，虽不明确存于“域中四大”的行列，但在《老子》中亦是“德”之主体。万物承袭“天地”之德，表现为“不争”。除道、天地、万物外，万物之“灵”的“人”，作为“道”之主体，为《老子》所重点关注。在涉及“人德”时，《老子》既论述一般意义的“人”德，又专对“人主”之德多着笔墨。以“人”作为“德”之主体，关注的是“德”之伦理义。“人之德”的伦理性，与"道之德"的形上性，"天地之德"的"形上—形下"的过渡性，"物之德"的形下性均有明显不同。至于"人主"之"德"，因于老子重视政治的现实功用，是故在《老子》中，"人主"之德主要体现为"政德"。由于《老子》中的道、天、地、人的关系及属性是逐级演变的，表现为"形上—形下""精神—实体"；是故与各者的属性相应，道之德—天地之德—物之德—人之德，亦体现出"形上—形下""哲学—伦理"的演变路径。

在"德"论的实践层面，《老子》主要关注"人"对"德"的获得与践行。以"人"为"德"的主体，《老子》为"人"对"德"的体认及实践提供方法指导。在老子看来，个体对于"德"的亲历与实践包括三种方式，即"察""思""行"。结合《老子》文本，各种方法又可细分为具体的方面。"德"论价值取向则统论《老子》何以关注"德"，指明"德"论的目的。结合《老子》思想，《老子》"德"论的价值取向体现为"由小及大"的三个层面，即个体层面的"人皆有德"，社会层面"人世有道"，宇宙层面的"宇宙完满"。

以《老子》"德"论关涉道德教育，为现实道德教育理论与实践提供借鉴，目的在于系统分析《老子》"德"论的现实指向，表明《老子》"德"论的教育目的与旨归。《老子》"德"论以"德"为核心，与道德教育具有本质的相似性。《老子》"德"论蕴含并彰显着诸如"道德是否可教"，"道德教育的主体是谁"，"道德教育的内容是什么"以及"道德教育通过何种方式实施"等基本的道德教育问题，各者对道德教育具有诸多启示意义。

此外，以"不言之教"作为探索老子教育思想的着力点，可见老子思想中的教育意蕴，并可从中发掘诸多教育智慧与真谛。

目　　录

绪　　论

　　儒道两家分别上承六经之首——《易经》中的乾坤两卦，或曰阳阴两脉，二者缘源和合，若车之两轮，缺一不可。然自汉武帝"独尊儒术"以来，儒家一直占据着传统文化的主流，此乃学界所公认。究其因由，或由于儒家"治国平天下"之主张利于帝国大一统之需？或由于道家"无为而治"之观念无助于帝国的富国强兵？此千年公案之缘由，吾辈尚难分说。但是可以肯定的是，较之道家而言，儒家思想始终被历代统治者视为"治国平天下"之利器。相形之下，道家之流传，或退隐于山林道观，或承续于失意士林之清谈，更甚或散播于民间养生祈福之秘传。公允地说，道家尤其是《老子》的功用和影响，远不应止于山林道观、失意士林和民间秘传，其博大精深的奥意治功，值得学界发扬光大。

　　《老子》五千言，微言大义，开先秦道家学派，乃道家思想最早的代表作。《老子》一书，历来为学界所重，元代张与才序杜道坚《道德经原旨》（《道藏》本）曾说："《道德》八十一章，注者三千余家。"[①] 张说虽有过喻之嫌，但足见古人对于《老子》之热衷。近代伊始，《老子》研究亦硕果累累。梁启超、唐君毅、章太炎、冯友兰、牟宗三等近代国学大

---

　　① 张与才：《道德经原旨·序》，《道藏》第 12 册，文物出版社、上海书店、天津古籍出版社 1988 年版，第 725 页。又见，《正统道藏》第 21 册，台北艺文印书馆 1977 年版，第 16731 页。

师，都对《老子》有深入研究。郭沫若认为："道家思想直可以说垄断了两千年来的中国学术界。"① 孙以楷曾指出："中国传统文化的理论根基是道家。"② 英国著名学者、科技史专家李约瑟博士说："中国如果没有道家思想，就会像是一棵某些深根已经烂掉的大树。"③

道家作为一种文化，是中华文明的必要组成部分；作为一种学说或思想，则开中国哲学思想之先河。胡适的《中国哲学史》开篇即论述先秦道家，表明其哲学的"道家开端"说。此观点同样为张岱年所认可："老子的道论是中国哲学本体论的开始，这是确然无疑的……在中国哲学本体论的发展过程中，道家学说居于主导地位。"④ 对此，台湾道学研究专家陈鼓应持相同观点。对于道家哲学，英国著名历史学家阿诺德·汤因比（Arnold Joseph Toynbee）评价道："在人类生存的任何地方，道家都是最早的一种哲学。他推断人类在获得文明的同时，已经打乱了自己与终极实在精神的和谐相处，从而损害了自己在宇宙中的地位。人类应该按照终极实在的精神生活、行为和存在。"⑤

对于以《老子》为代表的道家思想的作用与影响，当代学者有着理性且中肯的认识："在几千年的中国专制集权社会中，尽管道家思想在绝大多数时间都是作为非正统的民间思想存在发生影响，但它始终保持着可贵的时代忧患意识和社会批判意识，形成为一种着力批判官本位文化和不合理现实的异端思想传统，有着警世醒世的巨大社会功能，它也是道家思想家和受道家思想影响的传统知识分子关注现实社会人生、积极参与社会政治、勇于担当社会责任的重要方式。"⑥

① 郭沫若：《十批判书》，人民出版社1954年版，第162页。

② 孙以楷：《披云集》，安徽大学出版社2010年版，第131—132页。

③ ［英］李约瑟：《中国科学技术史》第2卷，科学出版社1990年版，第178页。

④ 张岱年：《道家在中国哲学史上的地位》，《道家文化研究》第6辑，上海古籍出版社1995年版，第4—5页。

⑤ ［英］阿诺德·汤因比：《人类与大地母亲》，上海人民出版社2001年版，第198页。

⑥ 朱晓鹏：《老子哲学研究》，商务印书馆2009年版，第318页。

时至今日，随着"新道家"学者队伍的不断扩充以及对道家理论的"创造性诠释"，《老子》五千言所具有的现世价值将得到更大程度的彰显，老子所希冀的"能知古史"以及"执古之道，以御今之有"的诉求会在更大层面上获得实现。

概言之，道家思想的经久不息与勃勃生机，既表明其理论内涵的丰富性与文化底蕴的深厚性，又印证着其与现实社会的密切关联。

一　选题缘由

以对道家思想经久不衰的生命力及广博深远的文化内涵的认同与崇尚为前提，选择对《老子》"德"论予以研究，意在为德育理论及实践提供借鉴。之所以选择探究《老子》"德"论，并以其作为道德教育的上位理论，原因在于《老子》"德"论作为道德理论，与道德教育理论之间存有内在关联。

鉴于学界鲜见关于《老子》"德"论的研究，故而探究并呈现《老子》"德"论的基本样态是本研究的主要内容。而由于探究《老子》"德"论在先，为德育理论及实践提供借鉴在后，故而关注学界有关《老子》之"德"的研究结论，并在此基础上构建《老子》"德"论，是确保为道德教育提供借鉴之方的前提。对于《老子》"德"论的解读及分析是本研究的起点，探究《老子》"德"论对德育的镜鉴是本研究的落脚点。

关注《老子》"德"论，并将其作为道德教育理论与实践的前在理论，概出于以下考虑。

（一）《老子》"德"论的重要性及当前研究的偏颇

《老子》，又称《道德经》。单从书名看，《老子》五千言不外乎"道""德"二论。"德"是春秋战国时期被包含在各家学派思想中的一个重要概念。道家《老子》中，"德"字出现43处，其后学《庄子》中则有206处。

在诸多权威文本中，《老子》八十一章"道经"为上，"德经"为下。王弼、河上公、王夫之以及今人陈鼓应等注解的《老子》均采用此种结构。这也是目前为大多数人所易见的版本。然而，1973年出土于马王堆的甲乙两种版本的帛书《老子》，却采用相反的结构，即"德经"在前，"道经"在后，并且不分章节。"德经"在前的结构，同样出现于郭店楚墓竹简版的《老子》中。2006年，马王堆汉墓帛书以及郭店竹简版的《老子》，被中央编译出版社命名为《老子·德道经》发行。借着帛书以及竹简版《老子》的问世，一些学者主张应将《道德经》中"道—德"的思维进路反转为"德—道"，认为"德"在《老子》中先于"道"出现，道由德而生。这种"道""德"顺序的调整，看似微小，实则带来《老子》逻辑推演的极大变动，在相当程度上是对古往今来注解《老子》的诸多甚至大多数版本所采用的理路的逆转。不过，撇开德经、道经的先后顺序不谈，深入解读《老子》文本，可见其具体行文中仍然遵循由道入德、先道后德的路径。如"失道而后德"（今本《老子》第三十八章）；"道生一，一生二，二生三，三生万物"（今本《老子》第四十二章）；"是以万物莫不尊道而贵德。道之尊，德之贵……道生之，德畜之"（今本《老子》第五十一章）。虽然"由道入德"与"由德入道"体现出两种截然不同的思维进路，然而无论何种路径，"德"论在《老子》中所占的分量不容小觑。

循着学界所普遍认可的"道—德"理路，"道"被看作《老子》整体思想的核心及关键。它是一个圆融的、无所不包的概念，其生万物，生万物之万德，是宇宙、自然、人事发展的最终依据和最高法则。古今人们对于"道"的诠释及解读自然形成了系统性的《老子》"道论"。相比之下，"德"则被看作"道"的派生物，是次于"道"的第二概念。《老子》全书尤其"德经"所阐发的关键概念"德"，作为一个与《老子》之"道"相辅相成的概念，并未获得学界应有的重视，尚待深入研究。

（二）学界对《老子》之"德"存有误解

学界对于《老子》之德的误解，主要表现为将《老子》看作"道德虚无主义"或"反道德主义"。世人皆知儒家所谓的"仁""义""礼""智""信"为"德"，而老子偏说："故失道而后德，失德而后仁，失仁而后义，失义而后礼。夫礼者，忠信之薄而乱之首。"（今本《老子》第三十八章）《老子》将西周时期以及先秦儒家所奉行的礼乐文化，看作是道德衰败之后，逐步下落的衍生物，而非真正普适至上的德性。在《老子》的道德层级之中，"由道入德"，"德"又包括"上德"和"下德"，"仁""义"等属于"下德"的层级，"道"则处于德性层级的最高处。由于道的形上意义及其所具有的"无"的属性，"德"在很大程度上也体现出形上特质，此反而弱化甚至消解"德"的现实价值。这或是人们称《老子》为道德虚无主义的主要原因。关于《老子》"反道德"，依据主要来源于《老子》文本对于"仁""义"等道德价值的否定。"绝圣弃智，民利百倍；绝仁弃义，民复孝慈；绝巧弃利，盗贼无有。"老子对于"圣""智""仁""义"等所持的态度，尤其"绝圣弃智""绝仁弃义"的说法，是学术界认为《老子》"反道德"的主要依据。

　　由于对《老子》持"道德虚无主义""反道德"的态度，学界多对《老子》之"道"进行深入研究，鲜少研究《老子》之"德"。正如有学者指出："作为老子思想体系中另外一个最重要的概念——'德'，在以往的研究中，受到的重视程度远不如'道'。甚至在历史上以及当代的一段时间内，一些研究者提出老子反对仁义道德，从而割裂老子思想'德'与'道'之间的紧密联系，也给挖掘和继承老子思想带来一定阻碍。"①

　　针对人们对《老子》"反道德"的定性，今日诸多学者业已认识到误解之所在。有学者认为《老子》的"绝圣弃智""绝仁弃义"所否定的是标榜圣贤、崇尚巧智的假仁假义，所体现的是对"疲敝"的礼乐制度的否定，而非道德本身。20 世纪 90 年代出土的郭店楚墓竹简《老子》，被作为"纠错"的重要依据。郭店楚墓竹简《老子》并未否定"圣""仁""义"等，而是以"绝辩弃智"取代"绝圣弃智"，以"绝伪弃虑"取代"绝仁弃义"。可见文本之间的差别或者理解的偏差，是人们将《老子》认定为"反道德主义"的重要原因。

　　至于对《老子》并非"道德虚无主义"的辩解，可从两方面展开。其一，从"德"字的概念及内涵来看，《老子》之"德"与普遍理解的

---

　　① 刘俊杉：《连接"道"与"人"的桥梁——老子"天德观"思想及其德育价值》，《教育学报》2012 年第 8 期。

德性、道德等存有差异。《老子》之"德"自始便具有形而上的含义，此是造成《老子》之"德"与一般意义上的"德"存有差异的主要原因。《老子》之"德"所具有的形上含义源于"道"的形上意蕴。在逻辑上，"德"是"道"的派生物，对于《老子》"德"之意义的追寻，离不开对于形上之"道"的把握。如此一来，寻"德"必然及"道"，《老子》之"道"所具有的"玄妙""恍惚"等非形下之器的特性，当是人们将《老子》看作道德虚无主义的首要原因。事实上，作为"道"的派生概念，"德"在一定程度上承袭的"道"之形上属性，仅是"德"之含义的一方面，并非全部。其二，《老子》之"德"除具有形上意义之外，亦具有形下的表现形式，此在《老子》中即是指"不争""谦卑""柔弱""居后"等德性。在此种层面上，《老子》之"德"与一般意义上的"道德"一致，具有"美德""德性"的含义。由是，"德"之概念的多样化，尤其其所具有及体现出的"美德""德性"的内涵及形式，使得"道德虚无主义"的误解不攻自破。

虽然一些学者业已认识到对《老子》之"德"的误解，并有意识地为《老子》"正名"，但对于《老子》之"德"的研究范畴及深度仍然需要拓展。出于此种考虑，本书旨在对《老子》"德"论进行系统研究，以期对上述问题的探讨贡献绵薄之力。

(三) 儒道互补的理论前提下，需兼顾道家道德观

中国文化的特征乃儒道互补，这为大多数学者所认可。陈鼓应与白奚认同儒道两家在文化层面的互补性。"在中国古代社会后期逐步确立的儒释道多元互补的稳定的文化结构中，儒道两家思想的交融互补居于首要的和基础的地位。"① 儒道互补的前提是儒道思想的差异性，二家思想的差异性体现为两家理论关注点的不同。

一般而言，《老子》偏重于对形上问题以及人与自然关系的思考，《老子》五千言不外乎一个"道"字，其所追求的价值亦不出"道"。也正是基于此，《老子》建立了哲学意义上的宇宙论及本体论。相比而言，

---

① 白奚：《老子思想与儒道互补》，《道学研究》2003 年第 1 期。

儒家更为关注社会人世的发展及人伦纲常的制定与实行。在儒家学说中，存在着显而易见的道德规范及原则，如"仁""义""礼"等。老子重"道"，倡导"道法自然"；孔子重"仁"，主张"仁者爱人"。理论出发点的不同，使得儒家学说更加容易与现实生活发生关联。由是，在儒家主流的文化背景下，人们似乎只知儒家之"德"，而不知道家之"德"；只知儒家有"德性"，而不知既具形而上之内涵又具形而下之功用的道家"德"论。

除了文化层面的互补，儒道二家亦在学说的具体内容上互通有无。在"德"论层面的互补，则因二者理论前提及理论重点的不同而成就。儒家讲"仁""义""礼""智"，道家老子却认为那是"失道"之后的结果，认为其并非真正的、完备的"德"；儒家主张圣人"立功""立言"，而老子却主张"居后""少言"；孔子周游列国，力倡"克己复礼"之仁政教化，而老子却选择天下无道则隐，"退而莫知其去"，认为"居后""不争"才是有德的表现；儒家孔子主张"文质彬彬"的"君子"之德，而老子却主张全真脱俗的"婴儿"之德。

概言之，道家《老子》的"德"，与占据主流的儒家之"德"恰能形成对照，二者之间的差异为融通汇合为一完备之德性提供可能。重视对道家"德"论的研究，是儒道互补的文化背景下，学术研究理应关涉的重要范畴。

（四）《老子》"德"论具有的现世价值有待深入研究

老子生活的春秋末期，"德"字已然具有形而上的哲学含义，并具备"性""德性"以及"道德"的伦理含义。"德"字所具有的哲学和伦理学意蕴在《易经》、《尚书》等古籍中多可寻得。《老子》讲自然宇宙之理的最终目的在于指导社会人事。有学者指出："在《道德经》中，阐述最多的并不是哲学意义，而是具体的社会生活尤其是道德哲学意义上的'道'与'德'。"① 关注《老子》之德的概念、内涵、特征、实践方式

---

① 樊浩：《德-道理型与形而上学的中国形态》，《北京大学学报》（哲学社会科学版）2010 年第 2 期。

等，或能对认识今日道德问题与化解有所助益。

老子生活于政治动荡、战乱频发的春秋末期。彼时，西周制定的用以维系"尊尊""亲亲"之等级关系的"礼乐"制度，业已失去之前的约束力，"礼崩乐坏"是当时社会的真实写照。《老子》将彼时描述为"服文采、带利剑，财货有余"；"损不足而奉有余"；"戎马生于郊"的"不道""不德"社会。

春秋末年的动乱，起因于"周文疲敝"，即西周制度不再适用于当时的社会治理。国学大师牟宗三即持此论，认为诸子起源于对"周文疲敝"的体察，指出各家学说是针对"周文疲敝"而发。① 对于制度失效下的失德、离德之社会现实，《诗经》《论语》等有诸多描述。针对彼时道德秩序的失效，道家老子依着当时的社会现实，一方面对之前人们所奉行的道德规范做出理性的反思及批判；另一方面则阐发出用以解决彼时道德问题的宏论大略。

近代以来，西方文化对中国社会各领域影响深远，文化学术领域亦复如此。具体表现为，中国的问题依靠西方的法子，中国道德问题的解决借鉴甚至依赖于西方的道德理论及实践模式。对于西方学术理论的借鉴自不可少，但忽略"为往圣继绝学"之流弊亦自当学界匡正。作为历史悠久的东方大国，中国文化的良性发展需要以自身的文化为根基。《老子》作为中国文化的源头和主脉之一，是我们祖先智慧的结晶，其中的"德"论包含着远祖们解决道德问题的良方，有待重视与探究。

（五）《老子》"德"论与当今德育的关联性有待探究

作为中国历史上首部专论道德的文献②，《老子》"德"论之于今日道德尤其道德教育的价值，值得学界重视。

《老子》"德"论以"德"为核心，系统的道德教育理论与实践，则

---

① 牟宗三：《中国哲学十九讲》，吉林出版集团有限责任公司 2010 年版，第52—53 页。

② 杨启亮：《道家教育的现代诠释》，湖北教育出版社 1996 年版，第227—242 页。

以"道德"为核心。《老子》之"德"的伦理内涵，使得二者具备思想内核的一致性。《老子》"德"论围绕"德"展开，是关于"德"之系统而全面的理论，其中蕴含的相关思想，与今日的道德教育理论及实践之间存在一定的相似性。系统、深入地分析《老子》"德"论，能够呈现出先秦道家德育理念及德育实践的基本样态；以今日的理论框架为参照，可对古今道德教育思想进行比较，从而为道德教育的开展提供借鉴。

当前道德教育从理论到实践都是整体化、系统性的。在道德教育的实施过程中，有着整套的德育理论可供参考及借鉴。然而，理论的成熟、多样并不必然代表理论的有效性。现实道德教育的问题，既表明道德教育理论及实践有效性的限度，也对道德教育理论的研究提出挑战。

道德教育理论关涉道德教育的目的、任务、内容、方法等，按照一般道德教育的理论架构，《老子》"德"论中蕴含着同样的结构与层级。作为以"德"为核心的理论，《老子》"德"论与今日道德教育理论之间具有内在联系。

（六）现实道德问题的解决，可以《老子》"德"论为指导

先秦道家老子的"德"论，不同于主流儒家的"德"。与今日的道德思想相比，《老子》"德"论有其独特之处，或能够为今日道德问题的解决提供新的视角和思路。《老子》主张"自然""无为""不争"之德，认为真正的有德者，是不以德为德的，是"上德不德"的，是不刻意显德、不有意居德的。这与现实社会中人的争名夺利、争强好胜、居功自傲等诉求和行为存有显著差别。《老子》"德"论作为早期道德理论，能够与今日道德理论及思想形成比对。而由于《老子》思想涵盖范围及指涉对象的广泛性，加之道德理论与德育思想之间的密切关联，故而《老子》"德"论中蕴含着相当丰富的道德教育理论。此外，《老子》"德"论能够与德育理论及实践发生直接关联，其中有关"不言之教"的论述，既可被视作教育理念，又适用于具体的道德教育范畴。基于此，现实社会的道德问题以及道德教育的相关问题，能够从《老子》"德"论中找到解决之方。

二 文献综述

如上文所及，与《老子》相关的先行研究，大多集中于"道"。就笔者掌握的资料看，学界对于《老子》"德"论的研究大概包括以下几方面。

(一)"德"义

"德"作为《老子》的重要概念，历来受到注解者的重视。研究《老子》之"德"的首要工作，便是对其进行释义。抛却《老子》之前"德"字的含义，下列几种对于《老子》之"德"的理解，颇具代表性。

1."德"者，"得"也

较早将"德"释义为"得"的文本，当为《管子》。"德者道之舍，物得以生，生得以职道之精。故德者，得也。其谓所得以然也。以无为之谓道，舍之之谓德，故道与德无间，故言之者无别也。"(《管子·心术上》) 与管子一致，魏晋时期的王弼认同此说。① 宋代理学大师朱熹亦言："德者，得也，得其道于心而不失之谓也。"(《论语集注》) 对"德"的此种释义持认同态度的还包括左孝彰的《老子归真》、古棣的《老子校诂》以及刘笑敢的《老子古今》等。

将"德"释为"得"，实隐含着道与德之间的关系。一般而言，《老子》道与德之间的关系已多为人们所了解。"道"作为《老子》的核心概念，是终极的原理及法则，对于"道"的解释亦必然开出其形而上的含义。借着"道"所具有的先验性、创生性，"德"自然地成为与道联系紧密的第二位概念。目前学界一般将"道""德"的关系理解为由道及德，即有道方有德。此种观念的合理性，概因《老子》之"道"所处的首要位置使然。

"道—德"的逻辑顺序，加之"道生万物"的理论预设，使得《老子》之"德"必然含有道的属性，故而"德者，得也"。所得者为何？为道也。所得之"德"即为"道"，得"道"即为得"德"。正如有学者所

---

① 王弼：《老子道德经注校释》，中华书局 2008 年版，第 93 页。

说："人们的道德观念既非上天有意赋予的，也不是人为塑造的结果，而是由'道'派生的。"① 抑或说，"老子的'德'是对于'道'的成就与完成"②。或许正是借着"道""德"二者的密切关系，唐君毅先生认为："道即德，包括道体的'玄德'，以及一切人物所得于道体之德。"③

2．"德"即"性"

对于人性的假设，是先秦时期诸子百家立说的前提。以人性为依托，找寻拯救"礼崩乐坏"之良方，为先秦各家尤其是儒家所关注。

《老子》没有直接谈"性"，全书没有一个"性"字。但由于《老子》中有对"人之初"的"婴儿""赤子"德性的肯定与赞赏，故仍旧避免不了人们将其认定为"性善论"者。

"婴儿""赤子"所具有的"性"，在《老子》中指"自然性"。而由于《老子》"道"的属性乃"无为"的自然性，加之在《老子》看来，万事万物随顺自然本性发展，即是最高的"德"，故而自然性在《老子》中为"至德"的代指。换言之，自然性即德。"《老子》讲的这种德，实际是指人的自然性。"④ 进而言之，先秦儒家关于人性善恶的假设，所指涉的是整体的"人"，而非个别。在《老子》中，人之初始状态的"婴儿"及"赤子"，无一例外的是"含德之厚"之人。因人皆有"婴儿"阶段，故而人之初的"性"并无不同，所不同者在于人的后天发展。由是，按照逻辑的推演，若谈及《老子》的"人性"说，则其"性"正是"德"。恰如有学者所谓："老子讲的'德'其实就是'性'。"⑤此外，《老子》之"德"非仅指人之德，在其看来，自然天地万物均有德，故而《老子》之"性"统摄天地万物。《老子》以"道"为天地的本源，为万物存在的最高依据，以"德"为天地万物的本性。

---

①　黄钊：《中国道德文化》，湖北人民出版社 2000 年版，第 107 页。

②　陈少峰：《中国伦理学史》上册，北京大学出版社 1996 年版，第 78 页。

③　唐君毅：《中国哲学原论》，台北学生书局 1993 年版，第 370 页。

④　梁韦弦：《中国传统伦理思想研究》，黑龙江人民出版社 2007 年版，第 70 页。

⑤　许抗生：《构建当代新道家学说之初步设想》，《安徽大学学报》（哲学社会科学版）2009 年第 2 期。

　　除将《老子》之"德"理解为天地万物所具有的同一的"自然性"之外，亦有学者将"德"理解为万物各自的属性，即道生万物，万物有万德，故而万物有万性。对此，冯友兰有言："道为天地万物所以然之原理，德为一物所以然之原理。"① 对此持认可态度的学者认为："一般把老子的'德'解释为具体事物（万物）各自所拥有的'德性'，或每一个事物不同于其他事物的属性。"②

　　上述两种观点均对"德"即"性"的解释持认可态度，不同之处在于前者所论是万物的同一性，而后者则指万物的分有性。相比较而言，两种观点的分歧处或在立论点的不同，即前者从"道"立论，而后者以"器"立论。以"道"为立论点，则道生万物，道所具有的属性必然赋予万物，为万物所包含；万物秉承道之性，万物之性同于道之性，故万物之德、性均指向道之"自然"。以"器"为立论点，"朴散则为器"，形上之道下落到形下之器从而成就"万物"；万物有万殊，所殊之处恰是其之所以为自身的关键所在，故而万物有万性，万物有万德。

　　此两种观点，看似存有矛盾，其旨实则一也。在《老子》中，万物有德体现为各自顺乎自然本性。万物虽有万殊，然万物只有遵其殊，顺其殊，方可获得自然发展，并最终成其自身。进言之，万物之德，正体现为顺其自然，合于道之自然。故而，万物的同一性与万物的万性是"总-分"的关系，万物之万殊，出于且归于道之自然性，二者同出于道。

　　3. 德即道德、美德、品德

　　"德"字起源较早，在甲骨文中便可得见。"德"字原初并无"道德"之意，仅为一中性词。至老子之时，"德"字业已具有"道德"、"品德""美德"的含义。老子的"不德""失德"等均是针对"道德"发论。

　　将《老子》之"德"理解为今日普遍意义上的"道德"，由来久矣！论及对于《老子》"德"之释义的偏颇，有学者指出："在历代，尤其是

---

① 冯友兰：《老子哲学》，北京大学出版社1984年版，第149页。

② 王江中：《道家形而上学》，上海文化出版社2001年版，第174页。

宋代的解老者中，能对《老子》所说的'德'从整体上作出正确解释的，可以说是凤毛麟角。他们大都将《老子》中的'德'，说成是人世间的'道德'。在他们那里，《老子》这本书，变成了道德的教条，老子这个人变成了道德的化身。"① 从此引论可见"德"之释义的又一趋势，即自"德"字具有"道德"之义后，《老子》之"德"便普遍地被认为具备"道德"的含义。

今日将《老子》之"德"理解为"品德""美德"的研究相对多见。台湾吴怡先生说："道是宇宙的法则，德是个人的修养。换句话说，道是宇宙的精神，德是个人的精神，所以就个人来说，我们的精神是以德行为内容，为基础的。"② 重视《老子》"德"之"道德"义的倾向，或与《老子》文本以及人们对于老子的认识有关。简要分析之，或有以下三点。

其一，《老子》又名《道德经》，道德二字连用，符合近代以来一般的说法。"道"与"德"广泛连用为"道德"，乃近代伊始由日本传入并逐渐在日常和学术语言中普及开来。虽《老子》的"道""德"各具其义，且二者所具之义并非直接与"品德""美德"等产生联系，但由于《老子》之"道"的最终着眼处在于社会人事，且《老子》认为人之内在德性的提升在于对"道"的体认及践行，故而较易从"德"中开出今日"道德"的含义。

其二，《史记》有关老子其人其书的记载，是人们将老子之"德"解释为"道德"的又一原因。史学界通常公认，《史记》所载老子的内容颇具权威。《史记·老子韩非列传》说："老子修道德，其学以自隐无名为务。居周之久，见周之衰，乃遂去。至关，关尹喜曰：'子将隐矣，强为我著书。'于是老子乃著书上下篇，言道德之意五千余言，而去，莫知其所终"（《史记·老子韩非列传》）。以自隐无名为做学问的宗旨，可见老子是位不好功名、不求显达的清净之人，而连一守关之人都知晓老子的学

---

① 臧宏：《说〈老子〉中的"德"》，《社会科学战线》2001 年第 10 期。
② 吴怡：《生命的哲学》，台北三民书局 2004 年版，第 224—225 页。

识及修养，足见老子德性之高尚。抛却"道"与"德"本身各自具有的含义，"修道德"的最终目的在于提升自身的德性及境界，老子亲身实践之，是道德高尚之人。故而，上文所示的人们将老子视作道德的化身或有其理论依据。

其三，老子生活的春秋末期，人们对于道德的含义已有体认。西周礼乐制度以及儒家所标榜的"仁""义""礼"的道德规范及标准，对社会生活产生较大影响，彼时人们有着衡量道德与否的标准。在论及《老子》"德"之产生时，蔡元培从彼时社会状况出发，认为"道德者，由相对之不道德而发生"①。针对此种经由不道德之社会状况生发的"道德"，有学者提及："礼乐解构带来的结果是，随着礼乐的崩溃，道德与礼乐的关系成为人们关心的核心话题，先秦时期的伦理学与道德理论因此得见发展。"② 可见，《老子》之"德"具备"道德"之义符合彼时的社会境况，有其现实依据。

（二）关于《老子》"德"之形上、形下属性的研究

就目前掌握的资料来看，分而研究《老子》形上、形下之"德"的成果不多见。台湾华梵大学的硕士论文《老子哲学中"德"概念之分析》，较为系统地分论了"德"之形上与形下属性。

该文对《老子》之"德"，做出系统梳理与分析，且建构出"德"概念的类别与层次。文章认为，《老子》之"德"包含两个领域，即形上、形下领域。形下领域有七个类别，即畜养之德、本性之德、一般平民百姓之德、侯王之德、下德与上德之德、水之德、圣人之德。形上领域有四个层次，即王道之德、圣道之德、常德之德、玄德之德。

从其所分类目可见，其对于形而下的"蓄养、本性、百姓、侯王"之德的分类与界定，更多是以德之"道德"含义为标准；而其对于形上之德的诠释，暗合德与道、德与性之关系。

深入研读该文本，可得见其细地划分"德"概念的层次及类型，

---

① 蔡元培：《中国伦理学史》，上海古籍出版社 2005 年版，第 28 页。

② 晁天义：《先秦道德与道德环境》，中国社会科学出版社 2010 年版，第 261 页。

使得"德"之概念更加立体化。然而，此种具体的分门别类无一定的标准可言，故而使得各种概念之间存在诸多重合之处，此种重合反而弱化了论证及分析的可信度。诚然，其对于"德"之概念条分缕析式的论述以及对于概念框架的建构，实为可贵。

大陆地区鲜有对《老子》之"德"的形上及形下属性予以分类表述者。虽有学者认可"德"兼具形上及形下的双重属性，但相关的系统研究并不多见。肯定《老子》之"德"的双重属性，并对其做过研究的是叶树勋先生。叶先生以"玄德"作为《老子》德性的最高术语，系统分析了"玄德"在形上及形下层面的双重意蕴。"形而上层面对万物两面性的生成功德；形而下层面，有德之圣人对百姓的政治功德以及心性修养层面，圣人对'德'的体认以及自然德性的葆持。"①

马德邻在博士论文中对于"德"之形上、形下属性以及二者的贯通亦做过论述。他的《老子形而上学思想研究》旨在对《老子》中包含的形而上思想进行系统研究，其中专辟一章，用以论述《老子》的道德思想，即"道德形而上学"。该论文指出《老子》之"德"具有一般的"德性""品德"之意，如"孔德之容""上德不德""有德""无德"等；肯定《老子》之"德"所具有的形而上意义，认为"老子的道德概念不是经验的，不是从偶然的经验知识中抽象出来的，它是先验的"，"德字就有物所以存在的内在依据之意"；认为《老子》形而上意义的"德"及其全部的道德思想都最终落在个人的"德性"之上。②

"道德形而上学"仍旧是以"德"之"道德"义为理论起始处，抑或说，此仍旧是在伦理学领域为《老子》之"德"释义。然而，一旦《老子》之"德"具有形上属性，则其便不再专属于伦理学，亦不只作"道德"解。

---

① 叶树勋：《老子"玄德"思想及其所蕴形而上下的贯通性——基于通行本与简帛本〈老子〉的综合考察》，《文史哲》2014 年第 5 期。

② 马德邻：《老子形而上学思想研究》，博士学位论文，华东师范大学，2002年，第 53 页。

目前学界并未广泛关注《老子》之“德”的双重属性，即形而上及形而下属性。“德”之形而上属性确立的直接依据，当为《老子》的“道生之、德畜之”句。《老子》中“道”与“德”的关系，也使得“德”自然地具有形而上意义。“道德”这个词，在中文说来，“道”是总体义、根源义。德是本性义、内具义。① “德”之形而下意义，则指形下社会日用伦常的诸多德目，此在《老子》中体现为人所具有的美德及其道德实践活动。事实上，由于《老子》学说的逻辑特点，对“德”做形上形下的概念区分，并非易事。

（三）关于《老子》“德”之下位概念的研究

伦理层面的“德”是诸种“美德”的总称。《老子》中包含着诸多德目，如“善”“信”“慈”“俭”“啬”等。解析“德”的下位概念，是研究《老子》“德”论的又一重要内容。针对“德”之下位概念，有的学者专而分析《老子》“慈”论，指出“慈”“爱”是《老子》的重要概念，认为《老子》的慈、爱不同于儒家的“仁慈”“慈孝”，具有积极的启发意义。② 有的学者借助于分析《老子》的三种德性即“善”“孝”“慈”的具体内涵，深入地解读《老子》之“德”。③ 有的学者以西方哲学观点，分析《老子》的“善”④。总体而言，此类研究不多见。

（四）关于《老子》道德观、道德理想、道德实践及德育启示的研究

若为“道德”一词找寻学科归属的话，其应属于伦理学范畴。关于《老子》道德观、道德理想、道德实践及德育启示等研究，多限于伦理学范畴。

诸多伦理学著作对于老子道德思想的关注并不集中，学者们多按照时间或学派对道家道德思想进行介绍。较早介绍《老子》道德思想的当属蔡元培的《中国伦理学史》，其采用叙事史的形式，以人物为代表，分别

---

① 李承贵：《德性源流——中国传统道德转型研究》，江西教育出版社 2004 年版，第 1 页。

② 徐建良：《老子道家“慈”论》，《伦理学研究》2011 年第 1 期。

③ 马德邻：《老子形而上学思想研究》，博士学位论文，华东师范大学，2002 年，第 53 页。

④ 王志宏：《也论老子的“善”》，《南昌大学学报》2001 年第 1 期。

叙述先秦各家的道德思想。涉及《老子》的道德思想时，其中既有对《老子》道德思想的"厌世主义""谬误""消极价值论道德"的批判，又有对《老子》道德思想敢于标新立异的认同。① 其他论述《老子》道德思想的伦理学著作还包括谢扶雅的《中国伦理思想述要》；日本学者三浦藤作的《中国伦理学史》；余家菊的《中国伦理思想》；张家惠的《中国伦理思想导论》；张定宇的《中国道德思想精义》；沈善洪、王凤贤的《中国伦理学说史》《中国伦理思想史》；朱贻庭的《中国传统伦理思想史》以及朱伯坤的《先秦伦理学断代史》等。

依据已有研究成果，"无为"多被当作《老子》道德思想的原则及理论始基。有学者认为，"无为"的道德原则可细分为"无为""不争""贵柔""知足"四项。② 而此四项原则却被另一学者视为《老子》道德实践的方式。马德邻在其博士论文《老子形而上学思想研究》中专辟"道德实践"一节，涉及老子道德实践的三种方式，即无为、不争、知足，并对运用此三种方式的可能性及有效性作出论证。黄钊的《中国道德文化》则将"无为"当作《老子》的道德价值以及道德理想，其认为《老子》道德的价值"多通过阐述'无为'的价值表现出来"③，道德理想集中体现为"无为"，表现为《老子》提倡"不争之德"；主张"守柔处弱"；崇尚"淳厚朴实"；强调"知荣守辱"；向往"少私寡欲"④。与黄钊所述道德理想的内涵一致，朱贻庭亦将《老子》的道德理想规定为"复归于朴"。黄、朱二者对于《老子》道德理想的设定，看似各异，实则相符。"复归于朴"即复归于自然性，不争、守弱、朴实、少私、寡欲等都是自然性的体现，故而二者道德理想的内涵一致，均在于找寻自本自根的自然性。

《老子》思想的博大精深及其"道器合一"的思维特征，使得道德原

---

① 蔡元培：《中国伦理学史》，上海古籍出版社 2005 年版，第 28 页。
② 王正平：《中国传统道德论探微》，上海三联书店 2004 年版，第 72—76 页。
③ 黄钊：《中国道德文化》，湖北人民出版社 2000 年版，第 111 页。
④ 黄钊：《中国道德文化》，湖北人民出版社 2000 年版，第 111 页。

则转而可变为道德理想，总体的道德理想又可分述为若干生活及精神状态，《老子》之微言大义在于此矣！

对于《老子》道德实践的方法，学者的理解亦各不相同。冯友兰主张通过"寡欲"的方式修德。"《老子》中屡次言及欲，概人生而有欲，又设种种方法以满足其欲。然满足欲之方法愈多，欲愈不能满足，而人亦愈受其害，所谓'益生曰祥'，'物或益之而损'也。故与其设种种方法以满足欲，不如在根本上寡欲。欲愈寡即愈易满足，而人亦愈受其利……这是通过修养可以达到的，亦即理想人格。"① 徐复观则认为："老子的人生态度、境界，是其对人之所以生的德的回归而来；而其主要的工夫，则为彻底把心知的作用消纳掉"②，主张通过消除心之动念、执念、妄念等以达至"德"的境界。而黄钊的《中国道德文化》在谈及"道德教育方法论"时，提出"道法自然""返璞归真""绝圣弃智""涤除玄览"四种途径。另有学者主张通过"虚""静"的方式修德，认为"获得德性是一个系统的修养过程，《老子》的'虚''静'是获得德性的途径。"③

随着人们对于《老子》所包含及体现的现世价值的重视及认同，研究《老子》道德思想的学者，本着对于当代社会道德现实的体认，开始留意其与现实道德教育之间的关系，并力图使研究在理论及实践层面助力于今日道德教育的发展。有学者认为，《老子》之道为今人重树道德信仰提供了思路，能够促使"修身范式的实质性回归，并最终指向德育生活化的灵魂，引导人们过一种真正合于德的生活"④。

《老子》道德思想与今日道德教育的关系，因学者对于《老子》道德思想的理解有关，不同的理论视角、价值取舍会带给今日道德教育不同的启示。故而在此不予赘述，仅举一例，用以说明《老子》道德思想的现

---

① 冯友兰：《中国哲学史》上册，华东师范大学出版社 2000 年版，第 143—145 页。
② 徐复观：《中国人性论·先秦篇》，台湾商务印书馆 1999 年版，第 352 页。
③ 王敏光：《〈老子〉哲学"德"论探赜》，《理论月刊》2011 年第 9 期。
④ 刘俊杉：《连接"道"与"人"的桥梁——老子"天德观"思想及其德育价值》，《教育学报》2012 年第 1 期。

世价值。

当前对于《老子》之"德"的概念研究，成果颇丰。按照形上、形下的标准划分《老子》之"德"，应属于研究范式的创新，毕竟为数不多的相关研究仍旧侧重于对"德"之概念、内涵等的分析。论及对《老子》"德"之相关概念的关注，如"慈""信""俭"等，则此类研究实为少数。倘与对儒家"诚""信""孝"等的研究相对比，可得见目前学界对《老子》之"德"的挖掘尚嫌浅显。

此外，运用西方或者中国道德哲学的体系及术语研究《老子》"德"论，亦总体呈零散状。就笔者掌握的相关文献而言，目前尚没有系统研究《老子》之"德"的论著问世。诸多相关的道德思想零散分布于伦理学、哲学、教育学等领域，概念界定不清、术语运用错杂不一的情况实为多见。可以说，学界并未达成研究《老子》"德"论的普遍共识。

总之，上述已有研究成果及其优劣之处，既为本研究提供了契机及可能性，又对研究内容的选择、研究思路的确定以及研究过程的展开等具有莫大的借鉴价值。

三　研究目标及方法

（一）研究目标

本书的研究目标是：建构自上而下的《老子》"德"论体系，以为道德教育提供镜鉴。本书综合已有的研究成果，以《老子》文本为主要依据，以《老子》"道人合一""道器合一"的思想特点为基础，统摄《老子》的形而上及形而下"德"论，从概念界定到方法呈现，形成了一自上而下且连贯有序的《老子》"德"论。在此基础上，本书分析了《老子》"德"论的德育蕴义，以期为道德教育理论与实践提供借鉴。

（二）研究方法

本书所采用的研究方法主要包括文献法、历史法、比较法。

1. 文献法

文献法的运用，伴随研究的始终，是本书的核心方法。关于运用文献法的必要性，牟宗三先生曾指出："既有如此多之文献，我们虽不必能尽读之，然亦必须通过基本文献之了解，而了解其义理骨干与智慧之方向……其初也，依语以明意。其终也，依意不依语。"① 依靠文献，获得所需的基本知识，并利用文献佐证自身观点，是理论研究的必要方法。

由于本书的主旨是《老子》之"德"，故而《老子》是最重要的文献。鉴于目前《老子》有诸多版本，是故该研究以今本《老子》的篇章顺序、文本内容为主要依据，并结合其他版本而展开。对于《老子》内容的分析及解读，主要参照五种版本的《老子》，即郭店楚简《老子》，马王堆帛书《老子》，河上公版《老子》，王弼版《老子》及傅奕版《老子》。以上述五种版本的《老子》作为基本史料，各者与今本《老子》之间存在的语句、字词等差异，被用于佐证论点。至于对《老子》相关思想条分缕析的解释、说明，亦主要以通行本《老子》为分析对象。

除不同版本的《老子》外，学者们尤其古代贤哲对于《老子》的注解、校释等，是助力于研究开展的第二类文献。该类文献主要包括河上公、王弼、严遵、王安石、魏源、傅奕、吕惠卿、焦竑、王孝鱼等注解的《老子》。通过对注解者思想的解读，可使之辅助于研究论点的陈述，甚至为研究提供新的视角及思路。其他学者如张松如、左孝彰、蒋锡昌、张松辉等人注解的《老子》，亦是本研究关注的文献。此外，各类以《老子》为研究对象的著作、论文，以及诸如《周易》《诗经》《中庸》等与本研究发生关联的典籍，亦是研究参考的文献。

对于本研究而言，虽有诸多文献可供参考，但一个最为棘手的问题，是已有的研究成果与本研究主旨间的"矛盾"。这体现为相关《老子》"德"论已有研究成果的不多见。公允地说，《老子》文本作为研究的主要文献，可被用作分析、概括、提炼出"德"论，其对于本研究的价值是其"原始"性；诸多学者对于《老子》的注解，整体上并未体现出"重德"的倾向，较难从中直接找到可供利用的引证；有关《老子》思想的研究，主题、范畴多样，较少有《老子》之"德"论的相关成果。也就是说，以《老子》作为研究对象，虽有众多文献可供参考，但具体到

① 牟宗三：《现象与物自身》，台北学生书局1990年版，第1页。

"德"论，文献的参考、利用率并不高。诸种文献中最有"用"的是《老子》文本，本研究也主要依靠对于《老子》文本内容的解读，归纳、提炼其"德"论。在此种意义上，该研究有"以德论老"的特点。

由于解读《老子》的目的，在于提炼、概括出其中的"德"论，故而解读《老子》文本时的"主观"性，便在所难免。抑或说，解读《老子》的过程，不仅是老子在说，"我"也在说。"我"在说，事实上就是"亲知"的"创造性诠释"的过程。方东美先生认为："哲学家在接受历史的资料后，还需要通过哲学的智慧予以适当的解释。"① 在研究中，对于文本的解读，是一个诠释者与经典之间不断地相互交流、相互影响，进而从事一番创造性的诠释的过程。

"创造性的诠释"并非指为着研究的需要置文本本意于不顾，而是以文本为理论阐发的基础，扩充、深化以及按照研究需要适度地创新文义。研究者所找寻的意义，需要源于文本、忠于文本。李贤中先生在《中国哲学研究方法之省思》一文中认为，创造的诠释学方法的企图最大，不仅是要从文字、时代、历史的脉络掌握文献中不同层次的意义，更要透过创造性的诠释，使解读诠释者朝哲学家之路迈进。② 对于经典的诠释，在相当程度上是与经典作者对话、交流的过程，其前提是于繁杂的文字背后理清经典的内部逻辑脉络。在此内化他者思维路径的过程中，既存在着逻辑与逻辑之间的冲突与矛盾，又有不同思想的融合与互通。在此种意义上，诠释者的确不可避免地经历着"朝哲学家之路迈进"的历程。

对于《老子》文本的诠释，是架构以及合理论证《老子》"德"论体系的前提。事实上，对于本研究而言，解读《老子》文本，是不可或缺的功夫，而"创造性的诠释"则是为自身观点提供佐证，并使《老子》"德"论具有现世价值的重要方式。在此，特引哲学家方东美的话作为论者解读《老子》的标准："假使我们要'解老'，我们不应该从外在的立场，而应从老子本身的立场来了解他。用韩非子的名词说，这叫做'解

---

① 方东美：《方东美演讲集》，台北黎明文化公司1984年版，第180页。
② 李贤中：《中国哲学研究方法之省思》，《哲学与文化》2007年第9期。

老'。但是我们在前面要再加两个字，叫做'以老解老'，也就是拿老子的思想本身来解释他的哲学涵义，这才比较客观。"①

关于方东美先生的"以老解老"，《老子通》的作者古棣先生采用的训释《老子》的方式或对其有所说明。"我在训诂《老子》的工作中，特别注重的，就是分析狭义的语言环境和广义的语言环境。所谓狭义的语言环境，简单地说，就是词或句子的上下文，也就是我们通常所说的前言后语，人们在交往中如果不注意对方谈话的前后语，只抓住只言片语，往往发生误会。所谓广义的语言环境，简单地说就是社会环境……人们在交流思想中，如果不管某人的某些话是在什么场合说的，也往往发生误会。在同代人之间用语言交流思想需要分析狭义的语言环境和广义的语言环境，训释几千年前古人的书面语言就更需要了。如果忽视语言环境的分析，肯定会发生很多误解。"②

本书以对《老子》文本的解读为主，在必要时以他人的观点为佐证，整体上体现为对其他已有老学文献的运用。除依靠阅读、分析已有的与《老子》相关的文献外，本书亦借鉴或直接使用文字学的相关研究成果。比如，在"德"的概念解析等方面，运用了文字学研究的相关内容。

概而言之，本书对于文献法的运用主要体现为，解读《老子》文本、以他人观点为佐证、运用文字学的相关研究成果三个方面。

2. 历史法

历史法的运用主要体现为对于史料、史实等的关注与使用。从研究的对象看，《老子》本身便是史料。《老子》是文献，且是历史文献。对于《老子》的研究，本就是历史研究。从研究内容看，"德"论，作为《老子》思想的组成部分，与老子之前、之时的文化、政治等社会背景休戚相关。具体到研究中，对于历史法的运用主要体现在以下两方面。

其一，关注历史时期。以《老子》"德"论作为研究内容，等同于将核心的时间点定位在"老子之时"。本书认为，《老子》时代的政治、文化

---

① 方东美：《原始儒家与道家哲学》，台北黎明文化公司1985年版，第200页。
② 古棣、周英：《老子校诂》，吉林人民出版社1991年版，第11页。

等背景与《老子》之"德"的形成、发展具有密不可分的关系。一旦涉及《老子》的时代背景，便难免与之前、之后的某些时间段形成比对。除"老子之时"外，本书亦主要关注"西周时期"与"孔子之时"。历史研究往往以时间为标准，划分研究的阶段及内容，本书以"时间"区分"西周时期"、"老子之时""孔子之时"，对于历史法的运用昭然可见。此在"《老子》'德'论研究的前提""《老子》'德'义"中有明确体现。

其二，关注史实。本书对于"西周时期""孔子之时"以及"殷商时期"的关注，意在揭示各个时期的时代、社会背景，并将各者与"老子之时"联系，以证明《老子》"德"论的历史必然性。对于历史上政治、文化等方面的知晓、解读，主要依靠史料。史料作为历史研究的核心对象，是历史研究不可或缺的部分。本书对于史料的关注，是运用历史法的体现。此在"《老子》'德'义""《老子》'德'论的体系及层级""《老子》'德'论的价值取向"等章节中大量存在。

3. 比较法

本书对于比较法的运用，主要体现在以下几个层面：其一，将"老子之时"与"殷商之时""西周之时""孔子之时"作比，突显"老子之时"的时代背景。其二，将老子思想与孔子思想作比，说明老、孔二者思想的非对立性，说明《老子》之"德"与孔子之"德"的关系。其三，将《老子》之"德"与殷商、西周之"德"作比，说明《老子》之德的内涵、特征等。其四，将《老子》思想与西方的"虚无主义"思想作比，说明《老子》"道德"的"非虚无"特性。其五，将不同时期的"德"义作比，说明"德"义的发展及演变。其六，以《老子》"德"论观照今日道德教育，为道德教育提供镜鉴。此外，诸如《老子》之"道"与"帝""天"的比对；"圣人"与"众人"的比对；道之德、天地之德、万物之德、人之德各者之间的相互比对；"言教"与"不言之教"的比对等，均是运用比较法的体现。

以文献法、历史法、比较法作为主要研究方法，以哲学的思维、理性的思辨分析和贯通各类观点，最终形成系统的《老子》"德"论，此是本书研究方法之大概。

第一章 《老子》"德"论研究的前提

在正式研究老子"德"论之前，理性认识及合理安置那些可能对研究造成困扰的因素实为必要。对与研究相关的问题做系统的梳理及思辨，关乎研究本身，其既是研究《老子》"德"论的前提，也是确保《老子》"德"论能够作为德育理论及实践之指导的前提。

第一节 对早期相关理论的解读与分析

早期关于老子"道德虚无主义""无道德""反道德"的观点，等同于对《老子》之"德"定性。对《老子》"道德虚无主义""无道德""反道德"误解的澄清及再认识，可力证《老子》"德"论研究的合理性、可行性。通过把握、分析早期有关老子之"德"的观点，力求在澄清误解的基础上提出自身观点，并尽力规避已有研究可能存在的问题，以为《老子》"德"论研究提供一个相对"清平""无碍"的环境。

一 对《老子》"德"论误解的澄清

在早期老学研究权威看来，《老子》首要的贡献在于其是"中国哲学的开山之作"①。关于《老子》的性质,学界虽有"统治术""兵书""阴谋术""养生术"等诸多说法与论争,但由于《老子》显而易见的形上属性,大凡通达的学者都会公认《老子》为"哲学"著作当为属实。故而,自 20 世纪 80 年代至今,学界多将研究《老子》的重心放在其哲学思想的核心概念,即"道"之上,并业已形成丰硕的有关"道论"的研究成果。

相比于学界对《老子》之"道"的集中探讨与解析,《老子》中的"德",作为无论在篇名、内容抑或出现次数等方面,均可与"道"相对应的另一理论重点,则明显受到学界的"冷落"。遵循一种较为普遍但略显表浅的逻辑,又名《道德经》的《老子》既有"道论",便应有"德"论。

《老子》确有"德"论,且老学研究者亦有一些探讨老子之"德"的成果。只是比于学界对"道"的研究,《老子》之"德"的相关研究在深度及广度上,均未获得足够的关注。依目前学界多将《老子》之"德"限于伦理学范畴之为数不多的研究成果看,除对《老子》"德"之概念及其相关方面的研究外,学界亦曾形成对《老子》之"德"的不同看法。此大致可归为三种:《老子》是"道德虚无主义";《老子》"无道德"思想;《老子》"反道德"。

第一种关于《老子》道德虚无主义的论断,倾向于认为《老子》道德的走向是虚无的,即主张《老子》中没有道德不道德之说,认为其是一种无法言明且无法实践的思想。从理论本身分析,认为《老子》道德属于虚无主义的关键原因在于,《老子》思想在一定程度上与西方所论的"虚无主义"之要素、特征相符合。

第二种《老子》"无道德"观点的立论,乃是由于诸多伦理学著作在涉及先秦时期的道德思想时,并未将道家道德思想纳入其中。此种对于道

---

① 陈鼓应、白奚:《老子评传》,南京大学出版社 2001 年版,第 334 页。张岱年:《道家在中国哲学史上的地位》,《道家文化研究》第 6 辑,上海古籍出版社 1995年版,第 4—5 页。

家道德思想的避而不谈，或体现出学界对于《老子》无道德思想的认可态度。

第三种认为《老子》"反道德"的观点，在20世纪八九十年代较为普遍。《老子》反道德之所以能够得到诸多学者的认可，主要原因在于《老子》思想本身。今本《老子》中存在少量的与"绝圣弃智，绝仁弃义"相类似的语句。由于"圣""仁""义"皆属于儒家的道德概念，故而人们多以此句为例证，认为老子对于圣、智、仁、义的贬斥，是对以孔子为代表的儒家道德思想的批判，甚或认为老子的道德思想是儒家道德思想的对立面。

判定《老子》是道德虚无主义，主要借用的是西方概念。"道德虚无主义"是西方术语，该理论主张价值重估、价值相对性、价值的主观性等，认为道德不足以也不能够成为个体和社会良性发展的动力源泉。

道德虚无主义之所以具备上述内涵，在于其理论产生和发展的依据是基于"人从当时社会上尔虞我诈、弱肉强食、一切人反对一切人的战争事实中，推论出人与人的关系应该或只能是背信弃义、倚强凌弱、相互敌视的冲突，而不可能或不应该建立人人平等的道德秩序，从而得出道德无用或取消道德的结论"①。可见，道德虚无主义得以产生并发展的现实土壤是社会道德的衰败及沦丧。抑或说，道德的缺失是孕育道德虚无主义的基础环境。现实道德的缺失、失序，导致理论层面的道德虚无。相对比于理论层面的道德虚无主义，现实社会的道德沦丧的不良影响更为直接、彻底，道德虚无主义在相当程度上是对道德沦丧的社会现实反思的理论结果。

作为西方哲学的思想范畴，道德虚无主义之所以能够与道家老子产生联系，甚至互为对照，首要原因在于《老子》是为一部哲学著作，其中包含的玄远、广博的哲思，较易与其他思想交映、对照。依照道德虚无主义的特征及内涵，不可否认的是，《老子》与其确有相似及重合之处，此体现为以下两个层面。

---

① 杨深：《从道德虚无主义走向道德秩序重建》，《哲学研究》1995年第5期。

其一,理论背景的相似性。如前文所述,道德虚无主义往往发端于现实社会的"不道""不德",是针对道德缺失、沦丧的社会现实所引发的"消极"的理论主张。作为一种理论主张,道德虚无主义虽体现出对于"道德"的不认同态度,但其积极意义恰恰在于直指社会弊端、揭示社会现实。同于此,《老子》思想及其包含的道德思想亦是以价值失序、道德沦丧的社会现实为参照。对于彼时社会的乱象,《老子》中多有涉及。面对所处的社会环境,《老子》思想的确体现出一定的消极性。对于此,蔡元培曾言明并肯定之:"老子以消极之价值论道德,其说诚然。"① 同于道德虚无主义者对待道德的漠然态度,若说老子是道德虚无主义者的话,则其虚无主义倒不仅体现在道德层面,反倒是全面、整体的虚无了,毕竟老子西去遁世不知所踪了。

其二,思想的相似性。道德虚无主义主张价值重估,《老子》亦有意反对、批判彼时的价值及道德观念,对于"礼"之道德规范的批判,已然将老子推到了"传统"的对立面,可视作老子对由来已久的价值观念、道德标准的再思考。道德虚无主义主张价值的相对性,《老子》中也明显存有善恶、美丑、祸福相对的观点。如,"唯之与恶,相去几何?善之与恶,相去几何?"(今本《老子》第二十章);"天下皆知美之为美,斯恶矣;皆知善之为善,斯不善矣"(今本《老子》第二章)。《老子》中诸如此类的道德相对论观点,较易推导出道德虚无主义的特征,与"道德主观性"暗相符合。"道德主观性"即认为不存在一个公认的、合理的道德标准,道德依环境而变化,以主观判断为依据,个体主观性是决定道德与否的标准。《老子》中的概念、语句,是人们认为《老子》中体现出"道德相对性""道德主观性",以及老子是道德虚无主义倡导者的重要缘由。

不仅《老子》思想被认为是道德虚无主义的,事实上,以老子为代表的道家思想亦难逃"道德虚无主义"的称号。造成学界对于道家道德思想此种看法的原因或许主要有二:其一,如前文所述,《老子》中存有

---

① 蔡元培:《中国伦理学史》,广西师范大学出版社 2010 年版,第 26 页。

道德相对主义的话语，此种是非转换、对错难分的话语，使得人们更多地认为《老子》并未明晰提出一个可供判断道德与否的衡量指标，而是对此持模棱两可的态度；认为对错、是非只是一字之差、一念之间的事情，并无可据判断的标准。《老子》中包含的诸如此类的相对思想极易流于虚无主义，即道德的流变性、相对性指向的是道德的虚无性。其二，对比《老子》，道家代表作《庄子》思想在更大程度上与道德虚无主义契合。对比《老子》，学界对于《庄子》是道德虚无主义的观点存在更为广泛的认可。《庄子》中体现的包括道德相对主义在内的相对主义思想，正与虚无主义所倡导的道德相对理念相符。更确切地说，学界关于道家道德虚无主义的论断，在相当程度上是依据《庄子》的思想。

然而，《老子》思想与道德虚无主义在一定程度上的契合，并不足以力证"《老子》是道德虚无主义"的观点。对比于虚无主义某些理论的相符之处，《老子》的道德思想与道德虚无主义的区别更甚。简单来说，可论证为以下几点。

其一，老子的道德思想有其起源及判断标准。虚无主义是西方术语，且不论用西方哲学术语嵌套东方思想是否有其不周详之处，只说《老子》中有一绝对、恒常的"道"作为一切价值的来源及依据，便可见《老子》的道德思想并非是虚空的或相对的。

《老子》的道德思想虽以"不道""不德"的社会现实为理论产生的参照物，但其道德思想的理论来源不是虚无的。《老子》的道德思想，从概念及逻辑层面来讲，起源于"道"。虽然老子之"道"是"玄远""不可识"的，但其形上特性，为道德思想提供了合法及合理性。作为一切价值的源头及判定依据，老子的道德思想一开始便有一个可供判定道德与否的终极标准。

老子对于所处时代的"师之所处""奉不足，损有余"等社会现象持反对态度，认为诸种现象都是"不道""不德"的。相比之下，同一种现象在"好战者""服文采，带利剑"者看来则为有德之为。德与不德在不同的主体，依据不同的判定标准有着极大的分殊。在此种情况下，选择唯一的判定标准尤为重要，老子所做的正是为"德"寻找到了"道"的归宿。认为老子是道德虚无主义者，或在于不解老子“德”之上位概念，即“道”的终极价值及依据的地位所致。除了以“道”作为终极的判定标准外，《老子》中亦存在着其他的道德判定标准，如“无为”“不争”“自然”等，这些既属于道德的判定标准，又属于道德内容。

其二，老子道德思想的走向并非虚无。道德虚无主义认为，个体与个体、个体与社会之间的关系不能以道德作为有效的联结，道德不足以成为改良社会的法门。相比而言，《老子》虽然在相当程度上揭示了道德沦丧的社会现实，并对旧有道德及价值观作出强力批判，但这并不意味着其对“道德”失却信心。相反，在批判、否定道德的基础上，老子并未放弃道德，而是“以道德医道德”，希冀通过构建新的道德理念，重塑家国社稷的稳定有序状态。

其三，老子道德思想的实质不是虚无的。道德虚无主义体现的道德相对性，认为没有普适的、公认的道德及判定标准。《老子》中虽存在善恶、美丑等相对的价值观，但其道德的相对性是“超越”的，即超越“美丑”“善恶”，而走向大美、大善。在《老子》中，混同善恶、美丑之间的界限，并非是非不分、善恶不辨，而是有意识的不区分、不辨别，以期在更高的层面上超越善恶、美丑之狭隘、单一的概念，达至真正的美善之德。《老子》中“善者，吾善之；不善者，吾亦善之”（今本《老子》第四十五章）以及能够“以德报怨”的圣人，其之所以能够成圣，正在于其没有低层次的区别之心，而是合“天地不仁”之大德，消除对善人、恶人之绝对看法，并最终能够成就天下“无弃人”“无弃物”的有德状态。若说《老子》的道德体现出相对性的话，则此种相对性的目的确是为着“道德”的。

其四，《老子》中存有丰富的道德思想。道德虚无主义者对道德所持的观点及态度，使得其决然不会具有道德思想。是否具有道德思想，揭示道德虚无主义与非道德虚无主义的本质，应是区分是否属于道德虚无主义的主要标准。《老子》道德思想不属于道德虚无主义，关键体现为《老子》中不仅有道德思想，且其道德思想是完备的、成体系的。论述并彰显《老子》道德思想的系统性，是本书着重用力之处，且留待后述。

概而言之，《老子》的道德思想在某些方面确与道德虚无主义存有相似之处，但相似不是相同，部分相似更不能等同于整体相同，主张《老子》是道德虚无主义，是以部分代整体，有失偏颇。

认为《老子》"反道德"的观念，在一定程度上与认为《老子》是"道德虚无主义"的论断重合，因为道德虚无主义的实质便是对于道德的否定及摒弃。《老子》不是道德虚无主义的，则其对道德的整体态度亦不会是反对的。换言之，此处所说的"反道德"，不可被理解为"反对一切道德"，不然《老子》便又走向了"虚无"。《老子》不是"反道德"的，却可以反"道德"，《老子》所反之道德非为道德之全体，而是个别之道德，亦即针对彼时业已成为流弊的某些德目而已。

学界认为老子反道德的观点，基本上是针对《老子》对于儒家道德的批判、驳斥而言。以儒家道统继承人自居的韩愈在《原道》中说："老子之小仁义，非毁之也，其见者小也。坐井而观天，曰天小者，非天小也……凡吾所谓道德云者，合仁与义言之也，天下之公言也。老子之所谓道德云者，去仁与义言之一也，一人之私言也。"[①] 老子对于儒家仁义礼等的反对，是人们认为《老子》反对儒家道德的主要依据。

若深入分析，学界有关老子反对儒家道德的观点，实则包含着两种深意：其一，老子何以反儒家道德思想；其二，老子以何反儒家道德思想。

关于此或有的两种含义，学界对前者多有阐发。一言以蔽之，即《老子》思想产生的原因以及老子何以反对儒家道德均在于"时之弊"，而老子构建其思想以及反对儒家道德的目的则在于"救时之弊"。依照目前学界的观点具体解释之，老子认为以"礼"为核心的儒家道德概念及道德行为是"伪"的，其戕害人之自然性，带来社会动乱，故而主张反对之、摒弃之。"在整个先秦时期，道德都是礼制的内核。"[②] 也就是说，《老子》反对的儒家道德是流于形式、多伪矫饰之"德"，犹指儒家之

---

① 韩愈：《韩愈全集》卷一，上海古籍出版社1997年版，第120页。
② 张岂之：《中国思想学说史》先秦卷·上，广西师范大学出版社2008年版，第194页。

"礼"。

结合《老子》文本，老子所明确批判、反对的"仁""义""礼"等，确是构成儒家道德思想的重要概念，但仅以文本为依据，便断定老子反对儒家道德，不免有失公允。需要说明的是，若老子反道德，其所反的果真是儒家之德吗？愚以为不然，依据有以下几点。

首先，从时间上分析，老子反对儒家之德，不具充分依据。学界关于老子所处时代，目前主要有两种看法，一种认为老子是春秋末期人，与孔子同时期且年长于孔子；另一种认为老子身处战国时期，《老子》思想是战国时代的产物。据前种观点而言，春秋末期并非儒学的纯然成熟期，比孔子年长约三十岁的老子即便出关之时已是垂暮之年，则儒家孔子正处于壮年或初老阶段，晚年办学设教、传播思想的孔子并未成就儒家思想的巨大影响力。加之史料记载有"孔子问礼于老"的事迹，故而春秋末期的老子所反之德不应是孔子时期的儒家之德。第二种认为，老子身处战国时代的观点，则可以为老子反对儒家道德思想提供时间上的可能性。战国时期，儒家学说已然发展至相当程度，而道家思想亦成为与儒家思想相比肩的学派。两家学说在思想层面的歧见甚至正向对反，似可为老子反对儒家道德思想提供可能性前提，然而此种可能性已被《史记》所载"孔子问礼于老"的事实所否定。《史记》作为一部被学界广为认可的著作，其中记载的有关老子身世的文字具有较大的可信性。由于在时间层面，两种关于老子所处时代的观点，前者更具可信性，故而对老子所反之德是为儒家之德存疑，具备时间上的依据。

其次，从思想上分析，老子所反的"礼乐"文化，并非儒家独创。周代的礼乐文化已"粲然完备"，儒家孔子所谓的礼乐乃是继承西周礼乐文化，是对西周礼乐文化有选择的"归复"。此种观点为学界所认可，思想依据则直接来源于孔子的"郁郁乎文哉，吾从周"，"克己复礼为仁"等。以西周礼乐文化为始基，孔子对西周礼乐文化尤其是"礼"赋予新的内涵，此即"仁"。依着"仁"，延自西周至西周末年已经沦为单纯的仪节、仪式的"礼"具备新的内涵和主旨。按照此种逻辑，老子若反对儒家道德思想，首要反对的便应是儒家道德思想的核心内涵"仁"。也就是说，对儒家以“仁”为核心及归旨的道德思想作批判，是老子反对儒家道德思想最该为之事。事实上，学界关于老子反对儒家之德的观点，亦是主要以此作为判定的标准。

流行本《老子》中确有明确反对及主张摒弃“仁”“圣”“义”等儒家道德概念的话语，即“绝圣弃智，民利百倍。绝仁去义，民复孝慈”（今本《老子》第十九章）。学界早前多以此为依据，对老子反对儒家道德下结论。然而，由于今本《老子》中的“绝圣弃智”句在郭店楚简中被表述为“绝巧弃辩，民利百倍；绝巧弃利，盗贼忘有；绝伪弃虑，民复孝慈”。今本《老子》所“绝”“去”的“圣”“仁”“义”，在郭店《老子》中变为“巧”“辩”“利”。按照时间的先后性，郭店楚简《老子》在时间上更为接近《老子》原本。即便舍去对文本时间先后的考量，单纯以此句断定老子所反道德是为儒家之德亦并非全面。

除“绝圣弃智”句外，《老子》中表面看似反对崇尚“圣贤”的“不尚贤”句，实则另有其义。“不尚贤，使民不争；不贵难得之货，使民不为盗；不见可欲，使民心不乱。”（今本《老子》第三章）关于本句中的“贤”字，学界一般将其与儒家之“贤”相对应，解其为“贤才”。单就《老子》中的“贤”字而论，清代刘献廷在《广阳杂记》中的解释不同于流行解法。刘氏曰：“又喻《老子》‘不尚贤’章中云：‘不见可欲，使民心不乱。’乃承上两句言。盖‘贤’也，货也，皆可欲也。上之人尚贤贵货，示，民以可欲而乱其心也。惟不尚不贵，则不见可欲。而使民心不乱。本是明白直接，后人却截出此句，就自己学术上说，反说老子说的不是。嗟嗟！不深理会其言，而遽非之，宁不令柱下笑人邪？”①与刘献廷将“贤”字作“可欲之货”解相同，《汉语大字典》在“贤”字条下列的第一义就标明：贤，“多财。《说文·贝部》亦曰：‘贤，多才也。’《六书故·动物四》：‘贤，货贝多于人也。’杨树达《增订积微居小学金石论丛·释贤》：‘以臤为贤，据其德也；加臣又以贝，则以财为

① 《广阳杂记》卷一，中华书局1957年版，第24页。

义矣。'"①可见，若"贤"字作"贤才"义，则其的确体现出较浓厚的儒家色彩，而其若作"财""货"解，则实属一般意义。弃绝之，并未体现出反儒家"贤才"之旨趣。

老子并非全然反对儒家道德，而是在一定程度上对儒家道德思想进行修正。以《老子》中"失道而后德，失德而后仁，失仁而后义，失义而后礼。夫礼者，忠信之薄，而乱之首"（今本《老子》第三十八章）为例。表面看来，此句是对道德价值进行高低排序，并将"礼"作为乱之首、愚之始，但若深入分析则可见"道""德""仁""义""礼"五者是处于同一条直线上的自上而下的概念。此序列一方面体现出价值高低；另一方面则隐含着系统性及逻辑性，甚至是在发生学层面推演与论述道德的起源及发展过程，即"道""德""仁""义""礼"是一个不分的整体，由"道"及"礼"的序列是一个道德不断外化、不断外显的过程。换句话说，在老子看来，仁、义、礼的存在是必要的，其必要性正体现为对于道德价值的彰显。基于此，老子并未断然将儒家的仁、义、礼等置于"道德"之外，而是作为道德的下位概念，作为道德的必要组成部分。

此外，《老子》后学《庄子》中存有明确反对、摒斥儒家道德的话语，但诸种话语在《老子》中并不显见。作为老子后学，《庄子》的确在一定程度上承袭《老子》思想，并对其加以综合发展，然而对于现实及已有思想的体认及接受程度因环境及主体的不同而不同，加之《庄子》一书是否全为庄子本人所作至今仍没有定论，故而所谓《庄子》中包含反对儒家道德的思想，并不足以作为《老子》反对儒家道德思想的直接及主要凭据。

判定学界对于《老子》"无道德"思想的认定，原因主要有二。其一，受时代影响，《老子》曾被认作是"唯心"的。在特定时期，《老子》是被批判的对象，对于其"德"的忽略受客观条件影响，有其客观必然性。其二，早期《老子》研究者，未将《老子》之"德"作为研究对象，亦是造成《老子》"无道德"的原因。其三，道德虚无主义最终走

---

① 《汉语大字典》缩印本，四川辞书出版社1993年版，第1518页。

向"无道德",认为《老子》是道德虚无主义的支持者,事实上倾向于认定老子无道德思想。

随着人们对《老子》的关注,已然出现了不少关于《老子》道德思想的研究成果,故而早先存在的《老子》"无道德"的观念已逐渐式微。

二 对《老子》"反道德"的再认识

依着儒、道两家在时间以及思想层面的关系,对于学界广泛认可的"老子反对儒家之德"的观点作质疑与论证,若观点有可取之处,则至少会引出两种诘问,即老子若不反对儒家之德,则其要么不反他者,要么另有他者可反。针对此两种可能的假设,笔者欲对自身观点作进一步说明,即老子并非中立的在自说自话,而是有其阐发思想的现实参照系,此一参照系即是西周末年的"大变局"。除以西周末年的社会情境作为参照外,《老子》"德"论的思想参照还包括自西周以至于儒家孔子的"礼乐"文化,或称"礼乐制度"。概而言之,老子所反之德并非儒家道德,而是"礼崩乐坏"之后西周末年的"德"。

按照惯常的理解,"礼乐"未"崩坏"之前的西周社会是有"德"的,"礼崩乐坏"之后的西周社会只一"乱"字便可概括。从逻辑上推演,"礼崩乐坏"之后,西周末年已然无"德",既然无德,何以反德?至此,一个不可避免的悖论便是,《老子》若反西周末年的"德",则其应该有德可反,无"德"的西周末年,何谈反"德"?针对此一研究的可能性诘问,做一必要说明,是对《老子》"反道德"进行再解释的前提。

在《老子》中,彼时社会的"不德"现象是广泛存在的。若说"礼乐"未崩坏之前,现实社会中的"德"与"不德"现象有制度作为规范及衡量标准,那么"礼崩乐坏"之后,社会中的"不德"则失却了最后的壁垒,完全无约束了。文化及思想层面上的"礼崩乐坏"指的是西周礼乐制度的失效,作为一种时间较为久远的制度,虽其解体,但早前人们遵循制度生发的行为并不能在短时间内消失。西周末年的"不德"并不是一种整体现象,而只能说在一定程度上如此。然而,西周末年即便是有"德"之社会,则其亦是无有凭据的惯常思想、惯性行为。在"礼乐崩坏"之后，西周末年的"德"没有衡量标准及判定依据。旧有的已然失效，新的还未产生，西周末年的人们只是在摸索着前进，对于"德"之理解、践行，亦是建立在对前人行为的借鉴及模仿之上；更毋庸说，此种借鉴模仿需要强大的道德自觉作为支撑。

若说依靠制度约束、法则规范的"德"有其弊端的话，那么将无有评判、无有依据的"德"放置在现实中，则人们的道德思想及行为基本上等同于"盲人摸象"，此种无有约束及归旨之"德"的危害性甚或远远高于制度化的"德"。毕竟前者对待"德"与"不德"有清晰的判定，而后者建立在"德"与"不德"之间充其量只能是道德自觉。一旦"不自觉"变为一种普遍现象，"道德自觉"反而是不道德的了，由是道德便真的"虚无"了，全面的"不道德"也便更容易产生。可见，礼乐文化解体之后，西周末年的"德"除了更加流于形式外，其最终的走向亦极有可能是"道德虚无"的，故而《老子》反对之。

《老子》对西周之德的反对与其对礼乐文化的反思，是同步进行的。西周末年的社会现实是"礼崩乐坏"后的产物。制度失效时，因其失效而产生的不良后果，或可从反面映衬制度本身的优势及其有效性。然而若进一步深究，则又可将矛头指向制度本身：制度之所以失效，正是因为制度本身的无力。由是，观照西周末年的社会现实，对与此种社会现实密切相关的思想、文化等作思考、衡量，是应对现实问题的另一方式。《老子》正是对产自西周初年的礼乐文化进行反思，并以此作为其"德"论的思想参照。

关于老子通过反思礼乐文化批判西周末年的"德"，目前的一个直接引证，来源于张智彦所说的："老学是在批判当时已经受到冲击和'崩坏'的宗法伦理文化的基础上形成的一个学派。"[1] 虽此句涉及《老子》的成书原因等问题，若深究会使问题变得复杂，然若取其主旨，则可得见，老学并非在本质上是儒学的反对面，其道德思想的直接对立面亦不是儒家道德思想。张智彦所说的"批判宗法伦理文化"，展开来讲应是指对

---

① 张智彦：《老子与中国文化》，贵州人民出版社1996年版，第55页。

西周时期的宗法、礼乐、封建制度的批判而言，而各项制度从时间上讲，至老子生活的时代，正处于一个全面崩坏的时期。既然《老子》是对"已经受到冲击和'崩坏'的宗法伦理文化"进行批判，则反对、批判西周末年的"德"便合乎时间的先后序列，也自在情理之中。

深入分析《老子》何以针对西周末年的"德"予以立论和反思，可从以下几方面展开。

首先，从时间层面及老子经历看，据司马迁《史记》记载，老子是西周末年人，身为西周守藏史。按照吕思勉的看法，"王官专理一业，守之以世，岁月既久，经验自宏，其能有所成就，亦固其所"①。老子作为周代藏书史，其理当熟知"郁郁乎文哉"的西周历史。至西周末年，老子见周代衰败，辞官西去归隐。老子对西周末年的道德现状有切身体会，此为老子反对彼时道德提供时间上的可能性。

其次，从社会现实讲，西周末年的"礼崩乐坏"，主要指的是制度层面，即与西周宗法制、分封制互为表里的礼乐制度的失效。"我们通常所说的'礼崩乐坏'是针对周天子而言，礼不再是维护其宗法统治的工具，并非是指礼作为一种文化现象的衰落。作为一种文化现象，礼仍然活跃于春秋各国，仍是各国的政治之中心和社会伦理。"② 关于西周末年"礼崩乐坏"的社会现实，除《老子》之外，《左传》《诗经》等亦有相当描述。《左传·昭公二十年》对当时社会的一般情境有过描述："适遇淫君，外内颇邪，上下怨疾，动作辟违，从欲厌私。高台深池，撞钟舞女，斩刈民力，输掠其聚，以成其违，不恤后人。暴虐淫从，肆行非度，无所还忌。"

西周末年"礼乐"制度的失效，必然导致社会动乱、人心不安。抑或说，导致西周末年社会动荡的主要原因是礼乐制度的失效。而由于导致礼乐制度崩坏的思想因素主要是人们对赋予制度合法性的至上之"天"

---

① 吕思勉：《先秦史》，上海古籍出版社 2005 年版，第 437 页。
② 张岂之：《中国思想学说史》先秦卷·上，广西师范大学出版社 2008 年版，第 193 页。

的怀疑，故而西周末年的"礼崩乐坏"与广泛存在着的"疑天""怨天"的社会现象具有共时性。《诗经·小雅·雨无正》云："浩浩昊天，不骏其德。降丧饥馑，斩伐四国。无疾虑，弗虑弗图？舍彼有罪，既伏其辜。若此天罪。沦胥以辅。"此种对于至上之"天"的怀疑，在消解制度权威性、合法性的同时，亦构成人们行为的动力及原因，也为老子亲历及反思彼时社会的道德现实提供依据。"老子既然是史官，也必具备这样的知识。老子反对礼法，反对仁义，正是由于他亲身经历到周王室及奴隶主贵族的虚伪、腐朽和没落而引起的抗议。"① 借着真实的社会状况，老子无论阐发自身的道德思想抑或反对他者的道德思想，均可以现实作为凭借，能够做到有据可依和有感而发。

最后，从思想层面讲，周初的礼乐制度，以"至上之天"作为合法来源，并外显为人的道德行为，此是造成"郁郁乎文哉"的西周社会的前提。也就是说，以敬天、崇天作为道德的依据，周初之人的德性具有价值源头及判定依据。而一旦道德的价值源头中断或消失，现实世界中的道德则无有权威、可靠的标准，亦不会有那个"冥冥"无形中制约、规范人们言行的依据，道德就会变得虚假及形式化。此可通过西周末年人们争名夺利、标榜道德以及"服文采、带利剑"的社会现实予以证明。

西周末年，虽已"礼崩乐坏"，但"礼乐"的外部表现形式并未全然消失，起于夏商时期的礼乐文化，在西周时期的强大影响力不会骤然消失。常金仓在谈到礼乐与晚周风俗之间的关系时曾指出："一种文化的解体，并不能立刻烟消云散，从社会上消逝的干干净净……旧礼乐制度的形式在社会上还以残余形态存在着。"② "礼崩乐坏"之后，失去真实内涵的矫饰之礼仍然存在。然而，此种矫饰之礼除去人为性再无其他。"但是当我们看到晚周社会风俗时就会发现，上自列国诸侯，下至平民百姓，所谓行礼完全没有等级的度量，一任当事人好恶而定……礼最初以原始礼仪与道德观念结合而产生，最后又以两者的分离而解体，结果是道德蝉蜕，

---

① 任继愈：《中国哲学史论》，上海人民出版社1981年版，第224页。
② 常金仓：《周代礼俗研究》，黑龙江人民出版社2005年版，第201页。

礼归于俗"①。此类脱离道德价值的"礼",在老子看来是"伪"的。

可以说,老子所反对的道德并非儒家标榜的圣贤之德,而是西周末年"礼崩乐坏"之后无有价值源泉及判定标准的虚伪之"德"。

早前一段时间内,学界对于老子反对儒家道德基本持认可态度,但目前关于此问题的研究尚停留在知其然的层面,鲜见对于老子何以反对儒家道德的原因分析,对老子以何批判儒家道德亦未做出系统研究。由于该研究认为老子并非反对儒家之德,而是以西周末年的社会现实为理论依托,反对无有终极价值的形式之"德",故而通过探究老子"德"论,或可为老子以何批判、反对形式化的"德"找到些许答案。

三 《老子》"德"论研究存在的问题

以老子"德"论作为研究主题,与学界对于老子"无道德"以及"道德虚无主义"的论断相左;前者主张《老子》有道德思想,后者则基本主张《老子》中没有道德思想。学界关于《老子》中没有道德思想的观点,在早前研究中较为集中。近来,随着人们对于《老子》思想认识的深化及一些理论误解的澄清,《老子》的道德思想开始得到学界的关注。一般来说,关于《老子》道德思想的研究多散见于各类论文中,数量不多,且意见各异,至今并未有一系统、深入论述老子道德思想的专著。

如同"道"论研究者多在形上即哲学层面对《老子》之"道"展开研究;对于《老子》之"德"的研究,亦有学者选择哲学层面,但数量较少。一般而言,学界对于《老子》之"德"的研究相比于"道"而言可谓少之又少,且多限于伦理学领域。伦理学领域的老子之"德",主要指"道德";伦理学领域的"德"论,则指《老子》中的道德思想。

上文所述的"道德虚无""反道德"等问题,是在"道德"意义上展开的对《老子》之"德"的讨论。抑或说,在研究的主要领域即伦理学领域,学界对于《老子》"德"论是否存有基本持"有无二分"的两

---

① 常金仓:《周代礼俗研究》,黑龙江人民出版社 2005 年版,第 201 页。

种态度。限于"伦理"范畴,认为《老子》无有"德"论者,或避而不谈老子之德,或视其为"道德虚无主义"。同样在伦理学领域,主张老子有"德"论者,要么多取《老子》"德"之"道德"含义直述其理论观点,抑或仅言《老子》"反道德",以何反之则未尝言及。依目前看,两种观点基本上处于自说自话的状态,对于何以如此说则不作解释。换言之,学界关于《老子》有无"德"论的问题,并未形成学术层面的互动。

将《老子》之"德"放置于伦理学范畴存有一个明确的前提假设,即将《老子》之"德"的含义理解为一般意义上的"道德"。此一理解路径是人们看待《老子》之"德"的常规之道。事实上,自古以来,学界对于《老子》之"德"的理解便多限于"道德""美德"等伦理学含义。"他们大都将《老子》中的'德',说成是人世间的'道德'。……这种情况,一直延续至今,甚至可谓是'于今为烈'。"①

将《老子》之"德"理解为"道德"义,实在是忽略了《老子》之"德"的本义。一般意义上的"道德"偏重于"美德",评价、衡量"道德"与否的标准是具备"美德"如否,具备"美德"即为"道德",不具备美德则不称为"道德"。"美德"是"道德"一词的别称,是"道德"的具体化,亦是"道德"的核心。确切地说,以"美德"代"道德",使得"道德"的主体是为现象世界的"人"。人是承担道德的载体,除却人,没有思想的世间他物无须以"道德"作为评判标准。

将伦理学层面的"道德"与《老子》的"德"全相对应,忽略了《老子》思想的整体特征,诸种不当之处可归结为以下诸点。

首先,《老子》中并未出现"道德"一词。《老子》中有"道"、有"德",但无"道德"。其次,《老子》中的"德"与"道"是两个概念,二者具有密不可分的关系。由于《老子》之"道"具有形而上属性,故而《老子》之"德"并非自始便指涉形而下的人世之德,而是具有形上属性。再次,《老子》之"德"的主体是为世间万物。"天地不仁,以万物为刍狗",人并非独立于万物之外,而是万物之一物。万物不仅是自然

---

① 臧宏:《说〈老子〉中的"德"》,《社会科学战线》2011 年第 10 期。

存在者，更是世间之人所应效法者，万物之"德"与人之"德"有着"同本同宗"的关系。最后，在《老子》之前及之后的文献中，"德"的含义有一个发展、演变的过程。《老子》中的"德"并非仅有"道德"一义，对于《老子》之"德"的内涵应各者兼顾。

综上所述，在伦理学领域研究《老子》，将《老子》之"德"当作"道德"，基本上等同于将研究视角规范在形下领域即现象世界。此既与老子"道器合一"的理路存有疏离，又使得研究过于现实，有可能过分强化人世"道德"的现世功用。若及此，则先秦任何一家的道德思想都比倡导"上德不德"的《老子》更加具有工具性。在《老子》中，因万物有道，故而万物有德，形上有德、形下有德，天德、地德、人德、物德均被包含在"德"之中，舍其中任何一德，均是对"德"的损害，不能反映"德"之全貌。

明晰已有研究结论，在此基础上解读、分析《老子》"德"论，是确保《老子》"德"论可与道德教育发生关联并能对道德教育有所借鉴的前提。

第二节 《老子》"德"论的重要性论证

研究《老子》"德"论的前提，是老子"德"论的存有如否。阐发《老子》中"德"论的存有及其重要性，则是对《老子》"德"论展开系统研究的必要性前提。为了研究的需要，兹对研究的前提，即《老子》"德"论的重要性做一详尽论证。

对《老子》之"德"的研究，应以其存有为前提。按照司马迁《史记》中所载"孔子问礼于老"的典故以及"老子修道德"的史料，《老子》中大量存在的"德"字，以及自古以来老学研究中有关老子之"德"的观点及成果，可得见《老子》的确"言德"之事实。老子"言德""修道德"，则《老子》中理应包含"德"论。既已包含德论，多着笔墨论证其存有则显赘敷。然而，针对一直以来学界"重道轻德"的研究取向，以及伦理学领域关于老子"无有道德思想"或者"道德虚无主义"

的论点，从《老子》本身出发，为"德"正名，论证《老子》"德"论
的重要性，则实为本书立题研究之必要。

一　"德经"在《老子》中的重要性

《老子》原本不可得见，迄今学界关于《老子》古本原貌的推测与探
究亦未停止。一般来说，关于《老子》版本，目前发现的距离《老子》
成书时间较近的、被学界广泛认可的版本概有五种，即郭店楚简《老
子》、汉代帛书《老子》、河上公本《老子》、王弼版《老子》以及傅奕
版《老子》。

上述五种版本的《老子》，在篇章、结构、内容等层面的差距不一而
足。针对造成如此殊异的原因，刘笑敢认为："《老子》的编者各地都有，
他们的地区文化和方言可能导致《老子》的更多改变，例如，竹简本出
自湖北，帛书本出自湖南，河上公本出自山东，王弼本出自河南，严遵本
出自四川，吴澄本出自江西。"[1]　虽然不同版本在撰写者、地理环境、文
化环境、政治环境等层面存有差异，然而各个版本中对于《老子》"分篇
立论"的观点较为一致。五种传世本中绝大多数传本以"道""德"命
名，将《老子》分为上、下篇。

具体来说，五种传世本，除郭店楚简《老子》不分上下篇外，其余
四个版本或明确标明篇题，或有分篇的痕迹，所分篇题即所谓"道篇"
"德篇"或"道经""德经"。

按照今本《老子》以及古本《老子》的结构，可得见诸多版本的共
同之处在于多认定《老子》"分篇立论"。《老子》的"分篇"即学界一
致认可的"道篇""德篇"或"道经""德经"的篇名，此又可称为"上
篇""下篇"。依照已有的可供参考的版本，目前关于《老子》"分篇"
的史实可概括为以下两种。

其一，不明确表明"篇名"，却存有分篇痕迹。此以马王堆汉墓帛书
《老子》甲、乙本以及严遵的《道德真经指归》为代表。帛书《老子》

---

① 刘笑敢：《老子古今》上卷，中国社会科学出版社 2006 年版，第 37 页。

甲、乙本并无分篇，然其内容结构与傅奕版《老子》可形成有效对照，加之其开篇是为"上德不德"，且"道可道，非常道"出现的位置与分篇分章的傅奕版暗合，故而体现出"德经""道经"的篇名及分篇顺序。严遵的《道德真经指归》目前仅剩"德经"，共7卷，被学者命名而成《老子指归》一书。严遵《老子指归》篇上有卷，既分卷又分篇，分篇不同之处在于其并非概括性地将文本内容分为几部分，而是将今本中的章节以"篇"命名，体现为"上德不德篇""得一篇"等。也就是说，严遵《老子指归》共六卷四十篇。虽严遵《老子》有诸多篇名，但若按照《老子》分篇的一般模式，则其事实上是有"德篇""道篇"之分的，即所谓"上经四十""下经三十有二"①，且上、下经的划分方式与今无别。

其二，明确标注篇名。此可分为两种情况，以点校后帛书《老子》的"德经""道经"以及王弼《老子》的"上篇""下篇"为代表。帛书《老子》的"德篇""道篇"的篇名，是以首篇的核心词汇命名的。而王弼《老子》中"上篇""下篇"的篇名，则并非与"道经"（道篇）、"德经"（德篇）的顺序相对应，而是存在变化。亦即，其以出现的先后顺序划分，先出现者为"上篇"，后出现者为"下篇"，如严遵《老子》中的"上经"是指"德经"，而王弼《老子》中的"上篇"则以"道可道"开篇，实际上指的是"道经"（道篇）。

可以说，除郭店楚简《老子》不存在明显的分篇痕迹外，《老子》"上篇"（上经）、"下篇"（下经）以及"德经""道经"或者"道篇""德篇"的篇名及顺序，在其他版本中均得以体现。各版本的篇名虽有不同，却有着相同的划分标准，即以"上德不德，是以有德"作为"德篇"的标志，以"道可道，非常道"作为"道篇"的标志。

就目前已有的研究成果来看，关于《老子》分篇的争论主要集中在《老子》的篇次，即"道篇"（"道经"）与"德篇"（德经）孰前孰后的层面。以目前已有的《老子》版本作为分析对象，可得见各版本中"道篇"与"德篇"的先后顺序并非统一，而是存有变化。一般来说，明

---

① 严遵：《老子指归》，中华书局1994年版，第19页。

确体现出"德经"在前，"道经"在后篇次的《老子》版本包括以下几种。

其一，在先秦时期韩非子的《解老》《喻老》中，由于韩非子先解的是为今本中的"德经"，故而呈现出"德篇"在前，"道篇"在后的次序。其二，1973 年长沙马王堆汉墓同时出土的帛书《老子》甲、乙本均是"德篇"在前，"道篇"在后，此二种篇名被明确体现。其三，北大汉简《老子》，上经为"德经"，下经为"道经"。其四，严遵的《道德真经指归》虽无明确的"道篇""德篇"的命名，但由于其开篇是为今本"德经"中的"上德不德"，加之点校者所按"《老子指归》共十三卷，七十二篇……前七卷注《老子德经》共四十篇；后六卷注《老子道经》，共三十二篇"①，故而严遵所注《老子》遵循"德先道后"的篇序。

与上述"德先道后"的篇序不同，以河上公、王弼为代表的今本《老子》，体现出"道先德后"的篇序，即将"道篇"作为上篇，"德篇"作为下篇。此外，目前最早的于 1993 年在湖北荆门南部的郭店一号楚墓中发掘出土的竹简本《老子》甲、乙、丙三组，则无有明显的分篇痕迹，既无"道篇""德篇"的区分，遑论篇序的先后问题。

一般来说，除郭店楚简《老子》外，《老子》"德先道后"或者"道先德后"的篇序问题是自古至今便存在的。从时间上分析，古本《老子》，如先秦韩非的《解老》《喻老》，汉代帛书《老子》、汉代竹简《老子》，均代表着早期《老子》的篇序。也就是说，就目前发现的所有《老子》版本来看，除郭店楚简《老子》无有分篇之外，汉代及之前的《老子》无一例外的是"德先道后"的篇序。也正是以时间先后为依据，在关于《老子》古本原型的争论中，诸多学者倾向于认为以帛书《老子》即"德先道后"的篇序为《老子》古本原型，其代表学者有徐复观、张松如、余明光、尹振环以及日本学者波多野太郎等人。关于"德先道后"的篇次，徐复观解释道："由先秦以至西汉，皆德经在前，道经在后。这种情形或因老子本人多言德而少言形而上之道，由此次序以保持其思想发

_____

① 严遵：《老子指归》，中华书局 1994 年版，第 19 页。

展之轨迹。或者只反映出德经集结于先，道经集结于后。"①

与将"德先道后"的篇序作为《老子》古本原型不同，另有诸多学者，如严灵峰、张学方等则将以今本王弼《老子》为代表的"道先德后"的篇序作为《老子》古本原型。究其原因，概由于《老子》文本中所体现出的"由道及德"的理路使得"道篇"先于"德篇"。

除了上述两种相互对立的观点外，另有一种折中的观点则倾向于认为，古本以及今本所体现的篇序是并行不悖的，即"道先德后"以及"德先道后"的篇序是因不同学派传承所致，无须单纯以先后问题作为鉴别《老子》古今版本的依据。

各版本《老子》的"德先道后""道先德后"篇序的变化，在时间层面看来有较为清晰的脉络。先秦至西汉，《老子》篇序主要是"德篇"在前，"道篇"在后；汉代以至今本《老子》则明显地体现出"道先德后"的篇序。对于造成此种演变的原因，据汉代刘歆《七略》载："刘向校雠中《老子》书二篇，太史书一篇，臣向书二篇。凡中外书五篇一百四十二章，除重复三篇六十二章，定著二篇八十一章。上经第一，三十七章；下经第二四十四章。此则校理之初，篇章之本者也。但不知删除是何文句，所分章何处为限。中书与向俱云：二篇则未校之前已有定本参传，称《老子》有八十一章。共云象太阳极之数。《道经》在上，以法天，天数奇，故有三十七章。《德经》在下，以法地，地数偶，故有四十四章。"② 参照刘向刘歆父子的记载，可知在西汉刘向之前已经有人按照天地之数，将《老子》篇序设定为"道先德后"。依此可见，汉代之前虽以"德先道后"作为《老子》的篇序，但已有版本体现"道先德后"的篇序，此反映出篇次演变之缓慢及过渡性。

至于《老子》篇次何时相对统一地由"德先道后"转而变为"道先德后"，目前学界多认可唐玄宗时期的"官方意识"是将之前"德先道

---

① 宁镇疆：《〈老子〉"早期传本"结构及其流变研究》，上海学林出版社 2006年版，第 33 页。

② 谢守灏：《正统道藏》第 17 册，台北艺文印书馆 1977 年版，第 814 页。

后"的篇序转而变为"道先德后"的主要原因。唐天宝元年四月，玄宗《分道德为上下经诏》曰："化之原著为道，道之用者为德，其义至大，非圣人孰能章之？昔有周季年，代与道丧，我列祖元元皇帝，乃发明妙本，汲引生灵，遂注元经五千言，用救时弊，义高象系，理贯希夷，非万代之能铸，岂六经之所拟？承前习业人等，以其卷数非多，列在小经之目，微言奥旨，称谓殊乖。自今以后，除崇玄学士外，自余所试道德经宣并停，乃令所司更详择一小经代之。其道经为上，德经为下，几庶乎道尊德贵，是崇是奉。"①

若学界存在的今本"道先德后"的篇序，是由"德先道后"的《老子》古本转变而来；以及"德经"在前，"道经"在后是《老子》古本原型的论断成立的话，那么"德经"在《老子》五千言中的重要性当是不言自明的。然而，针对于此，学术争鸣表现在《老子》篇次上，则多会存有一种正向对反的观点，即诸多学者从《老子》文本出发，以《老子》的核心概念即"道"的先在性、终极性为依据，认为《老子》的篇次是为"道先德后"。此两种相左的论点在老学研究，尤其 20 世纪 90 年代汉代帛书《老子》面世之后，可谓此起彼伏、不分伯仲。

学界关于《老子》篇序的争论实为老学研究绕不开的焦点论题。迄止目前，关于"道经""德经"孰前孰后的问题并无定论。依着目前所面世的《老子》版本，针对古本以及今本《老子》的篇次问题，各方均有各自的支持者，故而《老子》篇次问题至目前如同老子其人其书一样，仍是老学史上待判之公案。

根据可得见的诸多《老子》版本，《老子》中目前存有的"道上德下"或"德上道下"的篇序是为真实之史料。学界针对史料所做的研究可从各个角度呈现并深化《老子》篇序的相关内容，并力求找寻篇序形成之原因。至此，一个有待注意的事实是，关于"道经""德经"的前后次序问题的争论的背后，存在着一个显而易见的前提，即"道经"及

---

① 周绍良：《全唐文新编》第 1 部第 1 册，吉林文史出版社 2000 年版，第 358 页。

"德经"在《老子》中的重要性是不容置疑的，否则二者便不能形成比对的前提。抑或说，无论《老子》的篇次是"道先德后"或者"德先道后"，不可否认的事实是"道经"以及"德经"在《老子》中的重要性。学界有关二者先后顺序的研究，所主要关涉的是《老子》古本原型，即《老子》原本的篇章顺序，并非用以区分二者的重要性。进而言之，学界对"道经""德经"篇名先后顺序的研究，涉及二者孰先孰后，却不涉及二者孰重孰轻之价值判断。"道经"和"德经"作为《老子》上下篇，迄至目前学界未有人指出"道轻德重"或"德轻道重"的问题。故而，在此可推论出"道经""德经"各自作为《老子》的上、下篇，在《老子》中至少是同等重要的。

除了"分篇立论"的特点之外，古本帛书《老子》、汉简《老子》、严遵《道德真经指归》以及今本河上公、王弼以及诸多今人注解的《老子》版本，多存有分篇分章的结构形式，即其基本结构是篇名之下含有章节。若从各版本中"德经"与"道经"中所包含的章节数目来看，《老子》"德经"的重要性亦不可忽视。

马王堆帛书《老子》甲、乙二本，本不分章节，此可与81章傅奕版《老子》作对照，对照后可得见"德经"44章，"道经"共37章；北大汉简版《老子》分上下经，共77章，上经为"德经"，共44章，下经为"道经"，共33章。严遵本《老子》本名《道德真经指归》，本有13卷，前7卷为"德经"，后6卷是"道经"，宋以后，后6卷佚失，只剩前7卷"德经"，共40章。由于严遵《老子》本为72章，故而"德经"共40章，"道经"共32章。王弼本《老子》，上篇"道经"37章，下篇"德经"44章。

综合上述对于各版本中"道经"及"德经"下所含章节数目的分析，可见"德经"的分量与"道经"基本上是持平的，甚或在一定程度上，"德经"所包含的章节数目多于"道经"。

目前距离《老子》成书年代最近的郭店楚简《老子》，虽不分篇章，然若对比王弼版本分析其内容，亦可得见其中体现出丰富的"德经"内容。有学者统计："如果以竹简本34章计，前17章有王本三十八章以后

《德经》内容共 7 章, 占 47.2%, 后 17 章有王本三十八章以后《德经》内容共 11 章, 占 64.1%。竹简本 34 章去掉重复的一章 (第二篇第六章与第四篇第四章内容相同, 都是王本六十四章的内容) 得 33 章,《德经》内容共 17 章, 占一半略多。"① 基于该统计可见, 楚简《老子》与其他分篇版本中"德经"所包含的内容比重相当。竹简本若按今本体例分"道经""德经"的话, 单论其内容, 则"德经"和"道经"的内容至少是相当的。

单纯以"德经"篇名的存有如否以及"篇名"下包含章节数目的多少, 作为论证《老子》之"德"重要性的论据, 显然尚嫌偏颇。若篇体与章节内容之间存在相互映衬的关系, 即"篇题"反映并概括篇中所含内容, 方有其必要及可行性, 倘"名不符实", 则虽有"德"之篇名, 却并不足以论证"德"之重要性。

二 "德"及其相关理论在《老子》中的分量

从字面意义上看, 按照题名与内容之间的关系, "道经"或曰"道篇"所主要论及的应是有关"道"的内容, "德经"或曰"德篇"论述的重点亦应落实于"德"。然而, 此种题名与内容之间的对应关系, 在《老子》中则大不尽然。无论古本帛书《老子》、严遵《道德真经指归》, 抑或今本河上公《老子》、王弼《老子》以及诸多今人注解的《老子》, 在"道经"的篇题之下皆包含着诸多有关"德"的内容; 在"德经"的篇名下, 包含的诸多内容亦本应属于"道经"。《老子》八十一章通行本上篇三十七章"道经"和四十四章"德经", 在篇名与内容之间存在诸多不对应之处。上篇"道经"中的第十、二十一、二十三、二十八章所论述的内容是"德"。下篇"德经"中的第四十一、四十二、四十六、四十七、四十八、五十一、五十三、五十五、五十九、六十、六十二、六十五、六十七、七十三、七十七、七十九、八十一章所涉及的内容则为

① 李开:《从郭店楚墓竹简本〈老子〉看春秋战国之际的道家哲学》,《江海学刊》2002 年第 6 期。

"道"。对比今日版本，诸如此类的情况在各个版本中均可见。或许正是从"德中有道""道中有德"的层面分析，有的学者倾向于认为原本《老子》无有上下篇，是不分篇次的。龚自珍云："《道经》《德经》，唐人所分。《老子》本不分章，亦不分上下篇。亦无《道德经》之名"。①

关于《老子》版本"名不符实"之原因的解析，多数学者认为此与《老子》篇名的命名方式有关。一直以来，今本《老子》第一章即"道可道，非常道"章，被作为老子"道篇"首章，"上德不德"被作为"德篇"的首章内容。撷取各章中的核心词汇作为篇名，并将其出现的先后顺序作为篇序划分的依据，是构成《老子》篇名以及篇序的一贯方式。基于此，《老子》"道经""德经"的篇名并非基于对内容的提炼与概括，而是为着需要，简单地将"道""德"二字作为篇名，并无今日命名时"名实相符"的考虑。《老子》篇名与内容"名不符实"的事实，促使研究者需将注意力从单纯对《老子》中本应提炼概括内容的篇名的关注，转向分析《老子》中有关"德"的内容。

一般来说，除"道"之外，《老子》文中出现次数最多的当属"德"字。统计《老子》各个版本中"德"字的出现次数，可在一定程度上反映"德"在《老子》中的重要性。郭店楚简《老子》共1600多字，对比今本《老子》，其中的"道"字及"德"字的出现次数都不多。"道"字出现26处，"德"字只有8例，集中体现在以下三个地方："含德之厚，比于赤子"（甲组，王弼本第五十六章）；"上德如谷……广德如不足，建德如□，□真如愉"（乙组，王弼本第四十一章）；"修之身，其德乃真。修之家，其德有余。修之乡，其德乃长。修之邦，其德乃丰"（乙组，王弼本五十四章在）。对比郭店楚简《老子》，汉代帛书《老子》中"德"字出现的次数则明显增多，共44见，另有与"德"字相通的"得"字8见。今本王弼《老子》中，"道"字有76个用例，"德"字有43个用例。

除此之外，先秦时期"德"的下位概念，如"善""仁""义""礼"

---

① 饶宗颐：《书〈马王堆老子写本〉后》，《道家文化研究》第3辑，上海古籍出版社1993年版，第297页。

"圣人"等概念,亦多次出现在《老子》中。以富含德性的"圣人"以及"德"的内涵及表现形式"仁""礼"为例,"圣人"在郭店简本《老子》中出现8次,在通行本《老子》中则出现31次;通行本《老子》中"仁"字共出现了5次;"礼"字在第三十一章、第三十八章中亦统共出现5次。

分析各个版本中有关"德"的内容,亦可见"德"在《老子》中的重要性。先秦时期韩非《解老》《喻老》二篇,分别依次解喻王弼本的12个章和13个章,加起来共25个章节的部分文句,除去重复之后仅有22个章,其中"道"篇6个章,"德"篇16个章。就章节数目最多的王弼《老子》而论,除第一、四、六、十一、十四、二十一、二十五、四十、五十章外,其余各章均直接或间接言及"德"的概念、特征、性质;德与道的关系;侯王之德;万物之德;修德的方式;有德、无德的状态等。其中"德"字直接出现的共有15个章节,分别是第十、二十一、二十三、二十八、三十八、三十九、四十一、四十九、五十一、五十四、五十五、五十九、六十、六十五、六十八章。

除了在《老子》文本中找寻直接的线索论证"德"之重要性之外,通过挖掘文本中隐含的各类关系,具体分析《老子》文本中"道"与"德"的关系,亦可呈现"德"的作用及价值,得见《老子》之"德"的重要性。《老子》中包含诸多概念、关系,其中,最有益于彰显"德"之重要性的,便是"道"以及"道与德"的关系二者。

三 "道"与"德"关系中体现的"德"之重要性

"道"作为《老子》的核心概念,已为人们所熟知。人们对于"道"的关注一方面缘于《老子》以"道"作为宇宙万物的根本来源及终极依据;另一方面,则与研究者对于"道"的聚焦有关。与"道"的广受关注不同,《老子》的"德"及其相关内容颇受冷落。对于此一问题,在此不多复述。

在《老子》中,"道"被设定为万物的来源及宇宙的终极法则,前者即《老子》所谓的"道者,万物之所奥"(今本《老子》第六十二章)以及"道生一,一生二,二生三,三生万物"(今本《老子》第四十二章）；后者则体现为"人法地，地法天，天法道，道法自然"（今本《老子》第二十五章）。作为终极原理及法则的"道"，在以"哲学开山之作"著称的《老子》中，首要显现的是形而上属性，"道"的此种形而上属性在《老子》中被称为"玄"。按照一般的逻辑，凡是那个终极的、本原的存在，都首先是一种非物质的、理念性的存在。《老子》的"道"既为世间的原理及法则，则其所具有的现世功用不免受其形上属性的制约。亦即，在现实的社会人事之中，形下社会中的人对于"玄之又玄"理念的体认及获得并非易事，故而具备形上属性的"道"自始便难与形下社会形成有效联结。若如此，则《老子》赋予"道"的终极原理、根本法则的权威及地位也便不攻自破。进而言之，作为以"道"为首要及核心概念的《老子》，若其理论不具备现实功用，则《老子》的价值不会彰显，学界关于诸子"救时之弊"的成书原因的预设，对于《老子》而言也便不成立。基于此，被《老子》预设为终极根源及根本法则且具备形上属性的"道"，若想证明其存在的必要性，则必须具备能够为众人所体认并运用的形下属性。

《老子》之"道"形下属性的获得是通过"德"实现的，此涉及《老子》中"道"与"德"的关系。《老子》中集中论述"道"与"德"关系的章节有第二十一、二十三、二十八、五十四、五十九章。针对《老子》中"道"与"德"的关系，前人早有论述。《韩非子·解老》篇说："德者，道之功也"；陆德明《老子音义》："德者，道之用也"；苏辙《老子解》曰："德者，道之见也"；严灵峰在《老庄研究》中指出，"德就是道的形式，道就是德的内容"；陈鼓应指出，"'道'和'德'的关系是两而一的，老子以体和用的发展说明'道'和'德'的关系：'德'是'道'的作用，也是'道'的体现。混一的'道'，在创生的活动中，内化于万物，而成为各物的属性，这便是'德'，简言之，落向经验世界的'道'就是'德'"①；"道是无形的，它必须作用于物，透过物

---

① 陈鼓应：《老子注译及评介》，中华书局1984年版，第12页。

的媒介，而得以显现它的功能。道所显现于物的功能，称为德"①；公木等人亦指出"德是道之功、道之用，是道在人的社会活动中的体现和所表现出的功能作用"②。

事实上，通过"德"使本原性、终极性的"道"为形下社会所体认的做法并非老子首创。西周早期，"天"与"德"之间的关系可作为认识《老子》中"道"与"德"关系的一个例证。西周时期，"天"作为终极依据及至上权威取代了西周之前的"帝"，成为人世遵循及效仿的对象。按照西周史料所载，彼时形上之"天"在与形下社会沟通时，所借助的是"德"。天有"天德"，人有"人德"，天之德与人之德是一致的，借着天人共有之"德"，形上之天与形下之人形成"天人合一"的状态及关系。借助"德"，终极的"天"方可被人们体认并理解。在"周人的理解中，'天'与'天命'已经有了确定的道德内涵，这种道德内涵是以'敬德'和'保民'为主要特征的。"③借着形上之"天"的内涵，作为人之主的周初统治者的"德"正体现为遵循天之德，具备"敬德""保民"的德性，实施"敬德""保民"的德政。

结合老子之时的社会背景，可知"道"与"德"关系的必然及必要性。西周末年，周初那个为人们所崇敬、膜拜的至上之"天"的地位，发生了巨大的转变。其具体表现为"天"的权威性及终极意义受到了人们的怀疑，社会中疑天、斥天的现象广泛存在。与"天"之终极价值的减损甚或消逝相对应的是"礼崩乐坏"的社会现实。面对此种现实状况，具有忧患意识，勇担"救时之弊"使命的学者，各自找寻出不同的解决"时弊"的方法。儒家孔子采取"避而不谈天"的态度，而道家老子则转而为现实人世找寻出另一终极权威及法则，即"道"。老子对于"新"终极的预设，正是因其知晓"天"之权威性、终极性未受怀疑、未破灭之

---

① 陈鼓应：《老子今注今译》，商务印书馆 2003 年版，第 13 页。
② 公木、邵汉明：《道家哲学》，长春出版社 2007 年版，第 135 页。
③ 陈来：《古代宗教与伦理——儒家思想的根源》，生活·读书·新知三联书店 2009 年版，第 183 页。

际的西周的社会状况，而其为着用终极之"道"指导优化社会人事，便又不得不找寻一个连接形上之"道"与形下社会的中介或桥梁。结合《老子》文本可知，老子所找寻的"中介"正是"德"。"德"是"道"与万物合一的概念，是现象世界中"道"的现实形态。本体的"道"因为"德"而成就万物，万物因为"德"而获得"道"的整体性与合法性。①

由于《老子》一书的宗旨符合学界所谓的诸子学说起于"救时之弊"的论点，故而《老子》一书并非仅在于向人们呈现高深的理论，而是有其现实指涉。借着彼时的社会现实，《老子》亦是在找寻一解决现实问题的良方。作为以"救世"为取向而产生的理论思想，《老子》表面看似将着眼点放置于形上之"道"，而事实上却将落脚点放置在现实人生。也就是说，《老子》的"道"必须落实、落地。至于其何以落地，《老子》所选择者正是"德"；即以"德"作为"道"形下化的承接者，发挥"德"沟通形上之道与形下世界的功用。

综合而言，若说"道"是《老子》中不可或缺的概念及内容，则"德"与"道"的关系，也表明"德"在《老子》中的重要性。"无德道不显"，形而上之"道"下放至形下领域便显现为"德"，"德"与"道"是《老子》中同等重要的概念。

"德"论在《老子》中的重要性，表明研究《老子》"德"论的可能性及可行性。德育理论及实践以道德理论为指导，表明道德理论与道德教育理论之间的密切关联。作为道德理论，《老子》"德"论对于道德教育的指导作用及借鉴价值，则表明对于《老子》"德"论的研究具有重要的意义及功用。

---

① 樊浩：《"德"——"道"理型与形而上学的中国形态》，《北京大学学报》（哲学社会科学版）2010 年第 2 期。

第二章 《老子》"德"义

对于"德"义的解读，是系统研究《老子》"德"论的基础。明晰《老子》"德"论的概念，是确保其与德育思想产生内在联系的基础。

第一节 《老子》之前的"德"

关于"德"字最早出现的时间，学术界持有不同的观点。郭沫若在《青铜时代》中的《先秦天道观之进展》一文中曾提出，"卜辞和殷人的彝铭中没有德字，而在周代彝铭中才有德字出现"①。该观点将"德"字最早出现的时间设定为周代，且其最早只能在西周时期。与郭沫若的观点不同的是，随着研究的深入，就目前古文字学家的观点来看，"德"字出现的时间应早于西周，且至晚出现于殷商时期，诸种甲骨文及金文文献中均可见"德"字。

一 "德"之初义

在早期甲骨文及金文中，"德"字有着多种书写方式。关于"德"字在甲骨文中的书写方式，《甲骨文字集释》收录了15种，《甲骨文

---

① 郭沫若：《郭沫若全集》第1卷，人民出版社1982年版，第336页。

编》则收录了 20 种。关于"德"字在金文中的书写方式,《金文诂林》收录了"德"字的 23 种不同写法,《金文编》收录的"德"字写法则高达 35 种。相比之下,先秦时期尤其是《老子》思想中与"德"密切相关的"道"字,无论在出现时间抑或书写方式上均远远不及"德"字。迄今为止,就已有的研究显示,甲骨文中还没有出现"道"字。"道"字最早出现在西周金文中,《金文诂林》与《金文编》各收录了 9 种"道"的写法。

"德"在甲骨文中可被表示为 𢼸 和 𢓊。甲骨文中两种写法不同的"德"字,实则有着必然的联系和共通之处。甲骨文的第一种写法 𢼸,可拆解为两部分,即外围的 𣎵 和中间的 𠂤;第二种写法可拆解为左边的 𣏒 与右边的 𠂤。相比较而言,二者的字形结构共同包含 𠂤,所不同者在于 𣎵 与 𣏒。𣎵 从字形上看,形似当前语境中的"十字路口",学界亦取 𣎵 之形象,认为其意为"四达之衢"。四达之衢是为"行",故而 𣎵 亦具动词"行"义。𣏒 是 𣎵 的简化,二者本义相同,均有动词"行"及名词"四达之衢"的双重含义。罗振玉《殷墟书契考释》有言:"(行)象四达之衢,人之所行也"。"德"的甲骨文两种写法的共同之处 𠂤,是今日的"直"字。"直"原意为不弯曲、不曲折,可引申为不犹豫。综合而言,由 𣎵 和 𠂤 合并组成的甲骨文 𢼸 与由和 𠂤 合并组成的甲骨文 𢓊 字,在造字意旨以及所具含义上均是一致的,意为"直行于大道"。早期金文中"德"的书写方式有些与甲骨文基本相同,如 𢓊,稍有出入处是将甲骨文的 𠂤 改写而成 𠂤,但意义不变。

通过对比甲骨文及金文,可见不同写法的"德"字的共同构成部分是"直"字,也就是说"直"字在"德"字最初形成及发展过程中一直未发生改变。推而言之,"德"字"直"的部分在甲骨文和金文中一般有两种基本的书写方式,即 𠂤 和 𠂤。甲骨文 𠂤 与金文 𠂤 存有一个共同点,即均有"丨"。通过拆分,𠂤 可拆分为两部分,即"丨"和"◌"。◌ 形似"眼",即横躺的"目",目上一竖"丨",目之所视犹如一直线,意指"正视前方",或曰"正见"。张日升认为:"直字象目前有物象,目注视物象,则目与物象成一直线,故得直义。物象以竖表之,处目之上作直者，非谓物象在目上，乃谓在目之正前也。《说文》训直为正见，即此之谓也。"① 对比而言，金文 ，除了包含"目"之部分外，还包括"丨""—"两部分，此两部分合而构成"十"，目上有十，从字形上看已与今日之"直"颇相近。甲骨文 及金文 都符合"目视于途"的"直"的本义。

随着文字的发展，金文与甲骨文"德"字开始表现出明显的不同。体现为，甲骨文的"德"，不含有"心"，而在金文中，"德"的写法增加"心"的部分。金文中，"德"字之"心"被写为 ，右面下半部分的 从字形上看形似"心脏"，用以表示"心"，具有心胸坦荡的含义。增加了"心"之后的金文之"德"，对比甲骨文的无心之"德"，含义进一步深化，使得原本具有的"直行于大道"的内涵增加了心理因素，变而成为"坦然直行于大道"。字体结构的变化，亦导致了含义的变化。

通过分析早期甲骨文和金文"德"字的写法和含义，可得知"德"基本上由三部分构成，即甲骨文和早期金文中的"彳""直"，以及后期金文中的"彳""直""心"。从字形和字义来看，"彳""直""心"三者无论何种组合方式，所表示的均主要是方向及行为，也就是说早期"德"的含义主要是指具有方向性的动作。

除通过对甲骨文及金文"德"之字形的分析得出"德"的最初含义是"有方向的行为"外，另有一种与此大为不同的解读"德"的方式。

甲骨文及金文中的 与 ，右面"直"字皆包含"丨"。关于"丨"，不同于前文所述将其理解为一条直线，学界观其形象，有的以为其象牵缚奴隶的绳索，有的将其视作鞭笞奴隶的木杖。"直"字的另一组成部分"目"，从甲骨文及金文的字形上看，像是匍匐于地的人形，此不同于上文将其视作人之"目"。综合"直"的两个组成部分，代表木杖及绳索的"丨"，与代表躺在地上的"人"相结合，使得"德"的原初含义是"牵系和鞭笞奴隶"。对"德"之初义持此种观点的，当以温少峰为代表。针对此种有关"德"义的看法，温少峰进一步解释道："古人语言，动词和

---

① 周法高：《金文诂林》，香港中文大学出版社 1974 年版，第 989 页。

名词不分，主动和被动不分。所以，作为原因来说是'德'（征伐、掠夺），作为结果来说就是'德'（得，获得、占有）。"① 将"德"作"征伐""掠夺""获得"等解，基本未脱离"得"的含义范畴。由于"德"与"得"通，故而通过字形分析，将"德"之初义作"征伐""获得"解，与前人所解之"德"义相通。

另有一种对于"德"之初义的推测，认为"德"字最初有可能被用作郊祀之名，后用为商之祖先祭名；并指出"德"字取象与古人以表测日影有关，认为以"德"字名"日祭"较为适宜。此种观点在将"德"与"祭祀"相联系，涉及的应是"德"之出现缘由及存在根据。

关于"德"之存在依据，目前学界涉及的较少，一般来说有两种观点较具代表性。一种观点认为，"德"的出现及存在与图腾崇拜有关；另一种观点认为，古已有之的祭祀的宗教文化是"德"出现及存在的依据。

《国语·晋语》："同姓则同德，同德则同心，同心则同志"；"异姓则异德，异德则异类"。上述观念表明，"德"源自同姓氏族或宗族之间的血缘共同性。然而结合具体的社会背景，可知上述论断或存有不合理之处。首先，氏族或宗族之间具备血缘共同性在母系氏族社会是不现实的。抑或说，只有进入父系氏族社会，血缘以及宗族层面的联系才有可能性条件。其次，从时间和社会阶段分析，三代及之前的社会，宗族、氏族意识较为明显的时期当是以血缘关系为依据建立起宗法制度的西周时期。因"德"字最早出现的时间早于西周，加之有关"德"的思想出现或许亦早于具体文字的出现，故而以血缘、宗族等作为"德"存在的依据存有不确之处。相比而言，结合早期社会现实，将"德"与"祭祀""宗教"相联系，则有其现实依据及意义。

综合以上对甲骨文及金文之"德"的原始字形、字义的分析可知，"德"之初义具有动词和名词的双重属性，仅是中立、客观地表示事物运动、发展方向的一般词汇，不具备伦理内涵，与今日的含义相去甚远。

---

① 温少峰：《殷周奴隶主阶级"德"的观念》，《中国哲学》1982年第8期。

二 "德"之伦理义

从时间层面分析，殷商时期甲骨文的"德"字不包含"心"字，心字底是发展到西周时期的金文才出现的。甲骨文"德"字发展到西周时期的金文，最为明显的变化便是"心"字的加入。虽然金文中存有与甲骨文写法相似的"德"字，但总体上看，金文"德"字基本是由三部分构成，即"行""直""心"。正如陈梦家所说："古文字形符偏旁的改变，往往表示字义或概念的部分的改变。"① "心"字的加入说明至西周时期，"德"字开始逐步具备伦理内涵，并与意识、动机、心意等有关。

对于"德"之初义，包括殷商甲骨文及西周金文中"德"的释义，所依照的主要是"德"之字形。但单纯按照"德"字字形的改变，探究"德"字字义发展演变的脉络，实则难免忽略对各时期史料中"德"之含义的分析，容易导致与史料不符。

按照甲骨文"德"字无"心"，仅为一般地表示行为的字来看，殷商时期的"德"字断不会与"心"或者伦理相联系，亦应与今日所言之"德"截然不同。而事实上，通过分析《尚书》，可发现彼时的"德"字已经具备了"美德""道德"的含义。《尚书》中《舜典》记载舜禅让王位时有言："舜让于德，弗嗣"，其中的"德"字便可作"美德"或"美德者"解；《商书》中《汤诰》："夏王灭德作威"之"德"字，亦可解为"道德""美德"。陈来在《古代宗教与伦理——儒家思想的根源》一书中，通过对照三代各个时期的文献对"德"进行释义。他得出的结论是：自《尧典》《舜典》始，至《商书》《周书》，以及《诗经》等文献中，均可溯及"德"之今义，即"德"之"道德""美德"的含义。

至此可见，由字形或史料中的字义入手，均只是探究早期"德"之含义的单一方法，且事实似乎表明由单一方法展开对"德"的探究，所获得的研究结果不尽相同。"德"义演变的历史是否存在清晰的节点及脉络，若将史料及"德"字字形的演变相结合，答案是否定的。然而无论

---

① 周法高：《金文诂林》，香港中文大学出版社1974年版，第988页。

史料研究或字形研究，均显示“德”字含义不断发展的事实。

自殷商至西周，自甲骨至金文，“德”字字形、字义的演变是与时间的推进以及文字的变迁共同进行的。若说“心”字的加入是“德”的伦理内涵不断提升和深化的结果，那么也可以说，“德”之伦理含义的具备存在着一个发展演变的过渡期。“德”从一个一般词汇转变成为一个具备伦理内涵的词汇的过程，绝非一蹴而就的。

若必须给“德”之内涵的发展演变找寻时间上的依据，西周时期或许是“德”之伦理内涵确立及不断提升的关键时期。取西周作为“德”之伦理内涵确立及发展的关键期，虽显折中，却也不无道理。“德”之内涵的发展演变若单纯从字形或者文献着手，得出的是两条殊异的发展演变的线索。也就是说，从字形上看，“德”之伦理意蕴的存有当与“心”的加入有关，“德中有心”的写法至早是在西周时期。而若通过分析文献中“德”的含义，则德的伦理含义早在《尧典》《舜典》以及《商书》中便已存在。综合两种相左的观点，由于对比商朝或更早时期的文献，西周文献中包含的具备伦理含义的“德”之数量远远多于此前各时期。故而，不限定西周是“德”之伦理含义出现的起始阶段，而应以其为“德”之伦理含义确定及发展的关键阶段。陈来指出：“从西周到春秋的用法来看，德的基本含义有二：一是指一般意义上的行为、心意；二是指具有道德意义的行为、心意。由此衍生出的德行、德性则分别指道德行为和道德品格。”[①] 在西周时期，已经出现了明确表示“道德”含义的“德”，且相对较多。此不仅可通过金文中的“德”大多数带有“心”字推测得知，而且可通过文献分析获得。

在诸多西周典籍中，“德”已然具有伦理含义，“德”的伦理内涵在《周易》《诗经》《周书》中多可得见。《尚书·洪范》中提及“三德”曰：“一曰正直，二曰刚克，三曰柔克。”此处所谓“正直”“刚”“柔”三德即属于道德范畴，可作“美德”。《洪范》关于“五福”的论述中，

---

① 陈来：《古代宗教与伦理——儒家思想的根源》，生活·读书·新知三联书店2009年版，第291页。

其中一福便是"好德"。"好"作动词讲，意为"修养"，"德"作名词，意为"美德"。《尚书·金縢》有言："昔公勤劳王家……以彰周公之德"，此处的"德"字，解作"美德"。《尚书·康诰》："今民将在祗遹乃文考，绍闻衣德言，往敷求于殷先哲王，用保乂民。"此句之"德"字皆为"有德之人"，亦具伦理含义。"德裕乃身，不废在王命"之"德"同具"美德"义。此外，在《尚书》中的《召诰》《多士》《无逸》等典籍中，均可寻得"德"之伦理意蕴。除《尚书》外，《诗经》中亦存有大量与"德"之伦理含义相关的文字。《诗经·周南·谷风》："既阻我德，贾用不售。""阻"为推开不顾讲，"贾用不售"是女子在比喻自己不为丈夫所赏识，将"德"字作"美好德性"解，当不为过。《诗经·小雅·白华之什》有言："乐之君子，德音不已""乐之君子，德音是茂"以及"显允君子，莫不令德"之"德"字，可作"美德""美德之人"解。《诗经·小雅·桑扈之什》："匪饥匪渴，德音来括"之"德音"可解为"优良的德性"，可见"德"之伦理含义。《诗经·大雅·文王之什》："肆成人有德，小子有造"之"德"亦指"美德""道德"。

以西周作为"德"之伦理内涵确定及发展的关键期，符合从字形、史料层面分析"德"义的双重方法，能够调和两种方法之间存在的差异。由于运用分析字形及史料的方法确定"德"之伦理义的起源时期并非易事，且二者所得结论之间存在明显的时间差，故转而探寻"德"之伦理意义发展的关键期。将西周时期作为"德"之伦理内涵发展演变的关键节点，虽显折中，却也不无意义。

三 "德"之哲学义

"德"字在经由最初的一般意义转而包含伦理含义后，仍在延续着其内涵不断发展、深化的过程，这表现为其哲学属性的获得。"德"之哲学属性的确立及发展期亦应是西周时期。分析殷商甲骨文"德"之字形，难以解析出"德"所具有的哲学内涵。至西周金文中"德中有心"后，"德"的哲学意蕴才有其产生的条件。"心"在早期文献中，已经具有"思想""精神"的含义。《尚书·周官》中的"作德心逸日休；作伪心劳日拙"以及《诗经·小雅·巧言》中的"他人有心,予忖度之",表达的都是"心"的"思想""精神"义。可见"德"之哲学属性与"心"密不可分。

除从字形上作分析外,对于"德"之哲学属性的解析可主要付诸西周文献。存于《尚书》中的《酒诰》《吕刑》等,均是西周时期的文献。《酒诰》篇云:"兹亦惟天若元德,永不忘在王家。"关于"元德"之"元"字,《说文》解释道:"元,始也";《广韵·元韵》:"元,大也。"结合西周时期的其他文献可知,"元"字包含哲学意蕴。《易传·彖》曰:"大哉乾元,万物资始";《春秋繁露·重政》:"元者为万物之本"。《酒诰》中的"元德","元"作为"德"的修饰语,其所具有的本原、始源的含义是为着修饰"德"的,故而"德"便具有了"本原""初始"的哲学意蕴。此外,在《召诰》中,"元德"被称为"德元"。按照今日修辞来讲,"元"作为"德"的修饰,若"元德"可称作"若何德"的话,则"德元"便可称作"德若何"。如此一来,显见"德"所具备的哲学意蕴。西周文献中具有哲学属性的"德"广泛存在,除了体现于《尚书》中,从《周易》《易传》中亦可得见。《周易·上经》曰:"夫大人者,与天地合其德",意指"大人之德,要与天地功德相契合"。与天地功德相契合的人之德,亦应指那个本体、本原之德。《易传·系辞下》:"天地之大德曰生,圣人之大宝曰位",以"天地"作为"大德"的主体,是对"德"所具有的宇宙本体内涵的直接表达。

概言之,自殷商至西周,"德"字除了具有甲骨文及金文的多种写法外,亦从一个表示一般意义的动作、行为的概念,转而变为集伦理、哲学内涵于一体。

四 "德"义演变的原因探析

在西周或更早时期,"德"何以由一个表示动作、行为的一般意义的概念转而兼具伦理及哲学内涵,其衍化之缘由仍需从早期之"德"字入手。甲骨文"德"字,包括早期金文"德"字的重要构成部分,即是"直"字。在甲骨文"德"字中,"直"与"行"是构成"德"字的两个部分。通过对比可知，"行"与"直"二者在甲骨文中无论何种排列组合方式，均组合而成"德"字。"直"字可被放到中间，这种写法即是"彳直亍"，甲骨文表示为 𢖍。"直"字可被放到"行"的左边，表示为"直亍"。"亍"是"行"字的省略写法，"直亍"组合而成的甲骨文"德"字可写作 𢓊。"直"字放在"行"的右边则被写作 𢓊。作为"德"之重要组成部分的"行"，许慎《说文·彳部》解释说："德，升也。"段玉裁注释说："升当作登。"《说文·辵部》在解"迁"字时说："迁，登也。"无论是"彳"或是"辶"，所具备的含义皆是"行"。"升""登"当是两个表明方向的行为动词，其所示方向是向上或向前。也就是说，由"彳"及"亍"两部分组成的"行"字，其本义便与向上、向前的"升""登"有关。此种解法用于"迁"字也属自然之事，今日所谓"升迁""乔迁"等词亦含有"向上""向前"的寓意。"升""登"何以与"德"同义，实则与早期"德"的字形、字性、字义多有关联。前文所述，"行"字本义中便包含向上、向前的方向性。"德"字的另一组成部分"直"字，从字形上看，同样与"登""升"二义联系密切。"直"的甲骨文写法中包含"目"字，其本义应与"视"有关。由于"行"字表明"行于大道中"，此便使得"直"字之"目"应视于途，以辨别行走之途。于省吾《甲骨文文字诂林》有言："直，卜辞多用为动词。"① 此种说法符合"直"之字性。甲骨文"直"字"目上有丨"，"丨"犹如一直线，在"目"之上，旨在为"目"指明方向。分析甲骨文 𥃡，"丨"处于"目"的正中央或曰正前方。可见，甲骨文"德"字中的"直"部分同样蕴含着"升""登"的含义。由于从"行""直"二者均可解析出"登""升"的含义，故而许慎将由二者组合而成的甲骨文"德"解释为"升"，并进而为段玉裁注解为"登"，当是合理的。此外，从字性上看，甲骨文"德"字是动词，"升"或"登"亦是表明方向性的动词，字性上的一致，使得互相注解成为可能。

除了在字形上解释"德"所具有的"升"义外，文献中也能找到相

---

① 于省吾：《甲骨文字诂林》第 1 册，中华书局 1996 年版，第 555 页。

关的引证。日本学者高田忠周认为,"德"所具有的"升"的含义仅存于《易经》中。"《易·剥》虞本:'君子德车',此本字本义之仅存者也。"①孙熙国则对此提出不同观点,认为除《易经》外,《尚书》中至少有四处"德"可作"升"讲。②

以"德"作"升""登"解,促使"德"由最初的一般意义的动词义转而包含伦理及哲学含义。"升"或"登"所具有的哲学意义的"向上""向前"的方向性,与伦理范畴内的"德"所包含的道德的高尚,精神境界的提升以及其向善、从善的价值取向相一致。

"德"之含义的演变,通过其字形及字义而彰显。"德"之字形、字义的获得,不是凭空无依的,而是有其发展、演变的条件。"德"至西周时期明显体现出伦理及哲学属性,主要与西周的社会文化有关。殷商之际,先民的最高信仰一般被称为"帝"。殷商时期的"帝"相当于西周时期的"天",是至上神,代表最高权威。殷商时期,"帝"作为最高权威在为人世政权提供合法性支撑之外,不具备伦理内涵,故而彼时的"帝"不与"德"相关。若从此层面分析,则商代甲骨文中的"德"字没有"心",所反映的正是殷商时期"德"不具备伦理及哲学内涵的史实。西周建立初期,周人信仰体系中最高一级是"天",借着商朝灭亡的教训,周初统治者认为有德与否事关政权存亡,借着对"天"的敬仰与崇拜以及政治统治的需要,周初之"天"被伦理化、人格化,成为一个有"德"的最高权威。周初统治者的"以德配天"首先彰明的即是"天之德",亦即"天德"。由于"天"在西周是人格化的神,拥有绝对的本体地位及内涵,故而"德"之哲学属性的获得来源于"至上之天"。

除通过字形、字义以及文献分析追溯"德"义发展、演变的过程外,探究"德"之内涵何以如此发展,亦需结合不同时期的历史文化背景。古已有之的"德",无论作为动作、伦理还是哲学概念,均不可避免地与

---

① 周法高:《金文诂林》,香港中文大学出版社 1974 年版,第 986 页。

② 孙熙国、肖艳:《"德"的本义及其伦理和哲学意蕴的确立》,《理论学刊》2012 年第 8 期。

现实人世产生联系。故而，现实社会是赋予"德"之内涵，使"德"世俗化、功用化的重要力量。依着不同时期的社会人世所提供的不同"养分"，"德"方可具备不同的意义形态。

晁福林认为，先秦"德"的观念经历了三个演变阶段：一是天德、祖宗之德；二是制度之德；三是精神之德。① 此种对于"德"的划分所依据的既非"德"字字形的演变历程，又非主要依靠文献分析，其所依据者是先秦各时期的文化样态及制度模式。先秦时期由宗教而制度而道德的文化或者社会发展路径，已被学界所广泛认可。若从时间层面分析，晁福林所说的"天德、祖宗之德"，当主要对应殷商时期。殷商时期，社会生活的主要特点是"祭祀"，祭天、祭祖是彼时祭祀的主要内容。依着社会生活或政治统治的需要，殷商时期由祭天、祭祖发展而来的对于天及祖宗的崇拜自在情理之中。换言之，由于尊崇与敬仰天与祖宗，殷商时期的祭祀才有其内容及实质。"制度之德"所主要对应的应是西周时期。西周初年，"以德配天"彰显的是"天德"，至周公"制礼作乐"后，礼乐代替殷商时期的祭祀，成为周人主要的社会活动。礼乐承袭殷商时期的祭祀，殷商时期通过祭祀与"帝"沟通，西周时期则通过礼乐制度与"天"沟通。礼乐制度使得西周社会中的各阶级能够各司其职，并形成一个庞大且繁复的制度网络。在礼乐制度规定下的天德、人德是为"制度之德"。"精神之德"则主要对应西周末年之后的时期，着重指向"人之德"。西周末年，人们对于至上之"天"的怀疑、斥责，使得"天德"的权威衰落，并进而加速了"礼崩乐坏"的进程，使得"制度之德"逐渐沦丧。彼时，与人们对于"天"的怀疑、斥责以及社会的动荡一并产生的另一重要现象，是人的主体性的觉醒。人的主体意识的觉醒，为"德"成为人们有意识的精神活动提供了现实条件，此即所谓的"精神之德"。

"德"之初义及其意义、内涵的演变不存在一个明显的转折点，各种内涵之间的衔接也并非一步到位，而是有着一个缓慢渐进的过渡过程。目

① 晁福林：《先秦时期"德"观念的起源及其发展》，《中国社会科学》2005年第4期。

前来看，明确规定"德"之各种内涵、意义出现的时期，是不可取的，只能通过解析字形以及分析各个时期文献中的"德"义对其加以把握。单纯通过解析字形或者分析文献把握"德"义的出现及演变，往往失之偏颇，即两种方式得到的结论存有较大出入。诸如，殷商甲骨文中"德"字没有"心"，若分析字形可得出"殷商时期德不具备伦理内涵"的结论。然此种情况在分析文献时则不可得见，《尚书·商书》中就存有为数不少的与"心"之内涵有关的"德"字。

基于上述原因，对于老子之前"德"义的分析，笔者认为不可在时间层面上强求硬性的转折。一个"中道"的方式，便是寻找"德"义发展变化的关键期。换言之，探究"德"在特定时期主要呈现以及被广泛运用的含义。此既可关涉"德"之多种含义，又可在时间上梳理出"德"义发展演变的大致线索。

第二节 《老子》之"德"

"德"在不同版本的《老子》中均多次出现。在王弼版《老子》中，"德"字最早出现于第十章，在文中被表述为"玄德"。严遵版《老子》由于"德经"在上，故而开篇便有对"德"的集中论述；"德"在其中被表述为多种形式，包括"上德""下德"等。在以"德经"为上经的诸多版本中，"德"字开篇即有。

关于《老子》中"德"的内涵，目前学界多倾向于在伦理学领域解析之，即多将"德"理解为"道德""美德"，并业已出现诸多关于《老子》"德"之伦理学概念、内涵等的研究成果。20世纪八九十年代盛行一时的关于《老子》乃"道德虚无主义""反道德"的学术观点，主要是将《老子》之"德"作为伦理学的概念而予以解释。

学界关于《老子》之"德"研究的重点及核心是"德"之伦理含义，对于"德"之哲学内涵以及其他可能具有的内涵则不甚关注。一个显而易见的研究取向是，对于《老子》形而上思想的研究，人们倾向于直接研究"道"，似乎在《老子》中，除了"道"具有哲学内涵及形上属性外，再无其他。而一旦涉及"德"，学界似乎一致倾向于认为"德"所具有的就是"道德""美德"等伦理含义，并依据此种先见，将《老子》之"德"与现实道德联系，多关注"德"之现实价值。

前文在探讨《老子》之前的"德"义时指出，"德"义演变的一条较为清晰的脉络是"德"最初具有的是指涉动作及行为状态的一般意义，后来一变而具备伦理学含义，再变而具备哲学含义。也就是说，在《老子》之前，"德"已然具有多种内涵，而非仅有伦理学含义。今日学界过多关注《老子》"德"之伦理内涵，而忽视其他，虽与《老子》一书关注现世社会的"道德"不无关联，但学术研究中偏执一端的做法极可能掩盖"德"之真实内涵，不利于全面理解《老子》之"德"。笔者认为，对于《老子》"德"之内涵的把握及分析，主要应通过分析《老子》文本而得出。

一 哲学之"德"

老子对于"德"的描述是多角度的，且有不同的关于"德"的表述方式。诸如"玄德""上德""有德""无德""失德""广德""建德""尊德""贵德"等。在王弼版的《老子》中，"德"首先被表述为"玄德"。作为理解《老子》之"德"的重要概念，"玄"及"玄德"在汉代帛书本中各出现四次。解析以王弼为代表的《老子》中"玄德"的含义，首先在于了解"玄"义为何。《释名·释天》曰："天，又谓之玄"，玄是天的旁称，则"玄德"亦应为"天德"。关于《老子》中"玄德"即"天德"的另一个引证，来自《易经》。《易·坤·文言》有言："天地玄黄"。"天地玄黄"的另外一种表达方式是"天玄地黄"，依此可见"玄"所对应者正是"天"。具体到《老子》中的"玄德"而言，注解者多认为"玄"与"天"同义。河上公在《老子》中涉及"玄"的第一章、五十六章、六十一章中注解道："玄，天也""与天同道""与天同德"；在第十章和第五十一章中将"玄德"注解为："恩德玄暗、玄冥，不可得而见也。"王弼在注解"玄"时曾道："冥默无有也""不可言同名曰玄"，并在六十五章进一步说："玄德，深矣，远矣"。严遵《老子指归》注解

"玄德"时有言："其德玄冥，莫之见闻也。"

根据《老子》不同版本的注解者对于"玄"以及"玄德"的解析，可知"玄"具有不可得见、不能尽言的形上属性。由于"玄"本身的哲学属性，使得"玄德"不同于日常生活中可被知晓及可标榜的"德行""德知"，是故"玄德"也便是那个终极存在之"德"。《老子》之"德"所具有的哲学属性，亦可从"玄德"所具有的"天德"之含义中得见。由于在老子之前包括老子时代，"天"是一个哲学概念，是宇宙万物的根源及终极价值之所在，故而与老子之前的"天德"一致，《老子》中的"玄德"当是一个具备形上属性的哲学术语。亦即，作为今本《老子》中首先出现的"德"，"玄德"是一个具备哲学属性的词汇。此在一定程度上证明，若单纯从文意上看，《老子》之"德"的首要含义应是其哲学义。至于《老子》"德"之哲学含义存有的可能性，毋庸赘言，因"德"之哲学含义的出现早于《老子》，故而后出的《老子》中的"德"拥有哲学属性具备时间上的可能。

认为《老子》之"德"的首要属性是其哲学性，在于《老子》中广泛存在着诸如"玄德"等表明"德"之哲学属性的词汇。《老子》第二十一章中的"孔德"，其所具备的形上属性与"玄德"相同。关于"孔德"之"孔"，王弼将其释为"空"，"孔，空也"，"孔德"即是"空德。"楼宇烈在校释"空"时有言："空，虚无、无为。"王弼在注解《老子》十六章时有言："反有起于虚"。"空""虚"具有万物存有之前的存在状态的含义，是万物存有之前的那个"无"。借着"孔"所具有的"空""虚""无"的含义，"孔德"也即"无德""虚德""空德"。由于"空""虚"等概念具备哲学属性，表明的是事物存有之前的状态，故而"孔德"亦指诸种德性存有之前那个"德"的原初性态。"孔德"之"孔"所具有的"虚无""无"的哲学属性，与"玄德"之"玄"所具有的哲学属性相同，虽前者指向事物存在状态即"空""虚""无"，而后者指向存在之"天"，但二者共同具有的哲学属性，使得无论"玄德"抑或"孔德"之"德"皆具哲学内涵，意指那个"万德"的集合体，即终极之"德"。

在《老子》中，与"玄德""孔德"含义相同的，用以指涉"德"之哲学属性的另一个重要术语是"上德"。"上德"见于今本王弼版《老子》以及河上公《老子》第三十八章；见于以"德经"为上经的帛书本、严遵本《老子》的开篇。

按照字面意思，"上"本义是指高处、上面，"上德"指高处之"德"。此"上德"之"上"意指的高度，等同于"天"之高。"天"的本义中即包含着"最高"的含义，遵照人们关于"天"的观念，"天"是至高无上的存在。虽在字形层面，"天"与"上"难以直接找出关联之处，但从字义上理解，则二者均有"高处"的含义。除从字面上略显牵强地找寻"上德"之哲学蕴义外，结合《老子》中与"上德"相关的词句，亦可得见"上德"的哲学属性。《老子》中"上德"所在的原文为"上德不德，是以有德"。此句中的"不德"之"不"，字义应为"没有""无"。关于"不德"的用法，并非仅出现于《老子》中。《左传》中的"不德"与《老子》的"不德"用法一致。《左传·襄公二十三年》："不德而有功"。对比可见，二处的"不"字均可取"无""没有"之义。依此，"上德不德，是以有德"则可解释为"高处的德是无德的，这样才是有德"。何以"无德"而又有德？理解此处"无德"与"有德"之间的关系，需考虑到哲学层面的"德"。如上文所言，"孔德"即"空德""虚德""无德"，"无德"即"不德""不德"即"上德"，"无德"是"德"的最高状态，是一切"德"的终极存在形态和本源依据，故而是最"有德"的存在。以"不德"对应"上德"，表明的正是"德"的形上属性。此外，"上德无为而无以为"句正与"道常无为而无以为"暗合，"无为"是具有形上属性的"道"所具有的状态，而"无以为"则是"道"运动的结果。以"上德"对应形而上的终极之"道"，"德"之形上属性昭然可见。

综上所述，由于"玄德"在河上公、王弼等诸多以"道经"为"上经"的版本中首次出现，而"上德"则在汉代帛书以及严遵等以"德经"为上经的版本中首次出现，故而虽然不同版本关于"德"的论述采用了不同的说法，但是在最初涉及"德"时，各版本所论述及指涉的均是

"德"的哲学义。也就是说,"德"在《老子》中的首要含义并非伦理义,而是哲学义,意指终极存在与价值本原。

在《老子》中,诸如"玄德""上德""孔德"等指涉"德"之哲学属性的词还有很多。通行本第二十八章的"常德不忒"之"常德"便具哲学内涵。《老子》的意为"常""永恒",《老子》首章"道可道,非常道"之"常"作"永恒"解。道有"常道",德亦有"常德","常德"即永恒的"德",永恒的"德"即是那个不变的、权威的终极之"德"。"常德不忒"中的"不忒"是对形上之"常德"所具有的哲学属性的较好注解。"忒"字被王弼注解为"差"义,在现有的解释中则共有四种含义,分别是"变动""差错""怀疑""过分"。《诗经》等古书中也多运用"忒"的上述含义。结合"忒"的含义,可显见"不忒"的含义。"不忒"的四种含义均符合"常"的本义及特征,是对形上之"德"的全面注解。

通行本第四十一章,"上德若谷,大白若辱,广德若不足,建德若偷……"中的"广德""建德"二德亦具有哲学属性,意指那个终极的"德"。关于"广德",王弼给予的一个基本的特征是"不盈",即"廓然无形,不可满也"①。王弼关于"广德"没有形质、没有满足特征的解读,呈现的正是"广德"的形而上属性。关于"建德",王弼曰:"建德者,因物自然,不立不施,故若偷匹。"② 抛去学界关于"建德若偷"的"偷"字的争论,仅从王弼的注解来看,"建德"之"建"字被作为动词"树立""建立"使用。若及此,则"建德"是一动词,意为"立德""树德"。然而,作动词的"建德"在词性上与上下文存有出入。"上德若谷,大白若辱,广德若不足,建德若偷"中的"上德""大白""广德"所呈现的均是名词属性,故而"建德"亦当以名词解,意为"立德后的状态"。以名词看待"建德",与王弼"因物自然、不立不施"的形上之"德"的"无为"状态亦相符。

---

① 王弼:《老子道德经注校释》,中华书局 2008 年版,第 112 页。
② 王弼:《老子道德经注校释》,中华书局 2008 年版,第 112 页。

除上述"玄德""广德""上德"等主要依靠"德"前的形容词体现"德"之哲学内涵之外，《老子》中单个的"德"字亦具备形上内涵。

"道生之，德畜之"之"德"便是那个本原之德。"道"作为终极的形上存在，是"万物之所奥"，万物起源于"道"。道生万物后，万物之所以成为自身，全由乎"德"。"德"蓄养万物体现为"德"赋予万物成其自身的属性，赋予不同事物不同的特征和属性，使万物依其自然，成其自然。"德"何以蓄养万物，因于形上之"德"蕴含着万物的属性，宇宙中任何一物的本性都依靠德而赋予。《管子·心术上》有言："化育万物为德。""德"能够化育万物、滋养万物，因其形上特质也。《文子·道德》："物生者，道也；长者，德也。""蓄之养之，遂之长之，兼利无择，与天地合，此谓之德。""道生万物"是给予万物生长发展的可能性，万物得以成为自身，则在于"德"的蓄养，在于"德"对于事物本身属性的赋予。

除了通过分析《老子》文意得见"德"的哲学内涵外，解析"德"与"道"之间的关系，亦可见"德"普遍存在的哲学蕴义。

《老子》中多见直接论述"道"之哲学内涵的语句，开篇"道可道，非常道"便对道的形上属性作了交代，后来的"强之为名""万物之所奥"等说法等于坐实了"道"的终极价值、万物本源的形上内涵及属性。"道"的哲学本质、形上内涵，是为学界广泛承认的事实。"德"作为一个与"道"密切联系的概念，依着逻辑推演，其所具有的形上属性及内涵，在很大程度上是由"道"赋予的。《老子》中"道""德"二字虽未并用为"道德"，但其中多"先讲道后讲德"。如"道生之，德蓄之，物形之，势成之，是以万物莫不尊道而贵德。道之尊，德之贵……"（今本《老子》第五十一章）；"同于道者，道亦乐得之；同于德者，德亦乐得之"（今本《老子》第二十三章）；"孔德之容，惟道是从"（今本《老子》第二十三章）等。"道"与"德"依次出现或表明"道""德"二者之间的关系，即"道"乃宇宙万物及价值准则的总根源，"德"是"道"之外的关乎万物属性、特征的另一根源。此种排序在生成论上符合"道生，德畜"的说法，在价值论上符合"道—德—仁—义—礼"的次序。

"德"次于"道",表明"德"的哲学属性的有无,取决于"道"。关于"道",方东美先生区分了道的几种存在形态,即"道体""道用""道相""道征"①。"道体",即指形上的道本体。与道本体相对应的"德",亦呈本体状态,这是学者在对"德"的存在状态进行分类时的主要依据。"当'德'意味着尚未分化的生成潜质时,与作为万物本源的'道'具有相近的表现。"②将本体之德对应本体之道的提法,符合《老子》文义。关于"玄德",《老子》中有着较为具体的表述,即"生而不有,为而不恃,长而不宰,是为玄德"(今本《老子》第十章)。"玄德"生万物的作用与"道生万物"相同;"不有、不恃、不宰"皆是"无为"的表现,此与"道"之"无为"的本性相同。通过对于"玄德"的分析可见,道的形上根源性与德的形上根源性是重合的。换言之,"上德""玄德"等"德"的终极状态等同于终极的"道"。

此外,"德"所具有的形上属性,亦可从"道生之,德畜之,物形之,势成之"(今本《老子》第五十一章)中各者的关系中得见。"道""德""物""势"四者是作用于万物生长发展的四种力量。"道"作为本原的"生"万物的力量,其具备哲学属性自不必言。"物"指可见的事物,且指的是形下领域的有形质的事物。"势"概指影响事物发展的环境。由道及物的过程是一个事物从形上至形下的变化、发展的过程,由于"道"与"物"之间存有"德",则形上与形下世界的沟通、联结以"德"作为中介。

厘清"德"属于形上抑或形下的问题,是清晰"德"是否具有形上内涵的关键。形而下的世界专指现实的"物"的世界,亦是《老子》所谓的"器"的层面。形下世界最根本的特征便是真实,真实的物的世界与形上世界的本质区别,在于物的世界是可见可感的。基于此,蓄养万物的"德"不属于物世界。德既不属于物世界,又不完全属于"道"世界。

---

① 方东美:《原始儒家道家哲学》,中华书局2012年版,第12页。
② 叶树勋:《道家物德论在〈庄子〉中的展开》,《陕西师范大学学报》(哲学社会科学版)2014年第3期。

虽然《老子》之"德"的形上内涵在很多时候与"道"重合,但由于《老子》的"道""德"二者担负不同的职责及作用,故而不能将二者简单混为一谈。"道""德"二者的不同,体现为蓄养万物的"德"不仅是那个与道相同的"玄德",还是有其具体功用即赋予万物各自属性的"德",此种功用之"德"是对"道"之终极、根源属性的分有。"当'德'意味着已经分化的各物所得时,则表现分有本原之道的倾向。"①分有"道"之本原性的蓄养之"德",其属性仍是形而上的,此或许是老子在形下"物"之前放置"德"的原因所在。

综上所述,一方面,无论从文意层面抑或德与道的关系层面,无论通过分析词句抑或单个"德"字,"德"所具有的哲学内涵在《老子》中多可得见;另一方面,无论是以王弼为代表的"道经"在前的版本,还是以汉代帛书为代表的"德经"在前的版本,"德"首次出现均呈现哲学内涵。基于此,可以说"德"在《老子》中的首要内涵,便是其哲学的形上内涵。

二 伦理之"德"

《老子》之"德"除具备哲学内涵外,亦具有伦理内涵,即其可作"道德""美德"解。《老子》之前"德"之伦理内涵的具备,说明"德"之伦理义并非《老子》首创,此为《老子》中关于"道德""美德"的论述提供时间及理论上的依据。对于《老子》之"德"伦理内涵的解析,仍以《老子》文本为准。

"善建者不拔,善抱者不脱,子孙以祭祀不辍。修之于身,其德乃真;修之于家,其德乃馀;修之于乡,其德乃长;修之于国,其德乃丰,修之于天下,其德乃普"(今本《老子》第五十四章)之"德"字均体现伦理性,可作"道德""美德"解。高亨在注解此章时,认为"修之于家""修之以乡""修之于国""修之于天下"中的"之"字作"德"

① 叶树勋:《道家物德论在〈庄子〉中的展开》,《陕西师范大学学报》(哲学社会科学版)2014年第3期。

解，与"修"字连用，即为"修德"。在高亨看来，除"之"可作"德"解外，其余出现的"德"字亦无他意，均指人之"德"。分析高亨的注解，可知其所注解的"德"之含义均具伦理性，均可解为"道德""品德""美德"之意。①

"含德之厚，比于赤子"（今本《老子》第五十五章）之"德"亦具伦理含义。按照文义，"含德"之"含"为"含有"义。由于此句中，含德之主体当为"人"，故而"德"之意为"道德""美德"等。将"赤子"作为"德"之主体，由于"赤子"年幼稚嫩，其所具道德、美德不同于后天社会中所规定的"道德""美德"。故而，有学者指出"德"即"性"，学界亦倾向于将此处的"德"解释为"德性"，并依此认为老子是"性善论"的主张者。可见，将此处之"德"解释为"道德""德性"，甚或"性"，均体现"德"的伦理内涵。

按照早期"德"字发展演变的过程，可知"德"字伦理内涵的具备无论在字形抑或字义上均与"心"有关，而"道德""德性""性"等无一例外与人之"心"关系密切。正是因为"德"之伦理内涵关乎"心"，故而"德性""性"等均是伦理学不可或缺的基本概念。此外，依据"毒虫不蛰，猛兽不据，攫鸟不博"句，可得见"赤子"之所以能够免除祸患，正因为其"含德厚"，是"厚德"之人。由是，抛去"德"之"性"义，即便将"德"专做"道德""美德""品德"等含义，亦不影响文意。

"治人事天莫若啬。夫唯啬，是谓早服。早服谓之重积德"（今本《老子》第五十九章）。此句"治人事天"的主体当是统治者，统治者实行统治的一个重要方式便是"啬"。在王弼看来，"啬"意为"农夫"，可引申为农夫修田的纯任自然之意。"早服"，王弼注为"常"，即自然。"早服谓之重积德"意为"随顺自然便是在积累德"②，此"德"当作为"美德"讲，"积德"即"积累美德"之意。

---

① 高亨：《老子注译》，清华大学出版社 2010 年版，第 89 页。

② 王弼：《老子道德经注校释》，中华书局 2008 年版，第 155 页。

"治大国若烹小鲜……夫两不相伤，故德交归焉。"（今本《老子》第六十章）此处的"夫两不相伤"的"两"指的是"神"与"圣"，即"其神不伤人，圣人亦不伤人"。"两不相伤"的原因在于"神""圣"二者皆具自然之德，故而无所伤；既不相伤，则二者之德可共存，此即"德交归焉"的含义。此处之"德"的主体分别为"神"及"圣"。王弼注解曰："神不伤人，圣人亦不伤人；圣人不伤人，神亦不伤人，故曰'两不相伤'也。神圣合道，交归之也。"[1] 依着文本，"德"作"道德""美德"解合于文意，即神之美德与圣人之美德结合并共同复归于"道"。"交"作"共""俱"解，既为"交归"，则当有共同所归之处。由于《老子》的"归根""反本"之"根""本"皆指向"道"，故而神与圣人的美德均合于道且归于道。

"有德司契，无德司彻"（今本《老子》第七十九章）中的"有德"与"无德"一般解释为"有德者"和"无德者"。按照王弼与高亨的注解，此句可解为"有德的人不向他人索取，无德的人向他人索取"。结合句意，由于"德"的主体是人，故而将"德"解为"道德""美德"当属适合。

与通过分析文意得见"德"之伦理含义不同，《老子》中存有直接表明"德"之伦理含义的词句是"不争之德"。"不争之德"见于"善为士者不武，善战者不怒，善胜敌者不与，善用人者为下。是谓不争之德，是谓用人之力，是谓配天古之极"（今本《老子》第六十八章）。"不武"即不侵犯人，"不怒"之本在于后而不先，"不与"即"不争"，"为下"即居下、处下。"不武""不怒""不与""为下"四者，被统一看作"不争之德"。由于"处下""不争""居后"等在《老子》中被认为是有德之人的状态及行为，故而"不争"本来便是"道德""美德"，将"不争"与"德"合用而成的"不争之德"，被《老子》视为"配天古之极"。依此，足见"不争之德"的高尚及高深。依靠"不争"所具有的伦理属性，此处的"德"作"道德""美德"讲，直接呈现其所具备的伦

---

[1] 王弼：《老子道德经注校释》，中华书局 2008 年版，第 158 页。

理内涵。

　　除了直接解读《老子》"德"字所具有的伦理内涵外,按照人们对于诸如"道德""美德"等"德"之伦理内涵的理解,《老子》中亦存有诸多"美德"。除上文所述的"不武""不怒""不与""为下"外,"不仁""守中""少言""贵言""功成身退""自知""啬""慈""俭""不敢为天下先"等均是"美德"的内容和表现形式。也就说,单纯从上述诸种"美德"着手,也可直接得见《老子》之"德"的伦理内涵。

　　概而言之,《老子》"德"之伦理内涵可通过文意以及文中所列具体的"道德""美德"等得见。借着老子时代道德沦丧的社会现实,正是因为具备伦理内涵,《老子》之"德"方能成为"道"在现世的显现,成为"救时"的理论工具并有其现实价值。

三　动词之"德"

　　《老子》中的"德"除具备哲学及伦理内涵,作本源、终极之"德"及"道德""美德"等解之外,亦具备其他含义,此即"得"。在古文献中,"德""得"二字互通,学界多认可"德"即"得"的解释。《礼记》中说:"礼乐皆得,谓之有得。德者,得也。"此处直接阐明"得"是"德"的内涵。也就说,《礼记》中评判是否有德的标准是是否"得";"得"何者,得礼乐矣;礼乐俱得,则有德。《管子·心术上》解释"德"时说:"德者,道之舍。物得以生生,知得以职道之精。故德者得也。得也者,其谓所得以然也矣。"管子将"德"解释为"得"是与《礼记》一致的,所不同之处在于"得"的内容。《礼记》的"得"是"得礼乐",管子的"得"则为"得道"。所得之物的不同,在于"德"之前提及实质不同。《礼记》之"德"的前提及主要内容是"礼乐",故而"得"礼乐谓之"德";而管子"德"的前提及实质是"道",故而得"道"方为"德"。

　　将"德"当作"得"解,且规定"得"之内涵的观点在《老子》中同样可以寻得。《老子》中的"德"亦具"得"义。《韩非子·解老》曰,"德者,内也;得者,外也",认为"得"是"德"的外在体现。在注解《老子》"德经"首章时，王弼说："德者，得也。常得而无丧，利而无害，故以德为名焉。何以得德？由乎道也。"① 《老子》中的"德"具"得"义，所得者为"道"矣。道是德的前提，得道方成德。

分析"德"在《老子》中的具体含义，亦可得见其中有多处"德"可作"得"解。《老子》中最明显地将"德"释为"得"之处，当属"圣人无常心，以百姓心为心。善者吾善之，不善者吾亦善之，德善。信者吾信之，不信者吾亦信之，德信"（今本《老子》第四十九章）。今本《老子》中的"德善""德信"在傅奕及严遵本被"得善""得信"所取代。也就是说，傅、严二者直接将"得"等同于今本《老子》的"德"，依此可显见"德"之"得"义。

王弼亦明确表示"德"与"得"同义。针对《老子》中"德者同于德"一句，王弼注解道："行得则与得同体，故曰'同于得'也。"② 分析王弼的注解，可见"德""得"混用的现象。此句中的"行得"应作"行德"解，且行德的主体当是人。"同于得"三字所省略的主语是"德"，完整的说法当是"德同于得"。王注前面的"行得则与得同体"是在具体解释"德""得"二者的关系，而最后的"故曰"，则等于概括性地表明了"德""得"同义的观点。今本《老子》"德者同于德"的后面，有"同于道者，道亦乐得之；同于德者，德亦乐得之；同于失者，失亦乐得之"句。楼宇烈在校释此句时指出，此节经文存在失误，并进而选择帛书本中的内容，作比较性解读。在帛书《老子》甲、乙本中，"同于道者，道亦乐得之；同于德者，德亦乐得之；同于失者，失亦乐得之"被表示为"同于德者，道亦德之；同于失者，道亦失之。"其中，"同于德者，道亦德之"的后一个"德"当作"得"解，意为"言行符合于德，则得道"。此意与《老子》"德"的实质即"得道"相符合，亦符合王弼所谓"德"之"得"义。

与王弼关于"德者同于德"中"德"即"得"的解释相同，在傅奕

---

① 楼宇烈：《王弼集校释》，中华书局1980年版，第93页。
② 王弼：《老子道德经注校释》，中华书局2008年版，第57页。

本《老子》中，今本《老子》的"德"被换为"得"，即"得者同于得"。进而言之，"德者同于德"所在章节中所有的"德"，在傅奕《老子》中无一例外地被表述为"得"，出现了有"得"字而无"德"字的情况。

除了上述内容外，"是以万物莫不尊道而贵德"（今本《老子》第五十一章）句中的"德"亦作"得"解。王弼注解曰："道者，物之所由也；德者，物之所得也。"① 由于"德"之所"得"为"道"，由得道而成德，故而"尊道""贵德"表现为对于道的尊崇以及对于所得之道的珍视。此句中的"贵德"展开来讲是"贵所得之道"。由是，"德"之"得"义亦得以呈现。

综上所述，"德"与"得"通，"德"作"得"解，古已有之。《老子》"德"之"得"义，可作"获得""得到"解。但由于"德"的内涵及实质不尽相同，故而当以"得"解"德"时，所得者为何则成为区别"德"的重要标准。前文所述，儒家"德"的核心是礼乐，故而其所得者为礼乐，得礼乐是为"德"。同样，以《老子》为代表的道家，由于"道"是其首要及核心概念，故而道是"得"的内容，得道方成"德"。也就是说，"德"虽可作"得"解，但对于"德"之实质，即"所得为何"的把握，是全面理解《老子》之"德"的关键。

一言以蔽之，"德"字在《老子》中的含义依文句的变化而变化。"德"的哲学内涵、伦理内涵以及其所具备的"得"的含义，是构成《老子》"德"之属性及内涵的三个主要方面。《老子》"德"之内涵无一是《老子》首创，皆是先前便具有的。《老子》"德"义符合"德"之内涵发展、演变的历史，且已然具备今日"德"的大致含义。在《老子》中，"德"之伦理义相当于今日所论的道德、美德、品德。相比之下，《老子》之"德"的形上内涵及其作为动词的"获得""得到"义，则为今日之"德"所不具备。

---

① 楼宇烈：《王弼集校释》，中华书局 1980 年版，第 137 页。

第三章 《老子》"德"论的体系及层级

　　《老子》"德"论的体系包括构成"德"论的相关概念及其关系。《老子》"德"论的相关概念是构成"德"论的理论基础，明晰《老子》"德"论的概念，有助于在整体上把握《老子》"德"论；而依靠概念及其之间的关系，则可理清老子构建"德"论的内在理路。"德"论的层级推演主要关注"德"之区分，即呈现《老子》中有殊分、高下的"德"。

第一节 《老子》"德"论的体系

　　与"德"相关的概念及"德"之主体间的关系，是《老子》"德"论所包含的内容。正是通过对相关概念以及主体之间关系的构建，形成了系统的《老子》"德"论。

一 "德"论的相关概念

　　《老子》"德"论的核心概念是"德"，但在《老子》中"道"先于"德"而存在，是《老子》整体思想的核心概念。抛却诸如仁、义、礼等既非《老子》主要关注，亦非《老子》重新定义的概念，《老子》中与"德"论密切相关的概念，主要有"道""德"二者。此二者是《老子》"德"论起始处的概念，亦贯穿"德"论始终。

（一）道

《老子》中的首要概念是"道"，无论是结合《老子》文本抑或依照已有的研究成果，均不能否认《老子》之"道"的核心地位。在《老子》中"道生万物"，作为《老子》的核心概念，"道"是发生学意义上的理论起源处。抑或说，《老子》"道论""德论"的存有，是借着《老子》文本之中的理论，而《老子》文本是以"道"为最核心的概念单位并围绕其而展开的。

德，即得也，《老子》之"德"所得者为"道"。作为"德"论不可或缺的概念，"道"是《老子》构建其理论体系的关键。如前文所及，"道"并非《老子》首创，但使"道"具备形上哲学意义并将其体系化者，则首当归功于《老子》。对于"道"之概念的构建，《老子》主要借鉴的是西周之"天"。

西周末年，社会动乱、民心不安，天命观念为世人所怀疑。老子独创"道"论，大凡概因其意识到，社会动乱的根本并非在于政治理论的不完善或不可用，而是失却了那个能够俯瞰一切世事的理论制高点，即缺少一个用于指导社会人事的终极原理及绝对法则。故在"天"破灭后，老子构建了终极之"道"。

老子之所以力图构建一个终极原则，恰是因为前期社会中人们笃信"天"的至高无上性，将"天"作为终极之所在，故而在为人处世时有限度和参照，进而能够成就三代及之前的国泰民安。西周时期，依靠对于"天"之终极法则的笃信，社会少有动荡不安，人心较为平和安定。"天"之权威地位丧失后，人世间失去了整合归拢人心的终极依据。由是，任凭儒墨理论之高深莫测，因最终依据的缺失，理论的存有只是治标不治本之"器"。

关于终极原理"道"的建构，老子有其参考，此即是西周时期所尊崇的"天"。由是，当诸子百家纷纷"托古论道"以期实现"明道救世"之目的时，老子则意图重构一新的适用于天地人间的终极法则。也正是在这个层面上，老子指出儒家所谓的仁、义、礼等皆为末端之物，是失却终极原理后的"次生物"，即"失道而后德，失德而后仁，失仁而后义，失义而后礼"（今本《老子》第三十八章）。老子认为，依靠于此决不能从根本上解决社会问题，更何谈"复归"到那个有"天"作为社会人世之终极的"郁郁乎文哉"之周。基于此，老子所意图做且成功做到的事情，便是在"天"之终极法则失位后，为着根本解决社会问题，为万事万物寻找到另一个可以替代"天"的终极之所在，并一步步构建出了"道"此一至高无上的终极。通观《老子》文本，老子之"道"与旧有的终极原理之"天"并无二致。具体来说，可体现为以下诸方面。

其一，不知之"天"与玄妙之"道"。西周时期，天之权威及其合法性为人们所认可，"西周时代，'帝'或'天'成为至上神"①。事实上，在三代及上古社会，所谓"权威"的出现，皆因于人们对权威的无法体认。换言之，天之权威地位得以确立，在很大程度上正在于人对天之"不知"。自然之天在感官上给人们造成的神秘莫测之感，早在西周之前便存在。加之统治的需要，各朝各代亦不断致力于将自然之天人格化，并成功地塑造了一个既可令风令雨，又能知人任事的人格化的"神"。可以说，对于"天"的不知，恰是成就天之权威地位的重要且首要因素。循此，"道"作为老子所造就的另一权威本体，其亦需具有相应的神秘感，唯此方可为道之权威地位的确立提供辅助。基于此，《老子》开篇便说"道可道，非常道"，且"五千言"始终致力于对"道"之恍惚、玄妙、无状、无象之"形象"的塑造。

老子对于道之高深莫测之感的构建，从其名称的未定到形质的不确定步步递进。在为终极原理"道"命名时，《老子》极力渲染"道"之名称的未定性。"有物混成，先天地生……吾不知其名，字之曰道，强为之名曰大"（今本《老子》第二十五章），指出将终极原则命名为"道"仅是"勉强"的称谓。此外，《老子》文本中存有多处"道"的别称。如"视之不见名曰夷，听之不闻名曰希，搏之不得名曰微。此三者不可致诘，故混而为一"（今本《老子》第十四章）与"天得一以宁，地得一

---

① 张岂之：《中国思想学说史》先秦卷·上，广西师范大学出版社2008年版，第158页。

以清"（今本《老子》第三十九章）之"一"；"是谓无状之状，无物之象，是谓惚恍"之"惚恍"（今本《老子》第二十四章）；"朴散则为器，圣人用之则为官长"之"朴"（今本《老子》第二十八章）；"执大象，天下往；往而不害，安平太"（今本《老子》第三十五章）之"大象"；"天下万物生于有，有生于无"（今本《老子》第五十二章）之"无"等。

同于对"道"之命名，《老子》文本中对"道"有过多次解说，但都未给予其明晰的形质。"道之为物，惟恍惟惚，惚兮恍兮，其中有象；恍兮惚兮，其中有物"（今本《老子》第二十一章）。老子事实上认定"道"为物、有象，具有物质的特性。既为物则必有形质，而《老子》却又将"道"描述为"其上不皎，其下不昧"的"恍惚之物"，是"迎之不见其首，随之不见其后"之"物"。此与"视之不见名曰夷，听之不闻名曰希，搏之不得名曰微"一致，皆表明道虽具有可视、可听、可搏的物质特性，却并不停留在物质之上，而是在形质上超越物质的可感性，具有"无状无象"的抽象性。《老子》对"道"之"玄而又玄"特性的赋予，成为葆有道之高深莫测性的前提。

其二，"乾元"与"始母"。在《老子》道论之前，关于宇宙之形成、万物之发展，人们曾主"阴阳"之说，认为阴阳二气为宇宙之先，阴阳二气形成天地，由天地进而创生万物。古时天地并称，二者互为庇护，以天为父，地为母，阴阳相合，成就万物之大化流变。以"天"作为主宰的观念，使得人们普遍将"天"作为万物之根源。《易经·系辞下》说："天地氤氲，万物化醇。男女构精，万物化生"，指出万物源于天地；《易经·彖》曰："大哉乾元，万物资始，乃统天。云行雨施，品物流形。大明始终，六位时成，时乘六龙以御天。乾道变化，各正性命，保合大和，乃利贞。首出庶物，万国咸宁。""大哉乾元，万物资始，乃统天"正是将"天"作为万物之根源。"乾元"是"阳"的根源，乃以"天"为始，表明"天"滋生万物，是最为根本的宇宙之源。

"天"为终极原则、为万物之始，根源性的位置和作用成为成就"天"之至高地位的又一因素。老子之"道"若想"替"天而存，亦必然在理论上具有相当的说服力。事实上，作为博阅前朝史籍的藏书吏，老子不会忘记为"道"之根源性寻找辩护。

《老子》对于"道"之根源性的肯定与之前将"天"作为"父"相仿，所不同处在于，《老子》将"道"视为万物之"母"。"天下有始，以为天下母"（今本《老子》第五十二章），王弼注曰："母，本也。"在老子看来，"母"有资格为天地万物的最初生产者，是天地万物之初始。此处所谓的"始"和"母"统一集中于"道"上。"道者，万物之奥。"（今本《老子》第六十二章）据河上公所注《老子》，"奥"字，是"藏"的意思。王弼注曰"可得庇荫之辞"①，即说万物皆藏于"道"之中，"道"蕴含着万物生存发展的一切可能和潜力，其生天地万物，为万物之根源之所在。"道生一，一生二，二生三，三生万物"（今本《老子》第四十二章）。道所生之一，即《周易》所谓之"太极"；一生之二，即阴阳，亦即"两仪"，再即"天地"；"二生三，三生万物"则表明了万物生藏之过程。可见，天地为"一"所生，而在《老子》中，恰如上文所言"一"为"道"之别称，故可以推论，"天"由"道"生。所以，老子反复强调"有物混成，先天地生，寂兮廖兮，独立不改，周行而不殆，可以为天下母"（今本《老子》第二十五章），再次认定道具有成为天下"母"之资格，肯定了道的根源性。

此外，除生、藏天地，"道"亦对世间万物的长成、发展起决定作用，即所谓"道生之，德畜之，长之育之，亭之毒之，养之覆之"（今本《老子》第五十一章）。万物由道而生，从源头"道"之处获得一切发展的可能条件，遵照"道"之自然性发展自身，并从出于道之"德"处，获得庇护和恩泽。至此，原本作为终极原则的"天"，被《老子》拉入"道"之下，"道"成为宇宙万物的本原。

其三，"恒"天与"常"道。西周时期的权威之"天"，为能够长生久存的恒常之天。《易经〈篆辞下传〉》第三十二卦"恒卦"有言："天地之道，恒久而不已也。利有攸往，终则有始也。"恒，久也，天地的运

---

① 王弼：《老子道德经校释》，中华书局 2008 年版，第 161 页。

行是恒久长存的，其循环往复不止，于终结之处蕴含新开始。"日月得天而能久照，四时变化而能久成，圣人久于其道而天下化成。观其所恒，而天地万物之情可见矣"，循着恒久之天道，日月、四时、圣人之世间之物得以长存，宇宙万物方可显现生生不息之情象。

《老子》亦认同天之恒常性。"天长地久。天地所以能长生者，以其不自生，故能长生。"（今本《老子》第七章）李嘉谟曰："天不爱其施，地不爱其生，是谓不自生。不自生，万物恃之以生，故能长生。此天施地生之道，所以未尝一日息也。"① 该句指明因万物依靠天地而生存发展，故天地需长久存在，以为万物提供生长、发展之恒久时空。天长方能地久，恒常之天的存在，是确保宇宙万物永存的前提条件。由此，"天"之独特且关键作用可见一斑。"天"具有恒常特性，"象帝之先"的"道"亦必须为长久藏生、化育万物之"恒"道。

《老子》中对于道之恒常性有多处提及。为了赋予并确保道的恒常性，《老子》通篇都在有意避免"言说"对于"道"之恒常性的破坏，故其开篇便言"道可道，非常道"。"常"，即恒，为永久意。在开篇定论后，后续章节中所呈现的皆为不可尽说之"道"。依此，足见老子之用心。"有物混成……独立而不改，周行而不殆，可以为天下母"（今本《老子》第二十五章）之"有物"即指"道"；"周行"即道无所不至，广存于万物；"不殆"则指道之"绵绵"长存之恒常特性。"道乃久，没身不殆"（今本《老子》第十六章），直言"道"之属性本为"久"，终极之道的确立与其恒常性的存有相辅相成；依靠恒常之道，宇宙万物可得其永生，即"没身不殆"所含之义。王弼曰："无之为物，水火不能害，金石不能残。用之于心，则虎兕无所投其爪，兵戈无所容其锋刃，何危殆之有乎！"② 承接上句，《老子》指出宇宙万物依靠恒常之"道"可免于危殆，再次肯定"道"之恒常性及其意义所在。

其四，"有为"之天与"无不为"之道。除被人格化并赋予权威及合

---

① 魏源：《老子本义》，华东师范大学出版社2010年版，第26页。

② 王弼：《老子道德经注校释》，中华书局2008年版，第37页。

法性外，自然之天的功能，同样为"天"的正当合法性提供依据。抑或说，作为权威，"天"并非仅依靠其高高在上之位置便独居"宝座"，而是同样具有强大的功能。天之自然功能确保其独尊地位的享有并非徒有虚名，而是"名实相符"。

天之自然功能的发挥，一方面体现为其与地相得益彰，互为庇护，为存于天地间的万物提供活动的领域及空间；天地具有的阴阳属性为生存于天地间的万物提供成长及发展所需的阴阳之气。另一方面，则主要体现为"天"关系民生民事，可降风雨雷电于人间，令风调雨顺；可为人世间选拔英明君主，以保人民丰衣足食；可使得家畜人丁兴旺，人们生活富足安定。《诗经·大雅·皇矣》曰："皇矣上帝，临下有赫。监管四方，求民之莫。维此二国，其政不获。维彼四国，爰究爰度。上帝耆之，憎其式廓。乃眷西顾，此维与宅"，表明天预知世事、选贤任能的超人权职。

既然天"有名有实"，天之"殊荣"并非仅靠"名"存在，而是同样依其非凡的"本事"，那么"道"亦绝不能逊色于天。这是老子将"道"推上至高位置所必做之事。不然与"天"相比，"道"虽在名义上为终极原理、法则，具有高于天的位格，但如果仅为不可识、不"作为"的权威，那么说其高于"天"，则无信服力。毕竟循着"新不如旧"的境况，人们多少会有些许失望及怨叹。如此一来，人们对于"道"的存在便会产生怀疑，进而会威胁到"道"作为终极原理存在的合法正当性。

在《老子》中，"道"的首要及核心属性是"无为"。在一定程度上，"无为"就是"道"的代称。在界定"道"之功用时，老子有言："道常无为"（今本《老子》第三十七章）。"无为"并非"不作为"，而是顺其自然，从不过为，并最终达至"无不为"。抑或说，《老子》"道"之"无为"表现为其"无所不为"。事实上，《老子》的"道"具有高于天之作用，其是世间万物存有的根本依据，通过保有并彰显自身，"道"能够为天地万物提供终极法则。这正是道之"作为"。"以道莅天下"（今本《老子》第六十章），将"道"作为处理事务的最高标准，老子之意正在于以"道"之权威正当性替代原本的至上之天。"是以圣人抱一为天下式"（今本《老子》第二十二章），"式，犹则之也"，表明"道"之法则、原理的功用。可见，对比原来的"天"，"道"之功能更为强大，身份更为正当。

至此，道之职能体现为，为人们提供行动的目标及方向，为万物生长、发展提供标准。"是以万物莫不尊道而贵德"（今本《老子》第五十一章），万物合于道的发展自身，正体现出道之权威性，且为道之正当性提供支撑。不仅万物尊道，"天"亦以"道"为法则，故老子讲"人法地，地法天，天法道，道法自然"（今本《老子》第二十五章）。为了使人信"道"，"道"必须具有高于天之地位和强于天之作用，将"道"高高置于"天"之上，使"道"成为"天"之法则，进一步保证了道的合法性和权威性。

概而言之，《老子》的"道"是对西周之"天"的替代，是在西周之"天"失威、失信后，所找寻到的与"天"大致相同的另一终极原理。以"道"作为终极原理和价值来源，是赋予《老子》"德"论合理性，进而建构体系化"德"论的前提及保障。

（二）德

神秘、恒常、有用且为万物根源的"道"，并非在持有合法权威后便安居高位。道之终极原理地位的长存，需要人们对于道之本性的体认以及对于道的身体力行地维护与践行。抑或说，作为终极原理，"道"必然需要切实地指导现实人生朝着良性方向发展。由是，本体之道需落实到社会人世，成为指导日用伦常之"道"。道一旦从形上走向形下，则"道"所显现的即是"德"。

《老子》中的"德"与"道"一脉相承，德是道之功能的显现，即便《老子》中不明确说明"尊道贵德"，人们亦可知道"德"是居于"道"之后的、与"道"之本质一致的概念。依靠本源之"道"，建构"德"之概念，在《老子》中当为自然之事。《老子》文本存有的"玄德""孔德"等形上之德，正是分有"道"之形上特性。

鉴于"道""德"二者的先后关系，在构建"德"的过程中，老子遵循"推道及德"的逻辑。然而，作为"道"之功能的显现，为了发挥"德"的理论价值，并将其作为解决现实问题的理论工具，老子又不得不在建构"德"的过程中以现实中的"他物"为参照。毕竟与"道"相比，"德"直接作用于社会人世，与现实生活之关系更为密切。基于此，《老子》将"德"与已有的西周之"德"作比，并借着西周"天德"的失效，建构了一个不同于西周的"德"。

西周之际，"天"因神秘、恒常、本源及其功用性，一度成为人们顶礼膜拜的对象。然而，正是这权威的、高高在上的"天"，受到动乱社会中人们的怀疑、斥责，甚至唾骂。正如《诗经·小雅·雨无止》所言："浩浩昊天，不骏其德。降丧饥馑，斩伐四国。旻天疾威，弗虑弗图。舍彼有罪，既伏其辜。若此无罪，沦胥以铺。"何以作为最高权威及终极原理之"天"沦落于如此境地？老子认为，问题并不在于形上之"天"。否则，他也不会再造一个与本体之"天"如此相似的本体之"道"。

从政治统治层面讲，西周之"天"被神格化之后，其功用并不在于降喜乐福祉于人间，而是首要为着万世一脉之统治。被神格化的"天"在人世间的代表，即是作为最高统治者的"天子"。早在西周之前，被神格化的"天"是至上神，在其之下有日、月、星辰、河流、山川等诸神。此种以"天"作为最高神，并以诸神辅之的"宇宙秩序"下放至人世，则成为"人伦"之依据。循着"天"之庇护，西周统治者编制了一个上下分明的等级之网，世间之人被搜罗、框定在"网"中，既受冥冥不可知之"天"的监督，又受秉承"天"之旨意的"天子"之统治，可谓无时无刻不在监督和统治之中。

人格化的"天"，是有德之天，天所具之德，即是"天德"。西周时期，通过"天德"此一中介，形上之天对形下社会产生影响。天有德，则天在人世间的代表即天子亦有德，"天子之德"主要体现为"政德"。西周时期所推行的"敬德""保民"的"德政"，正是周初统治者借助"天"以及天之德的结果。西周之天是"有为"的，故而"天德"以及以天为依托的"政德"亦是"有为"的。西周政德的有为特性，体现在社会生活的方方面面，最为核心者则是其"礼乐制度"。

与西周时期既有相同又有不同，老子的形上之道对社会人事发挥作用的中介亦是"德"；西周贯通天-人的是"天德"，《老子》的中介之德为

"道德"。由于"道"在《老子》中意义的基础性及全面性，故而也可以说，《老子》所构建的用以指导人世生活的"道"，正是"德"。

不同于西周之"天德"，老子的"道德"以"道"为意义源头。虽如上文所言，老子之"道"与西周之"天"存有极大的相似性。但为了确保道之终极地位，杜绝重蹈天之"命运"的覆辙，老子对于"德"的构建与"道"之构建不同：后者是"推天及道"，而前者则是"逆天成德"。在明晰、反思西周时期用以指导社会人世之伦理纲常的"天德"之弊端的基础上，《老子》构建了独具道家特色的"德"。

其一，反刚强，主柔弱。西周时期，天之德为"健强"之德。天为父、为阳，彰显的是为阳刚文化，正所谓"天行健，君子以自强不息"，刚烈、强健之德性为"天"所特有。同于人格化的"天"，自然之天的任意作为亦表现为一位刚健专行之男性形象。借着"天"之特性，在社会生活尤其政治统治中，以"刚性"之"天"作为人世间的依托，并通过依靠刚性的礼乐制度，确定人世生活的标准及法则。然而，其结果是人们对"天"的质疑和斥责以及"礼崩乐坏"。"在老子心目中，当时的男性中心文化所倡导的社会秩序和伦理道德观念正是世风日薄的产物和表现。"① 以此为鉴，老子所努力构建之"德"，于指导人世生活时定会极力避免此种结局，故而《老子》选择的是含蓄、阴柔的"母"性之德。

"母"性之德，广存于宇宙万物之中，《老子》倡导的母性之德即是事物本身所具备的自然性。在《老子》中，自然之物最具自然性，通过自然之物，形上之"道"得以彰显。《老子》文本通过对自然山川等诸事物的描写，呈现了宇宙事物所具有的自然德性。如"天地不仁""上善若水，水善利万物而不争""道之在天下，犹川谷之于江海""鱼不可脱于渊，国之利器不可示于人""合抱之木，生于毫末；九层之台，起于累土""江海所以能为百谷王者，以其善下之""天之道，不争而善胜""万物草木之生也柔弱，其死也枯槁""天下莫柔弱于水"等。《老子》通过江海、草木、山川等事物，说明了柔弱、不争、居下、谦卑、慈爱等

① 陈鼓应、白奚：《老子评传》，南京大学出版社 2001 年版，第 45 页。

自然之德。此外，柔弱、不争的"母"性之德不仅存于自然事物中，亦存于"域中四大"之"人"处。《老子》文本通过呈现"圣人""婴儿"的德性，显明自然之德。如"圣人不仁""古之善为士者""我独泊兮未兆，如婴儿之未孩""圣人常善救人，故无弃人""含德之厚比于赤子"等，均指明合"道"之圣人、婴儿的柔弱、谦卑、慈爱、不争之德合其自然本性，属自然之德。

在《老子》中，形上之"道"的属性为自然性。"道"为"德"之上位概念，循道而生之德亦具自然性。自然性是道之最高德性，故万物之最高德性亦是自然性。由是，以自然性为宗旨的万千事物之德合而共同彰显"道之德"。山川、河流等自然事物体现出的"谦卑""处下"等"母"性之德，亦与道之德相契合。以"母"性之德指导自然界及人世生活，是《老子》的"道"从高高在上之位置走下来，转而成为"德"的天然职能。

其二，反任意，主规律。自然之天多变，为古今所共知。"令风令雨的帝，实际上是自然之天。它不具备人情常理，不能体恤人间的需要或灾难。有旱涝风灾时，帝不能应人的祈求止风息雨；风调雨顺的好年成也不是帝有意为之，帝只是按照自己的自由意志任意支配天象。"① 此为自然之天变易之事实。因"天"多变，故周代及之前的社会，不得不依靠祭祀、占卜等形式得知"天意"，以做防范。自然之天的多变，使得人们之生活好坏很大程度上取决于天之"脾气"。

善变之天可降雨雪风霜于人世，托天而实施统治的"天子"之发号施令的借口为"天命"。然而，就连禀受天之"恩泽"的君主都深感"天命靡常。"事实上，天是自然界一物，故其具有自然性，天之自然性在某种程度上正表现为其任意性。抑或说，天之变乃是自然之为。《老子》对于变易持肯定态度，"易"本为《老子》之道的属性，"老氏得《易》之变通屈

---

① 张岂之：《中国思想学说史》先秦卷·上，广西师范大学出版社 2008 年版，第 137 页。

伸"①。在老子看来"飘风""骤雨"等均是可以理解之自然现象。

依着西周末年的社会现实，人们时常思忖，天既有德，则其不应降祸乱于人世，即便其"降丧饥馑"，亦不应无休无息。无奈的是，与有德之天的"作为"相对应，人世社会也是战乱不断、刑罚不止。对于彼时社会状况，《诗经·小雅·祈父之什》中有言："烨烨震电，不宁不令。百川沸腾，山冢崒崩，高岸为谷，深谷为陵。哀今之人，胡憯莫惩?"此乃以宇宙自然的变动，暗指社会时势的动荡、多变。可见，"天命无常"，"天德"亦无常。

自然之天善变符合天之自然性，以"天德"作为借鉴及依托的人世之德若善变则实属人为。《诗经·小雅·祈父之什》中的"下民之孽，匪降自天"，指出人世间的变动、祸患并非天之旨意，而是人自为之。以善变之"天"为依托，"德"之善变在西周社会中体现为刑罚、战争、律令、条规制定及实行的任意性及多变性。

与权威的善变之"天"相似，"道"亦具有变动的特性。然而与依靠"天德"指导社会人世的方式不同，循"道"而生的"德"之变易有其规律可循，可为人类生活提供持久的良性指导。《老子》之"德"的变易性，主要通过道与自然万物之间的交感互动而显现。也正是在这个过程中，本体之"道"方能与万物融会贯通，并使得道显于物，进而使得万物有万状，成就万物之德性。自然事物与道之间的关系，表现为二者的互为主体性，即形上之道赋予万物成其自身的德性，形下之事物则在自身发展的进程中存有及扩充自身之德性。

在《老子》中，自然界最具德性之物当为"水"，"上善若水。水善利万物而不争，故几于道"（今本《老子》第八章）。道与水之间的相似之处，体现为二者均蕴含并体现自然德性。具有自然德性之道本身即具有"变动不居"的特性，此种属性通过自然界水之善变之"德"而彰显：水无形状，滋养万物发展之万貌；不干涉扰乱万物本身之性状，随物赋形，依照事物本身的样貌而变化，遇方则方、遇圆则圆，由此江海之水与杯中之水各有其样态；水上天变而成为雨雪，落地结而成霜冻，无限循环于天

---

① 刘咸炘：《推十书》，上海科学技术出版社 2009 年版，第 104 页。

地万物之中。可见，自然之水因善变而广存于万物，因善变而成就他物，变易性是为水之德。不过，老子的变易之德绝非任意为之，而是有其参照标准，即"柔弱，谦卑，不争"等自然性。因以自然性作为发展、变化的依据和标准，万物方能有万德，方能够"万变不离其宗"。

可见，《老子》"德"之"易"的特性，强调的是可循的规律之"易"。在此种"德"的指导下，世间万物得以有章可循地朝着合乎自身自然性的方向变化、发展，并保有及扩充自身的自然性。

其三，反人为，倡自然。西周时期，周人将天视为最高主宰，并赋予天崇高美德。西周之所以赋予"天"德性，目的在于打通天与人之间的阻隔。"天命是可以转移的，如何使天命永佑周，让周代世世代代永享天命……就是'德'概念的发明和'德治'思想的提出。"① 关于西周时期政治统治所奉行的"德治"，郭沫若认为："从《周书》和周彝看来，德字不仅包含着主观方面的修养，同时连客观方面的规范——后人所谓'礼'——都是包含着的。"② 以此可见，"礼制"是"德治"的重要基础，也正是依靠周公之"礼乐"制度而成就了"郁郁乎文哉"的西周社会。

西周时期，礼乐制度大兴，以有德之天为摹本，崇礼、尊礼是有德之人日常的行为表现及生活方式。《诗经·大雅·抑》说："抑抑威仪，维德之隅。……有觉德性，四国顺之。……敬慎威仪，维民之则。""敬慎威仪"即不同等级之人遵循与之相适应之制度。礼制之烦琐、细密，实为西周社会之一大特色。然而，正是如此庞大、复杂之礼制系统，却成为春秋末年人们竞相破坏、"僭越"之对象，此正可证明严密制度本身的弱点，即制度为人所制，亦必为人所破。

对于"礼"的本质，《乐记》有云："礼主其减。"礼之所"减"者即是人之性情，而其所"减"之性情当为人之自然性，所增者则为人为、

---

① 张广志、李学功：《三代社会形态》，陕西师范大学出版社 2001 年版，第 179 页。
② 郭沫若：《先秦天道观之进展》，《郭沫若全集·历史篇》，人民出版社 1982 年版，第 336 页。

外在之附加物。礼"于社会则为分离割裂，于人格则为偏执教条。"① 在繁杂、人为的礼节、礼仪中，人的天赋自然性不断消减与丧失。尤其是西周礼乐制度中"出礼入刑"之刑罚观，更是倾向于以牺牲人之自然本性为前提，捍卫制度之权威性。《老子》有言："国之利器，不可示于人。"（今本《老子》第三十六章）制度、刑罚等不可示于人的原因，在于制度远离并戕害人之本性，其强加外物于人，对人之自然、真实之发展无益。

以"天"为人世社会的指导，则人世社会无所不在制度、等级之中。可见西周时期，"天"所扮演的角色，仅为一抱持有"德"之人格的权威所在。"天"为政治统治所运用，在相当程度上成为束缚、禁锢人性的统治工具。基于此，在见识了长期的"礼崩乐坏"的社会现实后，为着避免重蹈覆辙，老子的本体之道在现实中的呈现形式即"德"，在指导社会人事时，断然不会成为统治者制造条规，用以震慑、威吓世人之工具。事实上，如上文所及，《老子》中的"柔弱""不争"之德，在本质上便与硬性条规截然相反，是对硬性条规有意识的颠覆。在《老子》中，用于指导社会人世者，正是"柔弱""不争"之"德"。

《老子》对于"谦下""不争"等自然之德在指导社会人世发展过程中的功用及价值多有论述。如，"夫唯不争，故无尤"（今本《老子》第八章），指出不争之德可使人免于忧患；"夫唯不盈，故能蔽而新成"（今本《老子》第十五章），指出"知足"、"知止"之德对于"纳新"之重要性；"知止可以不殆"（今本《老子》第四十四章），指出"知止"之德对于保全身心的功用；"含德之厚，比于赤子"（今本《老子》第五十五章），通过"赤子"所具有的"厚德"，表明德性具有促进万物生长发展，使万物免受灾害、保全性命之作用；"侯王若能守之，万物将自宾"（今本《老子》第三十二章），指出了工具之德作用的结果。"万物自宾"，即万物自动归顺于统治者。"万物自宾"之原因在于统治者持守自然之德，不刻意制造规章制度、不损人之自然性，而是任万物以合乎自身本性的方式获得发展。可见，自然德性不仅有利于万物，亦有助于统治者之统治。

---

① 鞠曦：《恒道》第一辑，吉林文史出版社 2002 年版，第 281 页。

以自然之德为工具，统治者无有机会制造违背人性之纲常条目；也正是以自然之德作为统治工具，方能达至"太上，不知有之"的理想统治境界。在自然之德的指导下，统治者实施"无为之治"，民众因此拥有发展自身的机会和空间，人世社会因德之指导成为有德之整体。可见，《老子》的"德"不仅是"工具"，更是使人世社会达至有序、稳定状态的"良性"工具。

"道""德"二者，作为"德"论的关键概念，其在《老子》中的内涵有相应的社会背景作为对照。通过对"道""德"二者的构建，《老子》"德"论的体系，得以初步显现。

二 "德"论的主体关系

"德"之主体间的关系，体现着《老子》"德"论的内在脉络，是《老子》"德"论的重要内容。《老子》明确指出，道、天、地、人四者是宇宙的主体。"道大、天大、地大、王亦大，域中有四大，而王居其一焉。"（今本《老子》第二十五章）道、天、地、人既为"域中四大"，亦为《老子》"德"之主体。

（一）"道—天—地—人"的直线式关系

"道""天""地""人"作为四大主体，所具关系被《老子》表述为："人法地、地法天，天法道、道法自然。"在此宇宙法则中，处于最高处的是为一切事物所效法的"自然"。关于"自然"，学界多认为"自然"是"道"本身，即道本身无所法，只能法自身。依照《老子》文意，可以将此"四大"间的逻辑关系描摹为：人（王）至于地，地至于天，天至于道，道至于自然。线性图式如下：

道

⇩

天

⇩

地

⇩

人

图3-1 道—天—地—人直线式关系

通过图 3-1 可见，四者处于同一纵线，且相互承接。何以在《老子》中，道、天、地、人四者关系如此，概因于《老子》中的道、天、地、人四者具备共同属性，此属性即是"自然"。共具自然性的四者，以属性的起源，即自然之"道"为起始处，逐渐从形上向形下过渡，并依次作为共有属性的承载者。

作为自然性的承载者，除形上之"道"外，天、地、人三者从高到低，渐次呈现形下之物性。"道"作为一个"恍惚""玄妙"的存在，老子并未给其属性以明确界定，但通过"道之为物""其中有物、其中有象"的说法，隐约可见"道"之物性的存有。至"天""地"，则二者为形下之物的形质昭然可见。天、地为宇宙本有之物，可得见、感知。可见、可感的天、地二者，均为自然之天、地。除将天、地视为自然事物外，《老子》之前的诸多文本亦赋予天、地二者形上属性。也就是说，结合《老子》之前及其中的理论事实，天、地二者融物性与形上特性于一体，具备不纯粹之物性。至于"人"，作为由目、耳、口、鼻等组成的肉身，当实属于物之列。然而，若论及人之品质、心性，则同样可说其属精神性存在。只是对比《老子》其时及之前人们对于天、地精神性的赋予，人作为精神性存在在当时尚未被充分认识。

通过"道—天—地—人"的图式可见，在对共同属性即自然性的分属上，在下者分有在上者的属性，并以在上者作为自身运转、活动的法则及依据；此即《老子》所谓的道法自然，天法道、地法天、人法地。《老子》"由道及人"的逻辑顺序或意在表明其"道人合一""道器不离"的观点。

按照常规的理解，由于"人法地、地法天，天法道，道法自然"中的"法"字，较易体现出四者之间存在的高低区分关系，故而《老子》"道—天—地—人"的图式，多体现出一种直上直下的逻辑。抑或说，对道、天、地、人关系的描述是对于各者地位、权威等的划分；在地位高低及权威高下层面，道高于天，天高于地，地高于人。然而，结合《老子》文意，可得见《老子》并非强调一种高低分明的宇宙秩序。由于在《老子》中道、天、地均是"不仁"的，故而以"道"作为起源处的宇宙亦不应是有区分的。也就是说，宇宙万物存有高低、上下的分殊，并不符合《老子》主旨。"天地不仁，以万物为刍狗"（今本《老子》第五章），所标明的正是万物无等级、无高低的思想。由是，一种难以避免的设问便是：除此种一般理解下的自上而下的高低关系外，"德"之主体间是否存有另一种关系？对于此一问题的解读，需在符合《老子》行文逻辑及文意的基础上予以回答。

（二）道—天—地—人的圆环式关系

与人们惯常的上下等级的思维方式不同，《老子》更有可能倡导一种"圆融"的境界。证实此种可能性的直接依据，是《老子》中的"归复"说及其体现出的整体观。《老子》常言"复归""归根""复命"等，它们所表达的主旨即是事物向本根或本源处回归，合于本根之"道"而生存、发展，并最终归复于"道"。按照《老子》的"复归"说，"道"与"天""地"及"人"之间的关系便不再是单向、平面的，而应是双向、立体的。抑或说，在一个共生共有的时空内，"道"与世间万物之间产生有来有往的沟通与融合；道既是事物的起源处，又是事物发展的最终归宿。至于《老子》的整体观，则体现为其从高处，即其从"道"的层面着眼，关怀视角遍涉万物，认为道、天、地、人之间存在密不可分的关系，只有依靠各者之间的交感互动，古往今来、四方上下之宇宙才有其实质。

若考虑到《老子》的"复归"说及整体观，则道、天、地、人四者之间的关系不应仅以线性模式呈现，而当体现为循环往复、无始无终的交替、连接的活动过程。此过程可被描摹为下图：

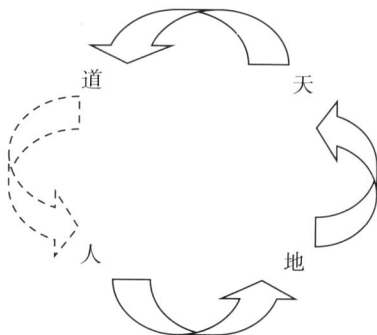

图 3-2 道—天—地—人圆环式关系（1）

显而易见，在此模式中，一方面，道、天、地、人四者之间的等级序列被消解，此亦意味着形上及形下的划分被消解；另一方面，道的至高地位被消解，宇宙中的万物处于一种相依相附、同生共存的和谐关系中。此种关系中，"域中四大"作为宇宙的必要组成部分，各自具有并呈现自身的重要性，并为他者的生存、发展提供动力和契机。遵照图式呈现的含义，有三点需要作出说明。

其一，图式中体现出的等级序列的消除符合《老子》主旨。《老子》中"天地不仁""圣人不仁"的说法以及老子所处的社会背景，为《老子》反对等级尤其反对在地位、权威等层面存有的殊异、差别的人世社会提供理论及现实依据。

其二，图式中体现出的形上形下划分的消解，符合《老子》文意。在《老子》中，形上之道与形下社会间的理想关系是"道器合一""道人不离"。在《老子》中，不仅形上之"道"需要"下行落实"，成为宇宙万物的性质、属性，成为人世社会的指导，而且形下之"物"亦应"上行升华"，达至"道"的境界。抑或说，《老子》中有形上、形下的区分，但二者之间无有断裂，是贯通为一的。

其三，图中所示的"道"的至高位置被消解。虽此看似与《老子》所赋予"道"的"象帝之先"的高位不符，但事实上，《老子》之"道"的至高地位并非体现为数量及空间意义的"高"。"道"之所以高，在于其"不以高为高"，"道"之"不居高"，反而成就其"高"。"谦下""居后""处下"等德性，正是源于"道"本身。此外，在《老子》中，不仅本体之"道"不求高，秉承道之原则实施统治的理想统治者亦不居高，否则"太上，不知有之"的理想统治也便无从实现。可见，《老子》的道之高，高在境界，而非位置。

按照前文所述以及《老子》所蕴含的大宇宙观，此种逻辑应当成立。但《老子》文本却成为此种逻辑成立的阻碍。抑或说，"道—天—地—人"圆环关系成立的可能性，需要考虑《老子》描述道、天、地、人四者关系的逻辑起始点及终结处。

针对四者之间的关系，老子明确指出："人法地、地法天、天法道、道法自然。"（今本《老子》第二十五章）按照此句的句式及含义，可见其始终分明的逻辑，即始于道，而终于人。展开来讲，道之自然是最高的法则，其无需法他者，法"自是其是"的自身即可；人是法则的最终落实及实施者，而非制定者，故而无有他者"法人"。由是，依照图 3-2，无有起始处的圆环图式，虽然能够体现宇宙万物循环往复之大化流变过程，但在"道"与"人"之间的连接处存在明显的问题。毕竟在"人法地，地法天，天法道，道法自然"之后，不存在"道法人"的环节。换言之，由于起于道、终于人的循环联结，似乎无法超越人与道之处的断裂，故而"道—天—地—人"的层级序列若融通为一循环往复的连接，则必须在"人"与"道"处找到合适的连接方式，或者说必须对二者谁是法则做出合理解释。

按照"人法地，地法天，天法道，道法自然"中体现出的道、人关系，人只有通过法地、法天，最后才能法道，并最终达到"自然而然"或"自法其身"的"道"。除通过此一略显漫长的过程得道、得自然外，"人"是否可以直接与"道"相接？笔者认为，按照《老子》理路及文意，可矣！

在《老子》中，人与自然的"道"之间，自始便是相通的。《老子》通过说明"婴儿""赤子"的"含德之厚"及其合乎自然的活动过程，呈现了"婴儿""赤子"生而便有的与道相合的自然属性，并呼吁人们勿忘"复归于婴儿"，或曰"返璞归真"。"复归于婴儿"和"返璞归真"，即返归素来所固有的本真自然性；此自然性合于道，是本然纯然之自然。至此，图式可被表示为图 3-3：

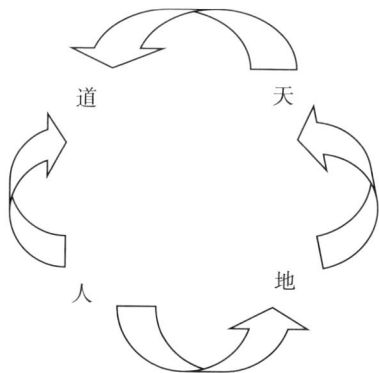

图 3-3 道—天—地—人圆环式关系（2）

依上图可见，人、地、天、道的圆环模式并未改变，所变之处在于为人的"得道"找到了另外一条途径，即"人"可以直接与"道"沟通。此模式保留了自然之道的核心位置，凸显了"人"在宇宙中的主体地位，整合了"形下"人世与"形上"之道的关系，亦体现了中国原始道家哲学"体用不二"的基本特征。此种逻辑连通"道""人"二者，将人的生存目的、价值、意义、方式、状态等方面统归为对自然"道"性的获得，目的在于彰显人在宇宙中的主体地位及价值，与老子的"域中有四大，而人居其一焉"中对于"人"的强调相互印证。

笔者之所以对圆环图式多着笔墨，是因考虑到老子的思维特点。在《老子》中，"归复""往返""周行"等表示活动的词汇颇为常见，加之老子摒弃生硬、直接的活动方式，而倡导以委婉、温和的方式行事为人，故而圆形图式较线性图式似乎更为符合《老子》的原意和主旨。

此外，结合老子生活的时代背景，面对"人为""强为"的"无德"之社会，《老子》"人法地，地法天，天法道，道法自然"的言论，或正在于说明一个事实，即"人法自然"。"人"与"自然"之间的直接对应关系，在《老子》文本及所列图示中均可得见。在人与自然中间的"天""地"既属自然本身，同属可见之物，故而可视为"人法自然"的中间环节，或说间接手段。

人直接与道沟通的圆环模式，以及"人—地—天—道"的直线的活动模式，或可视为"人"得"道"的两种不同的途径及过程。在"人—地—天—道"的直线模式中，人得道的过程是曲折的，个体只有通过得知并效仿天、地的自然性才能获得德性，其关键是人与存于天地间的宇宙万物交感呼应。此一过程在《老子》中被视为"察"。察，即观察，人通过观察自然天地万物的运动流变，得知宇宙自然的规律，进而使自身思想及行为合于自然，最终与道通，成为得道之人。关于"察"的思想，在《易经》中已被涉及。"古者包牺氏之王天下也，仰则观象于天，俯则观法于地，观鸟兽之文，与地之宜"（《周易·系辞下》）。"仰天俯地"之"仰""俯"即有"察"的意旨，其所"察"者，正是物化的、可见、可感的自然天地。对于天地万物的观察，是先民们接触自然、探索自然的重要方式。从此种层面上看,"人—地—天—道"的模式呈现的是"人"间接得道的过程。人与道的沟通交流,在开始阶段并非直接且顺畅,而是需要借助中介或环境,并依靠个体的自觉、主动,渐次达"道"。

较之"人—地—天—道"的间接活动模式,"人—道"的路径则体现为个体与道之间的直接互动,指向个体对道的直接获得。在此一过程中,因缺少"天""地"等物化中介,故而个体"无察"。"身外无物"的个体除却对他物的依赖,转而依赖自身。在摒除外物的干扰后,个体得以获得充分的主体性。"人—道"模式下的个体与道沟通、交流,需要个体处于心境澄明、虚静笃然的境状。此种心外无物、思虑殆尽状态的获得,是个体与"道"交通的前提。在此种"人—道"互通的过程中,老子首先主张个体通过"虚""静"的方式,摆脱思虑的烦扰和身心的干涉,进而以"不察"为"察",以心为目,静观宇宙万物生存、发展的自然态势以及"道"之循环往复的运动过程,知宇宙自然永恒之属性,晓天地无私心、自然无偏执之原理,最终得"常无为"之道。

线性图式以及圆环图式所表示的四类主体间的关系,并非不能共存。线性图式表现的是,各者在具体关系中孰先孰后的顺序以及具体效法的对象问题;圆形图式则从整体上呈现出"道不远人""万物和谐"的状态。换言之,从《老子》的"大自然""大宇宙"的层面着眼,《老子》中的道、天、地、人四者,作为宇宙中的主体,是相互依存,缺一不可的;从各者的样态及属性着眼,则体现出一定的从属关系。

作为"域中四大",道、天、地、人之间的关系是普遍适用的。不仅在《老子》的整体理论中四者的关系如此,具体到《老子》"德"论,四者关系亦然。

第二节 《老子》"德"论的层级

《老子》认为"天地不仁""圣人不仁",主张万物平等。但在"德"论,尤其涉及具体的价值时,《老子》是明确区分等级的。抑或说,在《老子》中,事物无贵贱之别,价值却有高低之分。

一 "道—德—仁—义—礼"的价值层级

在《老子》中，除"道"与"德"具有相同属性外，"仁""义""礼"作为"德"的下位概念，亦被《老子》视为"德"的构成部分。"仁""义""礼"三者古已有之，《老子》借用的是西周时期以及儒家孔子倡导的"仁""义""礼"。

今本《老子》对于上述三者基本持反对态度，表现在"天地不仁，以万物为刍狗。圣人不仁，以百姓为刍狗"（今本《老子》第五章）。有学者认为《老子》之"不仁"，所针对的是儒家的"仁"，认为《老子》反对儒家之仁德。针对"绝圣弃智，民利百倍。绝仁弃义，民复孝慈"（今本《老子》第十九章），亦有学者认为，《老子》所主张"绝""弃"的"圣""智""仁""义"均是儒家的核心道德。

目前，关于"老子反对儒家道德"的结论，已然遭到诸多质疑及否定。通过文本比较以及文意诠释，学界已愈加认可老子并非全然反对儒家道德的观点。在《老子》中，儒家的"圣"以及作为道德楷模及代表的"圣人"，亦为《老子》所认可。"仁""义""礼"三者虽没有被作为核心概念体现在《老子》之"德"论中，但《老子》实际上认定三者仍然属于"德"的范围。只是相比于《老子》所肯定的"德"，"仁""义""礼"三者距离真正的"大德""孔德""玄德"尚远而已。

对《老子》"德"论的价值序列的梳理，主要依据《老子》"失道而后德，失德而后仁，失仁而后义，失义而后礼"（今本《老子》第三十八章）。蕴含该句的《老子》第三十八章被普遍认为是"德经"的起始章，也是《老子》中对"德"之论述最为集中与全面的章节。"失道而后德，失德而后仁，失仁而后义，失义而后礼"之动词"失"以及表示时间顺序的"而后"，明确体现出"德"之生发、变化的层层推演过程。

（一）"失道而后德"

在《老子》中，"道"是首要而核心的概念，"德"论以"道"为起始概念。西周末年"礼崩乐坏"，至上之"天"不再为人们所信奉。由于终极价值、最高原理的缺失，《老子》重新构建出另一高于"天"的价值

源泉即 "道"。何以以 "德" 为核心的 "德" 论要以 "道" 为来源和依据，此种为 "德" 寻找价值归属的做法，并非《老子》首创，而是在西周时期便已存在。

西周时期的 "德" 以 "天" 作为起源处，依照形上 "天德"，形下人世之德才有其合法性基础。西周的人世之 "德" 以 "礼" "乐" 二者作为核心内容，在西周时期得 "礼乐" 便是得 "德"。"礼乐制度" 作为人世的有为之德，其效用是显而易见的，其成就三百年之西周，功不可没。正是由于看重礼乐制度的现实功用，在 "礼坏乐崩" 之后，儒家孔子仍旧希冀 "复礼"。

与西周的 "重礼" 以及孔子的 "复礼" 不同，《老子》一方面肯定西周时期以终极之 "天" 作为 "德" 的根据；另一方面否定有为之 "天德"，即否定通过有为的 "礼乐" 制度成就个体、群体、国家、社会的稳定、有序。故而，在终极之 "天" 失却其权威性后，《老子》一方面于第一时间找寻到了用以替代 "天" 的 "道"，并循着西周时期 "以德配天" 的法子，提倡 "以德配道"，使得 "道" 成为 "德" 之终极起源与价值归属；另一方面，则直接赋予 "道" "无为" 之本质，使得形下之 "德" 与西周时期 "有为" 的 "礼乐" 之 "德" 截然不同。

《老子》之 "德" 以 "道" 作为形上依据，不仅具有历史和文化的渊源，亦是《老子》理论建构之必需。事实上，在《老子》中，"德" 本身便具有形上内涵，如 "孔德" "玄德" "大德" 等，都在价值层面与形上之 "道" 重合。何以《老子》偏以 "道"，而不以形上之 "德" 本身作为 "德" 之起源及依据？此或涉及两方面的考量。

其一，从自身理论来看，《老子》中万物的依据是 "道"，为着理论的统一，"德" 亦应以 "道" 为依据。

其二，在《老子》之前，唯一存在过的一个终极原理及最高价值是 "帝" 或者 "天"。"德" 虽然在《老子》之前已经出现，并且在《易经》《诗经》等先行典籍中已然具备哲学属性，但其未曾被作为价值起源处的概念。抑或说，"德并非源自本身" 的看法是老子之前的 "共识"。故而，为着理论的可信性，《老子》亦不会将一个本就存在的，多为人们所得知的概念，贸然放置于终极的"核心"位置。

与西周以"天"作为"德"之终极依据一致，在《老子》中，"德"以终极的"道"为依据。与"德"相比，"道"是第一性的，处于"德"之前，是"德"的上位概念。循此次序，只有"道"失去后，"德"方能成为第一概念。

"道"之所以先于"德"存在，除是《老子》的理论需要外，亦是由"道""德"本身的属性决定的。在《老子》中，"道"是一切事物及价值的起源处，"德"作为具体的价值，虽然本身便体现为价值并包含其他价值，但其仍旧是由"道"所赋予的。"失道而后德"在"德"论的概念以及价值的先后次序及重要程度上，说明的正是"道"先于"德"而存在的理论事实。

（二）"失德而后仁"

"仁"不是《老子》"德"论所看重的概念，"仁"字作为一个概念被纳入《老子》中，有其时代背景。《老子》的"失德而后仁"描述的是一项历史事实。

西周末年，与人们疑天、斥天的行为相符，人世之德失却了作为依据的终极之"天"。面对此种社会现状，老子以"道"代替终极之"天"，并使其成为"德"之起源与依据。

与老子为"德"找寻形上依据相同，孔子亦为"德"找寻依据，但不同于老子的"以道替天"，孔子对待"天"的态度是"避而不谈"。既不谈天，孔子亦没有找寻另一与"天"相似的终极，而是从"德"本身出发，为其找寻到一理论依据，此即"仁"。在现实层面，"失德而后仁"被真实地呈现为：在西周社会道德沦丧的现实下，孔子构建了以"仁"为德的理论，并积极推行之。

除了当时的史实，可用以印证"失德而后仁"的理论外，形上-形下的先后性亦被《老子》作为"仁在德后"的标准。面对社会现实，借着"救世"之诉求，老、孔二者所做相似，均是为着人世之"德"找寻一形上本根；所不同者，在于老子从"德之外"找寻到"道"，而孔子在"德之中"找寻到"仁"。

　　"道""仁"二者作为道家与儒家之"德"的上位概念，其形而上的属性是一致的，区别在于老子之"道"无所不包，其既存在于人之内又广存于人之外；其充斥宇宙，是万物的起源与归复之处。相比之下，孔子的"仁"则多限于现实人世，其起源于人，为着人，并归于人。老子讲"道者，万物之所奥"，孔子讲"仁者爱人"。前者讲"道"的出发点及着眼处是宇宙自然；后者讲"仁"则立足于万物之灵的人。正如有学者指出："事物间的关系是根源性的，不能化约为个体、事件甚或是过程。早期儒家哲学也强调关系，但它的关系几乎完全限于人类的群体与关系。道家哲学则要宽的多，涵盖了所有事物，即万物之间的关系。"① 概或在这个层面上，老子将"仁"放置于其"道"以及在形上层面与"道"重合的"德"之后。毕竟带着哲人的思索及人文关怀，宇宙自然无论在存在时间及发展、演变的程度等层面，都是早于且高于人世的。作为一个哲人，老子视宇宙万物为一整体，其对于宇宙自然的关怀，不会仅限于现实的社会人生。

　　除以现实及理论事实作为"仁在德后"的依据外，"仁"在"德"之后，更多由《老子》之"德"的属性决定。"仁"是德，"德"亦是德，孔子的"仁德"与老子的"德德"存有本质区别。孔子主张以"仁"为德，正是希望通过有"等差"的爱，来恢复社会的秩序。虽然孔子对于"仁"的重视，在一定程度上体现了西周以降的"人本"思想，但包含"等差之爱"的"仁"，事实上所遵循的仍旧是西周等级森严的"礼乐制度"。

　　西周"礼乐制度"的本质及目的，用两个字概括便是"等级"。"等级"是形上、形下各个层面的"差别"的集中体现。何以根据人与人之间关系的不同，表现出有差别的"仁"？孔子依据的是"亲亲"的血缘关系，而此正是西周以血缘关系为纽带的宗法制度的核心。可以说，孔子关于"仁"的理论，并没有摆脱西周时期以"礼""乐"为核心的"德"。而西周末年的社会动荡、政权争夺的乱象，所表明的却是"礼乐制度"

---

　　①　赖蕴慧：《中国哲学导论》，世界图书出版公司 2013 年版，第 93 页。

的衰落——"礼崩乐坏"。就此而言,孔子思想的核心——"克己复礼为仁",试图重构和回归的是一套业已近于崩溃的制度理论。

相比之下,《老子》之"德"不同于西周之"礼乐"以及孔子之"仁"。《老子》中,最能体现其理论主旨的核心概念是"道"。"道"之本质、属性及特征可用"无为"二字概括。也就是说,对比其他理论,《老子》理论的优越性、现实功用性等均是依靠"无为"之道体现的。事实上,《老子》所构建的"无为"理论正是其用以区别他者、彰显自身的关键。

作为"道"之下位概念以及由道而出的价值,《老子》之"德"必然分有"道"的"无为"属性。结合文意,《老子》之"德"的整体特征亦是"无为"。此不仅体现在"德"对"道"之"无为"属性的分有上,亦体现在"形上之德"与"人世之德"的一致性上,即均具备"不争""处下""谦卑"等"无为"特性。被作为《老子》理论主旨及核心概念的"无为"之道,既然早于、高于并优于西周之"天",则以"无为"之道为起源与依据的"无为"之德,亦高于并优于西周时期"有为"的礼乐之德,以及"不出西周"的孔子之"仁"。孔子的"仁"是现实社会"失德"之后的产物,其本身被包含于"德"之内,且是处于"德"之后的概念。相比之下,《老子》之"德"虽然具有自身属性及特征,但其仍属于"旧"有之"德",老子所做的工作只不过是赋予"德"以新内涵而已。

可见,"失道而后德,失德而后仁",《老子》的"道""德",无论在起源抑或价值层面均早于和高于"仁"。

(三)"失仁而后义"与"失义而后礼"

"仁"之后的"义""礼",并非《老子》"德"论直接包含的内容,二者皆反映了当时的社会现实并为孔子所推崇。

儒家的仁、义、礼、智、信或曰"五常"并非孔子直接提出,而是由其后学孟子等人逐渐发展而来。孔子最早提出的仅为仁、义、礼三者。对于"仁""义",人们常"仁义"并称,并将"仁"作为"义"的内在标准。"仁"是孔子的"最高善",人之为"仁"的标准即是"义"。换言之,"仁"是孔子所认为的最高道德,"义"则是实现这种道德的内在准则。

"义"在孔子思想中具有重要的理论位置,作为介于"仁""礼"二者之间的道德规范,"仁"指的是最高道德,"礼"指具体的礼仪、仪节。如果说,"礼"是一套不成文的制度,那么,"仁"就是这种制度的灵魂,"义"则用来彰显"仁"、规定"礼",故而孔子经常将"义"与"仁""礼"连用。

作为具体的行为准则,"义"以"仁"为上位概念,致力于"仁"之价值的实现。现实生活中的人若在道德层面达至"仁",便需时刻遵守"义"。"君子义以为质,礼以形之"(《论语·卫灵公十五》),概括地说明了"义"与"礼"之间的关系。"义"作为内在理路,"礼"作为外在仪节,"礼"以"义"作为外部行为的指导,二者同是为着得"仁"。在孔子思想中,仁、义、礼三者,呈现出越来越具体、外化的关系。作为孔子之"德"的三个组成部分,仁、义、礼三者中既有道德理想,又有道德规范与道德行为,各者结合、融合成为孔子的"德"。

可见,按照儒家仁、义、礼的递进及主从关系,"失仁而后义,失义而后礼"是成立的。事实上,《老子》的"失仁而后义,失义而后礼"表明的亦是社会现实。

西周末年的道德沦丧过程,正是"德"从理论到实践全面解体的过程。遵从有差别的血缘关系,西周建立了宗法制及分封制。以血缘关系为纽带而建立的宗法及分封制,目的主要在于维护、巩固西周统治,而对此两项制度的推行及维护,则主要依靠礼乐制度。礼乐制度是将统治阶层的宗法制、分封制"广而化之"至"天下"的一项等级制度。通过"分类别殊"的礼乐制度,西周时期维持了三百多年的稳定统治。

作为调和人伦关系的礼乐制度,其既是制度,又包含遵循制度而实施的行为。抑或说,以"德"为核心的礼乐制度既包括道德规范又包括道德行为,相当于以孔子的"义""礼"为一体。西周末年,与孔子以"仁""义""礼"为核心的道德思想相似的"礼乐制度"解体。礼乐制度是在周人信奉"天德"的基础上创制的,而西周时期的"天德"

不仅是西周"德治"的依据，亦是周人的道德原型、道德理想。至西周末年，"天"之权威丧失，"天德"亦失却民心，周人心中的道德理想几近破灭。随着周人对于"天德"的怀疑及不满，西周社会用以维护人世道德的礼乐制度失效，此即"礼崩乐坏"。与失却制度约束相应，西周社会中频繁地出现"非礼""非乐"的不道德行为。此类不德之行为，在《论语》《诗经》《春秋》等先秦典籍中有诸多记载与描述。可以说，"礼崩乐坏"起于道德理想的破灭，终于道德行为的丧失。可见，通过对照西周末年的社会现实，《老子》的"失仁而后义，失义而后礼"，表明的亦是西周末年由"礼乐"作为内核的道德理想—道德规范—道德行为逐步解体的过程。

至"失义而后礼"，《老子》没有再按照相同的句式论述"失礼"之后的情况，而是转而评论"礼"之内涵及本质，认为"夫礼者，忠信之薄而乱之首"（今本《老子》第三十八章）。《老子》对于"礼"的态度，事实上已表明其不再继续讲"失礼"的原因，在于其认为失礼之后，"德"已经不复存在，故而无有可失者。既无所失，则"礼"之下所有者则与"德"无关。"夫礼者，忠信之薄而乱之首……故攘臂而扔之。"《老子》以"礼"作为"德"与"不德"之间的桥梁，"礼"自然成为德之末，乱之首，故而不要也罢，此即所谓"攘臂而扔之"之意。

在道、德、仁、义之后的礼，作为德之最末端，由于其后再无德可失，只剩下无德之"乱"，故而在说完"失义而后礼"之后，老子没有再对"礼"之后的状态进行论述。

（四）"道""德""仁""义""礼"五者的联系

在"道""德""仁""义""礼"五者中，"道""德"二者古已有之，并为《老子》所强调，而后三者即"仁""义""礼"则多被归于儒家道德体系，认为是孔子借鉴西周之"德"的结果。

按照概念从属关系，仁、义、礼三者作为"德"的内容，属于"德"之下的概念。《老子》认为"德"之后，才是"仁""义""礼"。而由于处于最末端的"礼"，是失却内在属性的外在行为，是"乱"的开端，故而在老子看来是极不可靠的。不过，虽说"礼"不被老子看重，甚至主张摒弃之，但相比于真正"无礼"的社会乱象，在没有更好的解决方法之前，老子或许宁愿人们抱持着虚伪、矫饰、表面的"礼节""礼仪"存于世。毕竟相对于"无礼"后的"不德"社会现实，没有真正实际内涵的"礼"，还是聊胜于无的。以"礼"作为行为约束，世人还不至于肆无忌惮地明火执仗。只是在认清"礼"之虚伪本质后，为着从根本上解决社会问题，《老子》决然主张摒弃之。

在《老子》中，"仁""义""礼"之所以能够被归为"德"的范畴，原因在于三者之间的从属关系。台湾学者陈鼓应在《先秦道家之礼观》中认为，依《韩非子·解老》的文本，《老子》第三十八章"着重在说明'道''德''仁''义''礼'彼此间不可或缺的因依相生关系。"① 具体来说，以仁行义为"仁义"，以义行礼为"义礼"，此种以上位概念为依据的"义""礼"，虽与《老子》的"无为"之德相去甚远，但对比失却"仁"之后的假仁假义，以及失却"仁""义"之后的虚伪、矫饰之礼，二者仍旧属于"德"之范畴。

通过《庄子》，可得见老子对"道""德""仁""义""礼"五者的态度。《庄子》中记载了"孔子见老子问仁义"的典故。"孔子见老聃而语仁义。老聃曰：夫播穅眯目，则天地四方易位矣；蚊虻噆肤，则通昔不寐矣。夫仁义，憯然乃愤吾心，乱莫大焉。吾子使天下无失其朴，吾子亦放风而动，总德而立矣。又奚杰杰然揭仁义，若负建鼓而求亡子者邪？"（《庄子·天运》）作为《老子》后学的《庄子》，其对于儒家"仁""义""礼"三者明显持批判态度。然而，通过《天运》中的"孔子见老子问仁义"的典故，可得见庄子口中的老聃虽认为"仁义"不是真正的"德"，但其话语中却透露了些许无奈。针对孔子的"仁义"，老聃曰："吾子使天下无失其朴，吾子亦放风而动，总德而立矣。又奚杰杰然揭仁义，若负建鼓而求亡子者邪？"可见，老子认为如果以淳朴之道教化民众，便不需要通过"有心""有为"的仁义，去规

---

① 陈鼓应：《道家的人文精神》，中华书局 2012 年版，第 51 页。

范、指导人们的生活。淳朴之"道"是老子所秉持的最高"德",而"仁义"是孔子所秉持的最高"德"。由于庄子口中的老聃将自身理论列于"仁义"之上,故而依照《庄子》,"道—德—仁—义—礼"的概念及价值层级亦是成立的。正如有学者指出:"老庄的一些言论看似在反对仁义,而实际上,老子不仅不反对仁义,而且还提高了行仁行义的标准,老庄仁义观的道德层次比儒家的更高。"①

概而言之,"道—德—仁—义—礼"的概念及价值层级,总体上包含着两层意思:

其一,概念之间互为联系,下位概念以上位概念为归属及价值来源,离开上位概念,下位概念失却其内涵。具体说来,德的价值来源及依据是无为之"道","德"是"道"的外显;"德"包含"仁","仁"是"德"的具体化;"仁"是"义"的内涵,"义"以"仁"为目标;"义"是"礼"的内涵,"礼"以"义"为标准。

其二,"道—德—仁—义—礼"是道德理想逐步呈现,道德规范逐步显现,道德行为逐步外露的过程。"道"是形上之价值源泉;"德"是"道"之功用的体现;"仁"是对"德"的解读;"义"是对"仁"的执行;"礼"是以"义"之内涵为指导而实施的外在行为。

表3-1　　　　《老子》"道—德—仁—义—礼"的价值层级

名称	来源	内涵	特征	主体	功用
道	起源处的价值,具有先在性	最高价值、价值集合体	恒常、无为	宇宙万物	"无不为",对于宇宙万物的发展具有终极、根本的指导意义

---

① 张松辉:《老子研究》,人民出版社2009年版,第133—134页。

名称	来源	内涵	特征	主体	功用
德	来源于"道",是"道"的派生物,居于"道"之中	分有"道"的属性,是"得道"的结果,是人世"道德"的最初、最完备状态	无为:不争、居下、处后、谦卑等	宇宙万物	事物依照"德",能够合乎自然地发展自身、成就自身
仁	蕴于"德"之中,是"失德"的结果	有差别的"爱"	人为:区别对待、等差划分	人	别亲疏、定高下
义	"仁"的内在准则,是"失仁"的结果	介于"仁"与"礼"之间,贯通二者,是"仁"的外在表现,"礼"的内在规定	人为:专做与身份相符之事	人	指导人的外在言行
礼	人为制定	制度、规范、条规、礼节、仪则等	人为:虚饰、外在、烦琐	人	忠信之薄而乱之首

二 "上德"—"下德"的价值层级

作为先后有别的概念及高低有序的价值,"道""德""仁""义""礼"五者亦可作为划分"德"之高下、优劣的标准。对比诸者,《老子》中存有用以描述德之高下、优劣的更为合适的词,即"上德""下德"二者。

(一)"上德"

今本《老子》第三十八章对"德"予以分类,将其分为"上德""下德",认为最高之德为"上德"。针对与"上德"有关的"上德不德,是以有德"以及"上德无为而无以为"(今本《老子》第三十八章),王弼解释道："上德之人，惟道适用，不德其德，无执无用，故能有德而无不为。"① 王弼对于"上德"的注解，所依照的是"无为"之"道"。"惟道适用"即以"道"作为行为的准则及标准，"不德其德"即不以自身之德为德，"无执无用"体现的正是"无为"。由于在《老子》中"道常无为而无不为"（今本《老子》第三十七章），故而"无为而无以为"以及"有德而无不为"所指涉的正是"无为之道"。

通过王弼的注解，可知《老子》的"上德"是指最高的"道"。在《老子》中，"上"字除与"德"连用外，亦与"善"连用，此即"上善若水"。"上善"如同水，而不是水，原因在于水是"有"，而"上善"是"无"，几于水之"道"亦是"无"。照此逻辑，则"上善"正是"道"本身。

《老子》之"德"起源于道，由道而生的"德"是最高之德，亦是《老子》之德的理想状态。"上德"作为道本身，是《老子》中最高之德。道家所推崇的"上德"就其内容与实质而言，是一种由道生发的"道"之"德"。

按照王弼对于"上德"的注解，结合上文所述"道—德—仁—义—礼"的价值层级，"上德"所包括的"德"应是"道""德"二者。《老子》的"道""德"即是体现道之"无为"属性的"德"。针对"上德"，许抗生说道："上德的人并不求为'德'，所以实有'德'。下德的人总表明自己没有离失'德'，所以无'德'。"② "上德"之"不求为德"，具备"不欲德""不为德""不居德"的"无为"内涵，而《老子》之价值层级的前二者，即"道""德"，均属于老子所认可的"无为"之德。

《老子》的"上德"以"无为"为内涵，完全体现"道"之精神，与儒家孔子的"上德"存有明显差别。在孔子看来，"上德"是"仁"。关于"仁"，《老子》有言："上仁为之而无以为。""为之而无以为"的"上仁"，与"无为而无以为"的"上德"的区别尽在一个"为"字。孔

---

① 王弼：《老子道德经注校释》，中华书局 2008 年版，第 93 页。
② 许抗生：《帛书老子注译与研究》，浙江人民出版社 1985 年版，第 8 页。

子之"仁"有为，而老子之"德"无为，此亦是儒道两家道德思想的主要差别之所在。孔、老二者是否"为德"，体现为是否以律令规范作为衡量与评价"德"的标准。抑或说，汲汲于成德的"下德"与不以其德为德的"上德"，是儒道两家在道德理论及实践层面的关键区别。展开来说，儒家之德以道德规范为中介，以对道德规范的遵守与否作为是否道德的评判标准。相比之下，《老子》则主张道德由乎心，从乎行，是一种自然而然的、自发的思想及行为，认为有心之德乃"无德"的表现，汲汲于得"德"反倒是对"德"之自然性的悖反，只能得一"下德"之结果，与理想的"上德"相去甚远矣！

可见，包含"道""德"两种价值的"上德"，是《老子》中"德"之原初的、最高的形态。

（二）下德

同于以道之"无为"作为"上德"的标准，王弼对于"下德"的注解亦遵循此原则。针对"下德不失德，是以无德""下德为之而有以为"，王弼曰："下德求而德之，为而成之，则立善以治物，故德名有焉。求而得之，必有失焉；为而成之，必有败焉。善名者，则有不善应焉。故下德为之而有以为也。无以为者，无所为也，反不能无为而为之者，皆下德也。"①

通过与"上德"之比较，可得见《老子》的"下德"是"有为"之德。针对王弼所说的"下德求而得之……故德名有焉"，可见《老子》之"上德"包括的"道""德"二者虽是德名，但同孔子所谓的"仁""义""礼"存有差别。《老子》的"德"是德之本来名，而"道"之名是勉强之谓，故而从"德名"层面便可得见《老子》"上德"的"无为"特性。

与"无为"的"上德"不同，"有为"的"下德"汲汲于"求德""成德"。由于在《老子》中"为者败之，执者失之"（今本《老子》第六十四章），故而"有为之德"是与"失德""离德"相对应的。

按照《老子》"下德"的含义及特征，"道""德""仁""义""礼"五者中符合者是"仁""义""礼"三者。对比"道""德"的无为，

---

① 王弼：《王弼集校释》上，楼宇烈校释，中华书局1980年版，第94页。

"仁""义""礼"是"有名"的"有为"之德。正是王弼所谓"凡不能无为而为之者，皆下德也，仁义礼皆是也"①。针对"下德"所包含的内容，《老子》论述过"下德"之"仁""义""礼"的含义，即"上仁为之而无以为，上义为之而有以为，上礼为之而莫之应，则攘臂而扔之"（今本《老子》第三十八章）。

通过论述可见，"为"是仁、义、礼三者共有之特点，且随着价值层级的递减，"为"的程度愈深。在"下德"中，较高层次的"仁"是"为之而无以为"的，体现为"仁"者虽不知道自己在"为"，但实则"为"也；"义"是"为之而有以为"，即知道自己的所作所为，且主动地"为"；"礼"则是"为之莫之应"的，即以"礼"为"德"者，不仅在"为"，而且"为而不得""为而无成"。魏源曾对共同具备"为"之特性的"仁""义""礼"三者进行过价值排序："仁义礼智皆下德，故皆言上而不言下。盖推极言之以明其分际也……至义则虽其上者亦真下德矣，故为之而有以为。礼则又德之下者，故为之莫应，又推让而就之，此不失德而无德之极也。"② 分析可见，魏源认为，作为"上仁"之人，因其不知所为，故而虽属"下德"者，但仍居下德之"上等"。到"义"处，虽以"上"称之，但其已属"下下"之德。"礼"为德之"最下"者，即便仍属于"下德"，但已与"不德"之"乱"相差不远。

在魏源看来，"仁""义""礼"三者虽处于"下德"，但"仁""义"最初是蕴于"道"之中的，即二者是合于"道"的，只是之后被"失德""离德"之人利用，才变为"下德"。"方道之未散，仁义潜于其中，不可分别指数。及其煦煦孑孑，而人以孑孑怀其德，则大道之公者散矣。又不幸有小智小慧者，窃仁义之似而行之，则伪自此滋，乱自此始，是为降而非生。"③ 此可谓对《老子》"大道废，有仁义。智慧出，有大伪。六亲不和，有孝慈。国家昏乱，有忠臣"（今本《老子》第十八章）

---

① 王弼：《王弼集校释》上，楼宇烈校释，中华书局1980年版，第94页。
② 魏源：《老子本义》，华东师范大学出版社2010年版，第82页。
③ 魏源：《老子本义》，华东师范大学出版社2010年版，第44页。

的现实注解。"道之未散",即未"失道"之际,仁、义二者藏于道之中;待"失道"之际,仁、义出于其中,人人都以仁、义自居,仁、义被所谓的"智慧者"用于满足自身私利、私欲,并以"假仁假义"形之,故而伪生、乱至。通过魏源的注解,亦可得见"大道废,有仁义。智慧出,有大伪"中包含的"道—德—仁—义—礼"的价值层序。

对于"下德"之"礼",《老子》有言:"夫礼者,忠信之薄而乱之首。"针对此句,王弼注解道:"夫礼也,所始首于忠信不笃,通简不阳,责备于表,机微争制。夫仁义发于内,为之犹伪,况务外饰而可久乎!"①在《老子》"德"论的价值层级中,"礼"处于"下德"之最末端,是"德"之终结处,"乱"之起始处。

关于"下德"之下是否存有另一层面,《老子》虽未明确提及,但结合文意,可知"下德"之下亦有纯粹之"不德"层面,亦即《老子》所谓"乱"。此处的"不德",与《老子》的"上德不德"之"不德"不同,指的是在失却"忠信之薄,乱之首"(今本《老子》第三十八章)的"礼"之后的纯粹的"乱"的状态。

"乱"是由"礼"开启的,此是《老子》反对"礼"的缘由。然而,虽《老子》反对"礼",但其所主要反对者并不是"礼"本身,而是"礼"之后果,即由礼之矫饰、浮夸、虚假所导致的"乱"的状态。在《老子》看来,虽与其他四者相比,"礼"处于道德层级的最末端,其人为程度最高,是最"伪"的,但其毕竟仍属于道德范畴。否则,价值层序中当不会有"礼",而仅存"道""德""仁""义"四者。"礼"作为价值层序中最末端的组成部分,作为"德"的最后存在形式,在其之下无有道德,其是"不道德"的引子。或是基于此种考虑,《老子》方存有"夫礼者,忠信之薄而乱之首"的结论。

在《老子》中,判断"上德"与否的标准乃是否"无为";判断"下德"与否的标准则乃是否"人为",人为即有为,亦即"伪"。《老子》以"伪"作为"下德"的本质及内涵,则"伪"的不只是"礼";

---

① 王弼:《王弼集校释》上,楼宇烈校释,中华书局1980年版,第94页。

"仁""义"二者相对于"无为"的"道"与"德",亦是"伪"的。只是相较于"礼","仁""义"相对"真",加之"仁""义"发于内,而"礼形乎外",故而"仁"距"上德"之"道""德"较近,而"礼"距离"不德"的"乱"最近。正如王弼所谓"夫仁义发于内,为之犹伪,况务外饰而可久乎!"① "上德"中的"道""德",与"下德"中的"仁""义""礼"在价值层面存有高低差别,且"仁""义""礼"并非老子纯然欣赏的状态。然而,由于五者处于同一纵向空间,彼此之间存有关联,并共同构成了由理想至实践的道德理路,故而《老子》"德"论的价值层级中包含上述有区分的五者。各者区别之处,在于"上德"与"下德"之分。

"上德—下德"的层级,是对"道—德—仁—义—礼"价值序列的概括及提炼,二者没有本质区别。

表3-2 《老子》"上德—下德"的价值层级

名称	内容	内涵	特征	主体	功用
上德	道、德	不以德为德	无为:"德"不外显	自然事物与得道之人	随顺自然,成就万物
下德	仁、义、礼	积极求德、成德	有为:功德可称	未得道之人	人世道德的表面化、形式化、功利主义等不堪境况

---

① 王弼:《王弼集校释》上,楼宇烈校释,中华书局1980年版,第94页。

第四章 《老子》"德"论的主体及表现形式

本章所谓"德"之主体及表现形式，所要解决的是"何者有德"以及"德为何"的问题。无论是本源终极之德、伦理道德之德抑或"得"之德，"德"之价值、意义及其存在之必要性，均离不开主体的赋予。抑或说，离开主体，德之意义不显，价值不彰。主体所具之德的表现形式，即"德为何"。不同主体具有不同的"德"，此既是人们了解、认识"德"的重要方式，又是用以区别"德"之内涵、特征的主要依据。

有学者在分析道家哲学观念时指出："中国哲学倾向于整体及周遍的视角，这表现在各种不同的'整体'观之中。……道家则有意道之周遍性。"① 老子不仅有意道之整体、周遍性，亦有意于德之整体性、周遍性。不同于有的学者将"德"囿于人伦范畴，仅将现世之人作为"德"的主体，老子秉持"泛德论"，认为宇宙事物各有其德。从《老子》文本出发，"泛德论"的形成，因于老子对"道"之内涵、功用等的赋予。

《老子》之"道"是终极原理、法则，其归藏万物、生发万物，是万物的起源。当终极的、起源处的"道"下放至人世社会时，则为"形下之道"。通观《老子》文本，可得见其一再强调"道器不离""道人合一"或曰"体用不二"的理论主张。"道器不离"既表明终极之道与形下

---

① 赖蕴慧：《中国哲学导论》，刘梁剑译，世界图书出版公司 2013 年版，第 222 页。

之道本质、内涵等的一致性，又表明形下事物与终极之道本质、属性相合的事实。抑或说，只有形下之物与形上之道的本质、属性相一致，道器不离、道人合一才具有理论可行性。

形上之道是唯一的，而形下事物是多样的。在《老子》中，万物所秉持的本体之道是唯一的。既然万物所秉持的本体之道是一致的，那么万物成为自身，而非生长、发展成一物，此是由另一因素，即"德"决定的。

"德"在《老子》中被视为万物成其自身的必然依据，因"德"的存有，事物成为自身而非他者；因德的失去，万物背离自身发展，不再是原本的自身。"道生之，德畜之"（今本《老子》第五十一章），德蓄养万物，所蓄养者正是各成自身的本质。在此基础上，万物对于自身本质的彰显及完善，是万物得以衍生、发展的原因。此即一道生万德，万德成万物，万物皆合道，万物皆有德。可见，依着《老子》中"道"的内涵、特征以及"道"与"德"的关系，《老子》的"泛德论"既是行文的逻辑需要，又是万物生发的基础。

《老子》按照"德"之内涵、特征等，将"德"有区别地赋予不同主体。主体所有之"德"不同，则主体具备、彰显的"德"亦不同。抑或说，因"德"之主体不同，主体之"德"的表现形式亦存有差异。

今本王弼《老子》有言："道大、天大、地大、王亦大。域中有四大，而王居其一焉"（今本《老子》第二十五章），认为"域中四大"乃"道""天""地""王"。与王弼《老子》几近相同，该句在马王堆帛书《老子》中被表示为"道大、天大、地大、人亦大。域中有四大，而王处其一尊"，认为域中四大是为道、天、地、人。二者相比，所不同之处在于"王亦大"与"人亦大"。目前学界针对二者的区别，得出的结论是，"人""王"二者之间并非存有区别。"王"既是人，作为人之主，则"王亦大"亦是"人亦大"。基于此，《老子》中的"域中四大"则指道、天、地、人四者。

作为《老子》所看重的四类主体，"道""天""地""人"均是德的主体，四者各有其德。

第一节 "道"的"生而不有"之德

在《老子》中，"德"来源于"道"。《老子》之道是宇宙形成之前的那个混沌、恍惚的存在，先于任何他者，是宇宙起源处的存在，"周行而不殆，可以为天下母"（今本《老子》第二十五章）。"道者万物之所奥"，道既是万物的起源，则其亦是德之起源，作为"天下母"的道，其所生万物中无疑亦包含着"德"。事实上，《老子》"道"之首生者便是"德"。

一 "道"是"德"的第一主体

在《老子》中，并不存有"道生德"的直接论述。如在直接描述"道"之生生过程的"道生一，一生二，二生三，三生万物"中不见"德"；描述万物法则的"人法地、地法天、天法道、道法自然"中亦不见"德"。然而通过分析可知，《老子》中虽然没有明确指出"德为道生"，但与作为终极、本源的"道"密切相关的第一概念是为"德"。

《老子》中"道生之、德畜之"句，体现"道""德"二者对万物的功用。在《老子》看来，道生万物，是万物之"母"。在"道"赋予万物生命及生存权能之后，"德"紧随道之后，担负起蓄养万物的功用。蓄养万物之"德"，赋予万物成其自身的属性，使万物"定性"。"德"之所以能够蓄养万物，赋予事物不同的属性，正在于其包含着一切事物的属性。在这个层面上，与万物起源处的、生养万物的形上之道一致，"德"亦是那个万物本质、属性等来源处的形上之"德"。

除了蓄养万物外，与"道"密切相关的"德"亦是价值的来源。通过"失道而后德"句，可得见《老子》将"德"作为"道"之承接，视"德"为"道"之后的第二概念。"失道而后德"在价值层面呈现"道"与"德"之间的关系，指明在失却"道"这个终极价值之后，"德"便承接"道"的位置，成为价值之本、价值之初。由于与"道"密切相关的"德"源于道，是形上的，且所具形上特性与"道"重合，故而"道"作为价值源泉及最高价值之所在，使得具备形上属性之"德"同样是价值的源泉。

终极之"道"生出形上之"德","德"所具有的哲学属性及价值属性均是"道"所赋予的，故而"道"是"德"的第一主体。

二　道之德的形上属性

《老子》中对于形上之"道"的形质、名称、属性、特征等作过多次描述。相比之下，对于"德"则不然。作为宇宙的第一法则和原理，老子虽勉强论"道"，但其事实上认定"道不可道"，认为强论道是不可为之为。通观《老子》全文，除直接对"道"做过解释及描述外，其他再无对特定事物概念、性质、特征等的直接论述。"德"作为与"道"密切相关的概念，亦不曾被《老子》描述。

《老子》中的核心概念"道"指的是形上之道，即那个本源、终极的道。作为"德"之第一主体的"道"，在《老子》中被表述为"有物混成，先天地生"；"道之为物，惟恍惟惚，惚兮恍兮，其中有象，恍兮惚兮，其中有物"（今本《老子》第二十一章）。可见，终极之道作为宇宙本源，在《老子》中有着"物"的属性，"道之为物"是将形上之道当作"有"描述。形上之道具有物质的属性，是其能够"生万物"，为"万物之宗"的前提及条件。

道是物，却又不是物，其恍惚、玄妙，"其上不皎，其下不昧，绳绳不可名，复归于无物"（今本《老子》第十四章）。是物又不是物的道，即是宇宙万物的起源处，又是一切精神、价值的起源处。"窈兮冥兮，其中有精，其精甚真，其中有信。"（今本《老子》第二十一章）形上之道不仅"其中有物""其中有象"，而且"其中有精"。关于"窈兮冥兮，其中有精"，王弼有言："深远不可得而见，然而万物由之。其不可得见，以定其真。""以定其真"意为"物反窈冥，则真精之极得，万物之性定"①。依靠着深远不可得见的"道"，万物得以定其性质、全其本质。由于形上之"德"能够赋予万物性质及其发展潜能，则道中所蕴含的

---

① 王弼：《老子道德经注校释》，中华书局 2008 年版，第 54 页。

"精"正是"畜养万物",使万物各得其性的"德"。

《老子》认为,"道"既具"物"之特性,又具价值之特性,是为着"道"作为域中万物之母的至高地位和至大作用提供理论支撑。相比之下,《老子》中没有对"德"之形态、形质的直接描述,加之《老子》的形上之德不如"道"般具有生发万物的使命,故而"德"不需具备似物非物的,用以蕴含、包摄万物的属性。通过《老子》文本可知,老子所设定的形上之"德"的功用是赋予万物成其自身的属性,故而本原处的"德"之性质相对单纯,即仅为一精神、价值层面的存在。道之为物却不是物,而是其中有万物,其作为"天下之始",可为"天下母",既是可得见的万物之母,又是不可得见的精神、价值之源泉。相比之下,德不为物,而独为一形上概念,被蕴含在"道"之中。

概言之,《老子》之"道"集物质属性与精神属性于一体,是宇宙万物及精神的终极来源。由道而生的"德"作为赋予万物本质、属性者,不是物质的,而仅是价值源泉。

三 道之德的"无为"特性

作为"德"的第一主体,形上之"道"所具有的属性、特征等在一定程度上与形上之德相符。抑或说,形上之"德"分有"道"的属性。

以道作为第一主体的"德"是形而上的,是指那个本原处的、终极的"德"。由于"道"是"德"的第一主体,故而德以道为尊。"孔德之容,惟道是从"(今本《老子》第二十一章),表明"道"的引领作用以及"德"对道的归顺及遵守。换句话说,形而上的"德"是以形而上之道为运行法则的,道是怎么样的,德便是怎么样的。

在《老子》中,"道"最根本的特性即"无为"。"无为"之"道"具有"无不为"的"全能"。"大道泛兮,其可左右"(今本《老子》第三十四章),道左右上下、周旋于万物之中,无所不达、无所不适。关于"道"之"无为",《老子》中有多次描述。如"道常无为"(今本《老子》第三十七章);"万物恃之而生而不辞,功成不名有,衣养万物而不为主。"(今本《老子》第三十四章)"道"之"无为"体现为其生发万物却不占有，成就万物却不居功，为万物之主却不干涉。永恒之道"无为"而作的过程得来的却是"无不为"的结果，此即"道常无为，而无不为"（今本《老子》第三十七章）。"无不为"的"道"给了万物自发成长、自由发展的机会和条件；万物自然地生长发育，最终成就自身。

"道"之"无为"，在《老子》中被视为"德"。"生而不有，为而不恃，长而不宰，是为玄德。"（今本《老子》第十章）对比《老子》其他章节对于道之"无为"属性的描述，可见"生而不有，为而不恃，长而不宰"的主语应是"道"，即道是"生而不有，为而不恃，长而不宰"的。基于此，当"无为"的属性被认为是"玄德"时，表明的事实有二：

其一，《老子》的"玄德"等同于"道"。从"生而不有，为而不恃，长而不宰，是为玄德"句出发，该句之后加"道"字，其义亦通。一般而言，《老子》中有关"无为"的内容，所针对者均是"道"。"道常无为而无不为"，是对"道"之"无为"特性的集中概括。而诸如"生而不有""为而不恃""功成不名有""衣养万物而不为主"等，无一例外是"道"之"无为"的具体体现。故而，按照《老子》一贯的思想及行文逻辑，"生而不有，为而不恃，长而不宰，是为玄德"之"玄德"与"道"同义，指的是那个终极的、本源之"道"。

其二，"玄德"是终极、本源之德。除了依靠"玄"字具有的内涵，"玄德"可获得形上属性外，王弼亦明确指出"玄德"的哲学属性。"凡言玄德，皆有德而不知其主，出乎幽冥。"① "有德而不知其主"之"不知其主"与"不知谁之子"中关于"道"的说法几近相同。而"出乎幽冥"正在于"玄德"之主不是他者，正是恍惚、玄妙的"道"。何以不知"玄德"之主，因其主"道"是"不可道"的。可见，依着王弼看来，"道"与"玄德"是有区别的两者，道是道，"玄德"是德。如此一来，"生而不有，为而不恃，长而不宰，是为玄德"之主语是"道"。该句之后的"玄德"仅是对道之"无为"特性的概括、总结，即道的"生而不有，为而不恃，长而不宰"的"无为"特性是"玄德"，是那个终极的、

① 王弼：《老子道德经注校释》，中华书局2008年版，第24页。

本源的"德"。循此，"玄德"的属性亦是"无为"的。

"玄德"是"道"，"玄德"具备"无为"的属性，皆可视为对"道"之"无为"属性的分论。由于形上之道与形上之德本质、属性的一致性，故由"道"而生之"德"，分有"道"之属性，亦是"无为"的。

四　道之德是"道"本身

"德"之"无为"属性并非源于自身，而是对"道"之特性的分有。在《老子》中，明确"道"之"无为"属性的是"道常无为而无不为"（今本《老子》第三十七章）。依着此句对于"道"之"无为"属性的界定，《老子》中无论形上之道抑或形下作为法则、原理等存在的"道"，其所具有的属性无一例外均是"无为"。也正是基于"无为"是形上及形下之道共有的属性，方认为《老子》中的"道"与"无为"可以互指。

道之"无为"属性的存有，使得道成为自身。抑或说，"无为"作为一种特征、属性、功能等几乎涵盖了"道"的全部。道即无为，无为即道，此在《老子》的语境中当是成立的。此一来，由道而生的"德"，因其具有"无为"之特性，故而"无为之德"体现的正是"无为之道"。

今本王弼版《老子》第三十八章作为集中论述"德"的章节，其中有言："上德无为而无以为。"此处"上德"之"上"字，表明了"德"之地位及程度。依靠"上"字作修饰语而组成的"上德"，指的是最高处的、最深程度的"德"。是故"上德"可作"玄德""孔德"解，意指本源、终极之处的"德"。具有形上意义的、本源处的德，是道所生，是以道为主体的"德"。"德"与"道"共有的本源义，使得"玄德""孔德"可等同于"道"。具体到文本，"上德无为而无以为"与"道常无为而无不为"之间的区别，仅在于前者的主语是"德"，而后者的主语是"道"。可见，在《老子》中，除了"道"具有无为属性外，"上德"的属性亦是"无为"。

"道"与"德"属性的一致性，使得"形上之德"与"形上之道"存有极大的重合之处。《老子》文本所体现出的一个较为明显的倾向是，其中存有多处对"道无为"的描述，却少见"德无为"表述。此传递的观点是，"无为"首先为"道"所具备。由于"上德""玄德"等终极、本源处的"德",与形上之道之间存有重合,故而《老子》中以"玄德""上德"等指涉"无为"之"道"的情况当属合理。

除逻辑推演外,以道为主体的"德"即是道本身的依据,可直接在《老子》中寻得。"上善若水,水善利万物而不争,处众人之所恶,故几于道"(今本《老子》第八章)。"上善"即最高之善,最高之善当为价值本源处的"德"。"上善若水,水利万物而不争","上善"亦利万物而不为,此与"上德"之"无为"特性相符。具有"不争"特性的水"几于道"①,表明"水"与"道"相近。对于"几于道",王弼解释道:"道无水有,故几于道",认为"道"与"水"的唯一区别在于形质的不同,道是"无",而水为"有"。此种差异,使得水成不了道,而只能"几于道"。"上善若水",却非水,原因亦在于形质之不同。水可见、可得,是有;而"上善"作为本源处的最高价值,其无有形质、不可得见,是无。基于此,水与道近,而上善与道同。"上善"作为终极善,是形上之德,上善与道同,则终极之德与道同。因终极之德为道所生,故而作为终极善及价值源泉的"德"与"道"重合。

初始之"德"为道所生,形上之道是"德"的第一主体。形上之道所生的"德"是一切价值的终极源泉,其分有形上之道的"无为"属性,并在价值层面与"道"之地位及功用相符,其义与道同。

第二节 天地的"不仁"之德

天地是"道"之后,宇宙之第二主体,亦是"德"之第二主体。天地之德既承袭道之德,又与其存有区别。

一 "天"在《老子》中的位置

在《老子》中,"天"次于"道"。不同于殷商以及西周时期神秘之

---

① 王弼:《老子道德经注校释》,中华书局2008年版,第20页。

天的至高性,《老子》中的天被拉入道之下。

殷商时期,"天"被称为"帝"。帝作为主宰,是宇宙中的最高权威。殷民崇天、信天,将其作为至上神。通过相关的文献记载,可得见殷商时期的"帝"在西周多被称为"天"。西周之天不同于殷商者,在于殷商之"帝"与西周之天虽同指那个玄远、神秘之"天",但殷商之"帝"未被人格化,亦不具伦理性。借着殷商灭亡的教训以及政治统治的需要,周初统治者认为商朝灭亡的原因在于"无德",并认为政权长存的依据在于统治者的"德政"。为着寻求"德政"的合法性,西周之"天"被人格化、伦理化。"天"具有伦理性、德性始于西周时期。

西周时期的人格之天、德性之天仍是那个不可测知、不得冒犯的神秘之天,人们对于天的信仰和尊崇多是源自天之至高权威及至上德性。西周末年,伴随着礼乐制度的失效以及社会的动乱,民众开始质疑人格化的德性之天。面对社会中的诸种乱象,人们对于天之笃诚的信仰开始衰减,人们不禁对拥有至高德性的天进行责难:既然是有德之天,何以降灾祸、战乱于人间?

面对至高权威之"天"的失信、失威,身为史官的老子于天之外另设一"道"的概念,并将其放置于"天"之上。老子"道高于天"的理论预想,在中国文明发展的"轴心时代",不啻为一种"哲学的突破"①。今日学界在评价老子创建以"道"为核心的理论成就时,仍不否认其对于中国哲学的贡献。陈鼓应有言:"老子对中国文化的贡献主要是在哲学

---

① "哲学的突破"是由美国社会学家塔尔科特·帕森斯(Talcott Parsons)参考马克斯·韦伯(Max Weber)的相关理论提出的。其主要内涵是:在公元前的一千年内,古代的希腊、印度、以色列和中国这四大文明中心,不约而同地经历了一次"哲学的突破"。这次"突破"性的认识成果达到了空前的高度,为各大文明日后的发展奠定了影响深远的原型根基。参见 Talcott Parsons, "*Introduction*," in Max Weber, *The Sociology of Religion* (tr. Ephraim Fischoff, Boston: Beacon Press, 1964), pp. xxxiii-xxxv; ixii-ixiii. 另外,德国著名学者雅斯贝尔斯关于"轴心时代"(axial time)的概念也与"哲学的突破"的内涵有诸多相似之处。参见雅斯贝尔斯《历史的起源与目标》,华夏出版社 1989 年版,第 8—13 页。

方面，他实现了中国'哲学的突破'。"①老子所突破者正在于打破了以天为"至高主宰"的理路，于天之上设"道"，并围绕形上之道创立理论体系。关于老子"弃天从道"的哲学理路，郭沫若评价道："老子最大的发明便是取消了殷周以来的人格神的至上权威"，而建立了一个超越时空的形而上学的本体。②

《老子》以形上之"道"取代殷周之"天"的权威性、主宰性，"道"成为宇宙的第一存在。在"以道替天"后，《老子》并非将天忽略、舍去，而是重新给其以定位，表现为消减"天"之权威，下降"天"之位置，使"天"在各个层面均居于"道"之后。

二 《老子》中的"天"

除了将天拉入"道"之下外，《老子》之"天"的性质亦不同于殷周时期。如前文所言，殷周时期的"帝"或"天"都是神秘的。或许正是神秘性在一定程度上成就了"天"的权威性。即便至西周初年"天"变成人格化的德性之天，其性质仍然是神秘的。在《老子》中，"天"的神秘性大为消减，表现为天不再是不可知的，而是可见、可感的自然事物。《老子》中的"天"具有神秘及自然两种属性，在一定程度上可以为人们所感知。具有神秘及自然双重属性的"天"，在《老子》中既被人格化，又被作为空间概念使用，具有多种内涵。具体来说，《老子》中的"天"概有四种用法。

其一，作为形上概念。虽然《老子》之"道"居于"天"之上，然而《老子》之"天"仍具有形上特性，即老子事实上认定天居高位，其关于天的观念并没有完全脱离西周时期。"天长地久，天地所以能长久者，以其不自生，故能长生"（今本《老子》第七章）。此处的"长久""长生"之天当为形上之天。"是谓不争之德，是谓用人之力，是谓配天古之极"（今本《老子》第六十八章），该句与西周时期的"以德配天"

---

① 陈鼓应、白奚：《老子评传》，南京大学出版社 2011 年版，第 334 页。
② 郭沫若：《郭沫若全集·历史篇》，人民出版社 1982 年版，第 351 页。

存有较大重合之处。此处的"天"是"古之极",即最高的法则,其形上意蕴可显见。"天网恢恢,疏而不失。"(今本《老子》第七十三章)《说文》有言:"恢,大也。"天之大,在于其无所不包,恢恢之天呈现玄远、神秘之象,天之下的他物无所逃遁、隐藏。依着文意,可得见此处的"天"亦当指形上之天。

其二,作为人格化存在。"天"被人格化是西周时期便有的,《老子》虽以道代替了天的至高位置,但其并未否定天之内涵与特征。《老子》中同样存在人格化的天。"天之所恶,孰知其故。……天之道,不争而善胜,不言而善应,不召而自来,繟然而善谋"(今本《老子》第七十三章)中,恶、争、胜、言、应、召、来、繟、谋皆是人之思想、行为;"天之道,其犹张弓与! 高者抑之,下者举之,有余者损之,不足者补之"中的抑、举、损、补等亦皆属人之动作、行为。将人所有者赋予天,表明《老子》中人格之天的存有。

其三,作为可感知实体。《老子》中的"天"作为可感知的实体,指的是自然之天。自然之天属物,具有物性,向人们显现自身,可被人们所感知。《老子》中没有明确指出天作为实体的可感性,只有通过分析文意,方可得见。"飘风不终朝,骤雨不终日。孰为此者,天地。天地尚不能长久,何况于人乎?"(今本《老子》第二十三章)早在殷商之前,人们便知晓"天"具有令风令雨的功能。至老子之时,令风令雨的天之权威性逐渐消减,人们对其所令之风雨亦多有认识。"飘风不终朝,骤雨不终日"便可被视为人们对自然现象及规律的总结。换言之,在《老子》中,天地之降风雨雷电于人间,已被视作自然现象。

人们在理解"天地尚不能长久"文句时,多易产生歧义。《老子》的其他章节明确表示天地的长久性。"天长地久,天地所以能长久者,以其不自生,故能长生"(今本《老子》第七章)与"天地尚不能长久"的说法存有矛盾之处。高亨针对于此指出:"这是说飘风暴雨不能久,不是说天地尚不能久。"[①] 将飘风、暴雨等自然现象作为天之组成部分,进而

---

① 高亨:《老子注译》,清华大学出版社 2010 年版,第 45 页。

对天进行感知，得知天之性质，此为《老子》将"天"视为自然实体的间接依据。

《老子》将"天"作为自然实体的直接依据，来自其对天地之空间的把握。《老子》将由天、地二者构成的空间比喻为"橐龠"。"天地之间，其犹橐龠乎？"（今本《老子》第五章）对于"地"而言，万物生于斯、长于斯，其可知、可感性较为明显。对比地，由于天高远，不可触及，故而其实体性不明显。"橐龠"意为风箱，风箱有顶盖、底座，形似方袋。《老子》将由天、地二者组成的实体及空间比于风箱，正在于其认为天与地一般，均为实体。事实上，"天为盖、地为庐"的观念在老子之前便已产生。彼时"天"被认为处于宇宙的最高位，故而天地之间的空间当属最大化。按照此种逻辑，由于《老子》中道高于天，故而借着"道"之高位，宇宙空间当以"道"为起始处。《老子》中不以"道"而以"天"作为宇宙空间的最上端，在于道是无形、无质的，其不足以精确地规划、范畴其下的空间。相比于"道"，"天"作为一有形、有质的"恢恢"之实体，将其与实在之"地"结合，则可组成空间范畴。可见，《老子》虽未明确指明天为自然实体，但其事实上已然认定天之实体性。

其四，作为空间概念。除上文在论述天之实体性时提及天与地合而组成空间外，《老子》中存在着诸多单独以"天"代指空间的章节。"天"在老子中最广泛地与"下"字连用，组合成"天下"，用以作为空间概念。"天下"意为"天之下"；"天"是为主语，"下"仅为一表示方向的概念。用"天"作为空间概念，尤其用"天下"指涉"人世"空间，在今本王弼版《老子》三十八章之后被大量论述。今本《老子》第二、十三、二十二、二十六、二十八、二十九、三十、三十一、三十二、三十五、三十九、四十、四十三、四十六、四十七、四十八、四十九、五十二、五十四、五十六、五十七、六十、六十一、六十二、六十三、六十六、六十七、七十、七十八章等诸章，皆用"天下"表明空间范围。在《老子》中，"天"之下的空间有时是指整个宇宙，如"天下莫柔弱于水"（今本《老子》第七十八章），将"天"之下的空间设定在宇宙至少自然界范围内。"以道莅天下"之"天下，其鬼不神"（今本《老子》第六十章)之"天下"指的是"宇宙"。在大多数情况下,"天下"用以指"人世间"。"天下皆谓我道大,似不肖"(今本《老子》第六十七章)之"天下",意指"天下人";"天下难事必作于易"(今本《老子》第六十三章)之"天下",指的是"人世";"以正治国,以奇用兵,以无事取天下"(今本《老子》第五十七章)所取之"天下",则包含有国家、社会、政权等人世事物。

《老子》以"天下""天地间"作为时空概念,除为宇宙、自然、社会人事等提供思想、活动的场所,亦为其核心理念即"道"的运行,提供时空范畴。而多以"天下"指称"人世",则为《老子》形上之道走向形下,周遍万物,润泽、优化社会人事,以及成为人们为人行事的依据等提供现实条件。

三 《老子》中的"天地"

《老子》中常天、地并称。今本王弼版《老子》,除第六十八、七十三、七十六章单独论"天"外,第五、六、七、二十三、二十五、三十九章均"天地"合用。在《老子》中,存有诸多天地合用的词汇,如"天地不仁""天长地久""天地相合"等。

在《老子》之前,对比"天"而言,由于"地"较易被感知,故而人们并未集中关注"地"之形上特性。"天地"在《老子》中并用,体现的是《老子》将天、地二者并立的观念。王弼版《老子》开篇有言:"无,为天地之始"。学界多将"无"与"道"同,认为先于天地而生者是为"道"。在《老子》中"道"作为宇宙的本源,是宇宙之始,之后并行出现的则是天与地。可见《老子》中的天、地二者同生、共存。

《老子》中的天、地二者存有功能及属性的互补性,此可被视为老子将天地并列的另一依据。如前文所述,《老子》用"天下"指涉空间,用"天下"指涉"天之下",所省略的则是"地上"即"地之上"。天之下的空间需要"地"承载,天下、地上的范围正是天地之间。结合《老子》以"橐龠"比于"天地之间",可得见天、地二者在《老子》中是合二为一的概念。除此之外,"天地相合,以降甘露"(今本《老子》第二十五章）表明宇宙中的自然现象是天地相合的结果，天地相合则风调雨顺。

《老子》中的"天地"，首指自然之天地。高亨在注解"无名天地之始，有名万物之母"（今本《老子》第一章）时，认为"有"指"天地"，指出天地有形体。① 结合《老子》的生生模式，无形之道，首要生出的有形之实体，即是天、地二者。

除作为自然事物，《老子》中的天地亦被视作形上概念。"昔者得一者：天得一以清，地得一以宁，神得一以灵，谷得一以盈，万物得一以生，侯王得一以为天下贞。"（今本《老子》第三十九章）此句中的"一"，即是"道"。道生发、成就并周流遍布宇宙，是天、地、神、谷、万物以及侯王的性质、功能等的赋予者。天得道而清，地得道而宁，神得道而灵，谷得道而盈，万物得道而生，侯王得道而天下归焉。《老子》之"道"周遍宇宙的顺序及过程是自上而下的，即自形上之天、地、神而至形下之山川、河流、草木、人。由于此处的"神"具备形上色彩，而"神"之下，无一例外是现实、自然之物，故而"神"之前的天、地当为形上概念。

在《老子》中，天、地二者并用之"天地"，既有形上特性，又是自然事物。由于二者合于自然之"道"，故二者自始便是德性之天地。

四 天地"不仁"的内容

"天德"观念并非老子首创。西周初年，周初统治者将天伦理化、人格化后，"天"自然成为德性之天。西周的德性之天既是人世制定、推行伦理纲常的依据及标准，又是人世之德的最高代表及主宰。西周末年，天命观念被人们怀疑、斥责，人们对于至高无上的德性之天多有批判。结合动荡的社会现实，力图"救时之弊"者纷纷提出对策。儒家孔子重新定义"天德"，赋予"德"新内涵，认为"仁"是德的首要内涵，并"避不谈天"。孔子汲汲于"从周"，其所创建的以"仁"为核心的"德"，正在于归复西周时期用以维护宗法统治以及等级基础的"礼乐制度"。

---

① 高亨：《老子注译》，清华大学出版社 2010 年版，第 17 页。

"周代的礼乐制度是严格的社会等级制的体现。"① 礼乐制度作为西周的政治制度，其核心内涵是"区分"，即区分人之等级、地位、权力等。

作为"诸事顺天"的西周社会，周公创建的"差序格局"礼乐制度何以合法化，其所遵照的摹本正是以"天"为首领及主宰的形上领域。西周之"天"作为最高主宰，是"德"的首要承担者。不仅西周社会依靠"天德"作为划分社会等级的标准，西周时期的形上领域，亦在"天"之下存有其他诸神。与人世社会的等级性相似，诸神之间的地位、权力等也存有区分，此可通过西周时期实施的祭祀活动得见。"西周时期，周人上帝居于其他诸神灵之上，与诸神形成有次序的等次关系与同属关系，并对诸神有使令的权力。"②

与孔子以及西周统治者所倡导的"差序格局"的制度之德不同，《老子》主张"不仁"之德，并将"不仁"视作源于"天"、始于"天"的德性。与西周时期的"以天论德""以德配天"相同，《老子》将"不仁"之德首先赋予"天地"，正在于表明"不仁"之德的合理性。

《老子》中明确提出天地具有"不仁"之德的，是"天地不仁，以万物为刍狗"（今本《老子》第五章）句。针对该句中的关键词"仁"，目前学界概有两种解释方法。其一，将"仁"字理解为儒家孔子倡导的"仁"。由于儒家孔子之"仁"是"有为"的，故而老子之"不仁"反对"有为"，倡导"无为"。其二，从"仁"之社会义上理解，孔子的"仁者爱人"体现的是西周礼乐制度的等级精神。抑或说，孔子的"仁"虽具备"爱人"的含义，但其所爱之人是有区分的。也正是在这个层面上，有的学者将"仁"解释为"偏爱"。"仁"指偏爱，则老子之"不仁"则指无偏爱、无区分。

关于"仁"之"有为""偏爱"的含义，也可通过分析《老子》句意得知。针对"天地不仁"，王弼注解道，"天地任自然，无为无造，万

---

① 张智彦：《老子与中国文化》，贵州人民出版社 1996 年版，第 48 页。

② 张岂之：《中国思想学说史》先秦卷·上，广西师范大学出版社 2008 年版，第 159 页。

物自相治理"①，指出天地"无为"的属性，即天地任由万物自发生长、发展，不外加干涉。"仁者，必造立施化。"②"造立施化"是"有为"之体现，而纯任自然之天地，是"无为"的，是"不仁"者。"不仁"之天地，"以万物为刍狗"，不会"有恩有为"，不会对事物有好恶之分，而是对万物没有偏爱，对万物作等量齐观。可见，"天地不仁，以万物为刍狗"，表明"天地"的"不仁"之德，体现为"无为""不偏爱"两方面。

针对"无为"天地的"不仁"之德，《老子》又有言："天之道，不争而善胜，不言而善应，不召而自来，繟然而善谋"（今本《老子》第七十三章）。在老子看来，"不争""不言""不召""繟然"等，皆合乎天之运行法则。由于此四者合于天之道，故而天"善胜""善应""善谋"，他物得以自动归顺。"不争""不言""不召""繟然"，皆是天"无为"的体现，而"善胜""善应""自来""善谋"四者，则是由"无为"之因所带来的"无不为"之结果。天之"不争""不言""不召""繟然"，所体现的正是"天"之不干涉、任由万物自然发展的"不仁"之德。

关于天地"不偏爱"的"不仁"之德，《老子》中亦有其他章节涉及。"天道无亲，常与善人。"（今本《老子》第七十九章）关于此句中的"与"字，高诱注《吕氏春秋·乐成》曰："与，助也。""天道无亲"，天对万物没有亲疏之别，此处的"无亲"与"不仁"当为同义，表明的是天地"不偏爱"的"不仁"之德。"天道无亲，常与善人"之前半句，已然可作为《老子》天地具有"不仁"之德的依据。然而后半句"常与善人"却不仅表明天地"偏爱"有德之人，而且"助"有德之人，是"有为"的。"常与善人"之"常"字作"永恒"解，意为永远帮助有德之人。这种看似矛盾的既"不偏爱"又"偏爱"，既"无为"又"有为"的"不仁"之德，在《老子》中不独此处。

"天之道，其犹张弓与！高者抑之，下者举之，有余者损之，不足者

---

① 王弼：《老子道德经注校释》，楼宇烈校释，中华书局2008年版，第13页。

② 王弼：《老子道德经注校释》，楼宇烈校释，中华书局2008年版，第13页。

补之。天之道损有余而补不足。"（今本《老子》第七十七章）与之前所论"不仁"天地的"无为""不偏爱"正相对反。《老子》该章不仅表明天道是"有偏爱""有私心"的，而且表明天是"有为"的。天的偏爱、私心的表现为天偏袒"不足"者、下者；天之"有为"表现为其"抑高""举下""损有余""奉不足"。

事实上，《老子》中"天道无亲，常与善人"的说法与西周时期的"皇天无亲，惟德是辅"《尚书·蔡仲之命》并无二致。西周初年，为着统治的合法性，"皇天无亲，惟德是辅"被作为西周统治合法性的来源以及"德治"的基础。换言之，西周"皇天无亲，惟德是辅"主要关注的既不是"天"，亦不是"天德"，而是人世政权、社会的长治久安。

与周初思想相似，《老子》"天道无亲，常与善人"，起于"天"，落于人世。《老子》所关注者是为人世之德，而非仅停留于天地之德。在老子看来，不仅有德之天是"不仁"的，有德之世亦应"不仁"。针对礼乐制度对人世社会的"区分"，《老子》之"天"之所以"抑高""举下""损有余""奉不足"，其用意正在于为人世社会的平等找寻并提供合法性依据。在《老子》中，与西周依靠"惟德是辅"的天作为人世"德治"的来源一致，天之所以偏爱善人，在于有德之人是构成并统领有德之世的主体。老子论述"常与善人"之天德的目的，亦在于最终促成有德之社会。"不仁"的"天"通过"抑高""举下""损有余""奉不足"的"有为"启发现实社会，成为人世生活的参照，并最终成就无有等级、人人平等的"不仁"之社会。此是《老子》"天地不仁"的现实旨归。

五 "天地之德"与"道之德"的关系

《老子》的"道""德"二者，所具有的最初意义均是形上之含义。由形上之道生发，并在一定程度上与道互为表里的"德"，其所具属性首先是形而上的。形而上的德蕴含着万物成其自身的属性，是一切价值的来源。或许正是在这个层面上，《老子》中的"道"与"德"最先是哲学词汇，其并不具备伦理含义。"'道'与'德'首先是一个形而上的概念或形而上学的存在。"① 道之"德"在《老子》语境中的哲学属性及特征，是由《老子》之"道"的哲学属性决定的。

在《老子》中，被拉入道之下的"天"，其所具之德，开始具有伦理属性。也就是说，"天之德"除具备哲学内涵外，亦具备伦理内涵。《老子》之"天德"的哲学及伦理的双重内涵，不如道之"德"那般为老子首创。早在西周之际，"天"已然具有了伦理与哲学属性。《老子》的道之"德"是原初之"德"；而天地之"德"，则是继道之"德"之后另一种形态的德。由于天地是为"道"所生，道为天地之母，知母可知子，天地之德继承道之德的特性，成为率先显现道之德者。

《老子》的"天德"与"天道"之间存有重合之处。"天道"与"天德"重合的依据，在于价值层面的"道"与"德"具有共同的属性及特征；加之"德"是"道"之功用的外显，故而用来指称天之运行法则、规律的天之道，包含并体现为天之德。天之德所继承道之德者，在于道之德的"无为"特性。道是无为的，天地亦是无为的，道之德的无为特性，是通过天地之德彰显的。通过天地，形上的道之德方能向形下世界显现，人们方可对道之德有所体认和了解。《老子》将自然天地赋予德性，目的在于为道与人之间的联系及照面提供中介。

天地作为人与道的中介，既是物质的，又是精神的。天地是可见可感的自然事物，故而天地所彰显的道之德可被人们体认。天地是形而上的，虽其在《老子》中处于"道"之下，但其作为宇宙的第二本源，仍具一定的权威性、神秘性。如此一来，天地之德的合法性、合理性便不证自明。既然天之德是合理的，是值得人们效仿的，那么居于天德之上的道之德的至高地位及至善本质便再次被确立。道是德之本源，天地作为形上概念及自然事物，其所具之德来自于"道"，是道之德的显现。通过"天地"之中介，形上"道之德"与形下"物德""人德"可互为观照。

---

① 樊浩:《"'德'—'道'"理型与形而上学的中国形态》，《北京大学学报》（哲学社会科学版）2010 年第 2 期。

第三节 万物的随顺本性之德

《老子》除认为天地有德之外，亦认为居于天地这个"橐龠"中的事物各有其德。"道者，万物之所奥。"（今本《老子》第六十二章）"域中四大"之道、天、地、人四者，天、地二者皆属于道所生的"万物"之列。"人"作为有思想的存在者，在《老子》中亦属于"万物"之列。然而，人虽属物，但其与自然界之动、植物存有明显差别。由于"人"及以人为核心而组成的"人世"，在《老子》中占有重要位置，加之《老子》中存有多处对人外之"物"的阐释，故而下文将自然事物与人做区分，分论事物之德与人之德。

一 《老子》中的"万物"

《老子》对于自然事物的关注，源于其所秉持的"万物平等"的思想。"天地不仁，以万物为刍狗"（今本《老子》第五章），万物都以"道"为母，均是"道"之子。"道"在生万物之际，便赋予万物"自然"抑或"自是其是"的属性，故而万物无有高下优劣之分。

在先秦时期，大概只是以老子为代表的道家思想抱持万物平等的观念。西方哲学家安哲乐（Roger T. Ames）曾指出，道家视域超越人类，而是指向整个"物界"，指向自然界的所有存在者（all of existence）。[①]事实上，老子对自然事物的关注及重视，在早年曾被诸多学者认为是用以反对儒家"人类中心主义"的理论武器，而其倡导的"万物平等"理念，则被生态环境领域的学者所重视。

在老子之前，业已出现将自然事物看作有精神、有思想的存在的观念。上古社会的"泛灵论"便认为，任何事物背后都存有主导这一事物

---

① Roger T. Ames. *Putting the Te back into Taoism*, in *Nature in Asian Traditions of Thought*: *Eassay in Enviromental Philosophy*, Albany: State University of New York Press, 1989, p. 125.

的思想及精神。殷商以及西周时期"多神论"信仰中的"诸神"们，有许多便是自然事物。在殷商的信仰体系中，地神崇拜中的"山神""河神"等，便是以自然事物"山川""河流"等作为神之原型。《尚书·洪范》中的金、木、水、火、土"五行"，本身也是五种较常见的自然物质。这种早期的自然崇拜观念，体现出将自然事物神圣化、人格化的倾向，体现出对于自然事物的敬畏。

作为介于天地之间的存在，自然事物与人之间的关系，对比天地而言更为密切。山川、河流、树木、花鸟、鱼虫等自然事物，既构成人类生活的外部环境，又是人类生存、发展之必不可少的基础条件。形而下的自然事物与人类生活之间的紧密关系，使得自然事物成为连接天地与人，以及密切道人关系的中介。

二　万物之"德"的本然性

在《老子》中，"德"可作"得"解，对"道"的获得便是"德"。在此种层面上，自然事物从"道"那里获得生存、发展的权利及潜能，便是有德的体现。《老子》中，由于万物之德是"道"自然赋予的，故而万物按照"道"的法则与原理生长、发展、成其自身便是"德"。

老子对于"万物之德"持有一种先行肯定。在《老子》中，万物生存、发展的过程，既不断遵守、获得"道"，又时刻显现"道"。与对待人的态度不同，《老子》认为有"不德"之人，却并非认为有"不德"之物。

事实上，不独万物，《老子》亦认为道、天地及物之德是先在的。何以《老子》将道、天地，以及天地间除人之外的事物认作"有德"，原因在于《老子》认为在"道"赋予万物本质属性后，各者在生长、发展的过程中，没有背离，而是一直遵循、顺从"道"。自然事物自始至终合于道，体现在其生长、发展的各个环节之中。

其一，事物生的过程。自然事物生的过程，是获得"道"的过程。老子明确指出，事物最初来源于"道"。"无名天地之始，有名万物之母"（今本《老子》第一章）之"有"字，高亨将其解释为"天地"。关于此章中的"有""无"二字，学界认为"有"和"无"都是"道"的属性，是道的两面。高氏认为，"有"指"天地"的依据在于道无形体，而天地有形体，认为天地作为最早有形体的自然物，是"有"。相比之下，认为"有"是"道"的依据，则在于道虽是"无"，但"无"中有"有"，且无中生有。"其中有象，其中有物"（今本《老子》第二十一章），体现出"道"之"有"的属性。

无论将自然事物之母定为"天地"抑或"道"，均与《老子》本义无疏离。《老子》的"道"作为万物之"宗"，作为万物之"奥"，本是生发万物之源。"道"既生天地，天地之间的自然事物亦是道所生。在《老子》中，万物中的"人"，虽统一被视为"道"之"子"，却不同于自然事物。在现实社会中，人人皆有一直接的生养者，即"人之母"。对比人之生的过程，自然事物扎根于地，其生长发育所需的空气、水、阳光等皆为天地所赐予，故而其"母"当为实体之天地。由于宇宙万物均为道所生，故而自然事物与人之"母"皆是道。

《老子》对"道"之生生过程做过描述。"道生一，一生二，二生三，三生万物。万物附阴抱阳，冲气以为和。"（今本《老子》第四十二章）高亨认为，道所生之"一"即是道本身，一所生之二是天地，天地生"三气"，分别是阴气、阳气，以及阴阳二气和合而生的"和气"，最终三气生万物。① 王弼针对"道"之生生过程指出，"故万物之生，吾知其主，虽有万形，冲气一焉"②，认为万物统为"道"所生。

为"道"所生的自然事物，在具有生命的瞬间，便被赋予了"道"之特性。"昔者得一者，天得一以清，地得一以宁，神得一以灵，谷得一以盈，万物得一以生。"（今本《老子》第三十九章）此句中的"一"是"道"的别名，在《老子》中多次被用作代指"道"。"得一"即是得道，万物生的过程不仅是道生万物的过程，亦是万物得道的过程。万物由道而生，依道而生，道生万物，万物得道。道为万物之母，作为道之子的万

---

① 高亨：《老子注译》，清华大学出版社 2010 年版，第 74 页。

② 王弼：《老子道德经注校释》，楼宇烈校释，中华书局 2008 年版，第 117 页。

物，成为形上之道在自然界的显现。知子莫若母，母子相承，万物自生时起，便已得道。

其二，万物发展的过程。道生万物之后，万物的生长发育以"德"为庇护。"道生之，德蓄之"（今本《老子》第五十一章）表明在万物生发过程中，德是居于道之后的，负责庇护万物生存、发展的第二主导。由于万物由道生、由德蓄，故而万物"莫不尊道而贵德"（今本《老子》第五十一章）。与万物生的过程中所获得的"道"不同，"德"所赋予万物者是成其自身的属性，即赋予万物各自之德。王弼在注解"道生德蓄"时有言："道者，物之所由者；德者，物之所得者。"① 万物所得者，正是各自之本质、属性。德蓄养万物的过程，即是使万物获得自身属性、本质的过程。

万物发展的过程除了依靠"德"提供区别于他物的本质属性外，亦需获得外部支持，此即"物形之，势成之"（今本《老子》第五十一章）。"道""德"二者所赋予万物的是生命及其属性；万物显现自身之实存性，则需要具有物之形体。事物具有生命、本质以及形体后，便意味着"成"，即从那个可能性变成为具有生命、本质以及形体的实体之"物"。

对比事物形成、发展过程中的"形之"，《老子》更为看重"生"与"蓄"的过程。《老子》中存有"德"蓄养万物的过程，"故道生之，德畜之：长之、育之、亭之、毒之、养之、覆之"（今本《老子》第五十一章）。事物由道而生之后，德促使万物生长、发育、定形、成质、成熟并最终"归复"于道。今本王弼版《老子》中的"覆之"之"覆"，在帛书《老子》乙本中被标写为"复"。除了"覆""复"的差别外，章节中的其他内容基本一致。结合《老子》文义，帛书本《老子》的"复"字，应做"归复"解。《老子》中存有万物归复于道的观念，自然事物在经历系列的变化后，其生命最后经历的不是"消亡""覆灭"的过程，而是"复归于道"的新生过程。可见，《老子》"德蓄万物"的过程，几乎涵盖了事物由出生到成熟以至于"消散"并"重生"的全过程。

---

① 王弼：《老子道德经注校释》，楼宇烈校释，中华书局 2008 年版，第 137 页。

覆盖万物的"德"，在长、育、亭、毒、养、覆万物的过程中，遵循的原则是合道。由于德一方面本蕴于道之中，为道所生，乃道之产物；另一方面，初始意义上的"德"在很大程度上与"道"重合，是道之属性的全面显现。故而"德"蓄养万物的过程，正是道生万物的续接。在道生万物之后，"德"成为指导万物生存、发展的主要力量。德遵道而畜养万物，体现为任事物之自然。"夫莫之命而常自然"（今本《老子》第五十一章），表明德在蓄养万物时，并非横加干涉、命令，而是始终顺乎事物之自然性。"为而不恃""长而不宰"（今本《老子》第十章），德虽然促进事物的生长、发育，却不自恃，不为主宰。可见，蓄养万物之"德"，正是继承"道"之"无为"属性的"无为"之德。

其三，万物复归的过程。事物由道而生，并在德的促使下生长、发育、成熟之后，便开始了"归复"的过程。万物向"道"归复的过程，被老子称为"归根""复命"。在《老子》中，万物"复归"道的环节，相当于事物的"重生"阶段。惯常思维下，事物成熟之后，所要经历的便是衰老以至于消亡的阶段。在《老子》中，合于道者不会"消亡"，即其所谓的"死而不亡者"。事物形体的衰老、消散，并非意味着事物的消亡；在事物衰弱、消散的表象背后，发生着"复归"的环节。《老子》之所以认为事物发展的最后环节是"归根""复命"，原因在于老子之"道"运行规律的"周行不殆"和循环往复。

《老子》对于"道"的运行规律做过论述。"反者，道之动"（今本《老子》第四十章）。"反"字历来有二解。其一，"反"即"反向""反面"。循此义，道是不断向相反的方向运行的。道的运行之所以有此规律，在于《老子》存有辩证思维。在《老子》中，任何事物都有两面性，单个方面不足以构成事物。事物发展的过程存有正、反两面的先后，无有正反两面的有无。《老子》强调"物极必反"，主张事物的发展、运动一旦到达"极"，则必"反"。其二，"反"即"返"，意指"返回""复返"。"反"通"返"，先秦时期的诸多著作中均将"反"作"返"。老子后学列子的《列子·汤问》曰："寒暑易节，始一反焉"，认为四季是循环往复的。《国语·齐语》有言："桓公自莒反于齐"，此"反"意指

"返回"。可见，将"反者，道之动"之"反"作"反面""返回"解，均符合《老子》文意。但结合万物的"归根""复命"，"反"字作"返回"应更贴合文义。

《老子》之"道"的运行是循环往复、不断向起始点归复的过程。与道的运行规律一致，万物"归根""复命"的过程，亦体现出万物生灭不已的循环规律，其定然是合于"道"的。对于万物向道的归复，《老子》有言："万物并作，吾以观复。夫物芸芸，各复归其根。归根曰静，静曰复命。复命曰常。"（今本《老子》第十六章）"万物并作"，指事物生长、发展之动态过程；"吾以观复"，意指观万物向道返回的过程；万物向道的返回是"归根"的过程，即"各返其所始"[1]；万物均源于道、始自道，返本复初后的万物再得其性命，即所谓"复命"；万物再得其性命的过程，即是"新生"之始；"复命曰常"意指万物"得性命之常"。可见，万物"复归"的过程，表明"道"之"母"的地位与功用，体现出万物生生不息的生发规律。

依上文所述，事物出生之时以"道"为母；出生之后以"德"为依附；衰败之际，又开始向"道"复归。可见，事物生长、发展的过程，时刻贯穿着"道""德"二者，遵循"道—德—道"的模式。由于自然事物在出生、发展的各个环节都遵循"道"，而在《老子》中"得道"便是"德"，故而自然事物自始至终均有"德"。

三　自然事物的"不争"之德

在《老子》中，多见对自然事物之德的描写。与道之德及天地之德存有区别，《老子》中的自然事物之德，依事物各自属性的不同而不同。道之德与天地之德是整体而全面的，自然事物之德则相对具体，且呈现出多样化的特点。

今本王弼版《老子》中，首先论述自然事物中的"水"之德。"上善若水，水善利万物而不争，处众人之所恶，故几于道"（今本《老子》第

---

[1]　王弼：《老子道德经注校释》，楼宇烈校释，中华书局 2008 年版，第 35 页。

八章)。在老子看来，自然事物中，没有比"水"更有"德"者。水作为"道"之譬喻，是自然事物中最合于道者，是最有德者。水之德即"不争"之德，其处在令人厌恶的低洼之地，却普济万物、滋润万物，是任何自然事物之生存、发展之不可或缺者。水有功劳、遍施恩泽，却不居功自傲、不争功夺利，而是甘心默默奉献，不图回报。在老子看来，自然界中最与形上之大道接近者只有"水"。水之源源不断、滋润万物的特性与道之"周行不殆"、存于万物的特性相一致。二者所不同之处在于水有形质、可感知，是"有"；而"道"无形质，不可得见，是"无"。水与道在本质上的不同，使得水成不了道，而只能"几于道"。

除论述水之德外，《老子》中亦论述"谿""谷"之德。《老子》对于"谿""谷"之德的论述并不像"水"那般明确直接，而是借"谿""谷"之德性喻人德。"知其雄，守其雌，为天下谿……知其荣，守其辱，为天下谷。"（今本《老子》第二十八章）"知雄守雌""知荣守辱"的主体是人，《老子》认为人应该向"谿""谷"般为人处事。虽然此处并没有明确说明"谿""谷"之德为何，但亦说明老子对"谿""谷"二者持肯定态度，认为人们应该仿效之。

"谿"是形声字，奚为声，谷为形，本义是指山谷中没有汇入江河的小溪。谿可作"溪"解，义为山谷间的小河沟、溪流。由于"谿"是指小范围的水，所以《老子》的"上善若水"之"水"是指一般意义上的水。谿中之水具有一般水的德性，而因其所处位置被规定，即其处于山沟、山谷之低洼处，故"谿"之德体现为处下、谦卑等。老子的"为天下谿"，正在于希冀人们具备处下、谦卑之德，成为处下、谦让之人。

在《老子》中，"谿"与"谷"出自同一章节。谷即山谷。对于谷之特性，《老子》有言，"旷兮其若谷"，表明"谷"之特征是"空阔"。老子认为有道之人当"为天下谷"，正在于希冀人们体认"谷"之开阔、空虚的本质，期望人们"虚怀若谷"，具备如"谷"般的宽广心胸。

关于对"谿"与"谷"的理解，一般认为有水之低洼处为"谿"，无水之低洼、空旷处为"谷"。即便不以有水与否作为区别，"谷"亦比"谿"的空间大得多。通过比较可见，"谿"与"谷"指的是两种不同的自然事物。也有学者认为"谷"与"豁"属同一物,均指称地势低洼之处。楼宇烈有言:"'豁'与'谷'同义。'豁'地势低洼,水自然趋归之,所以说:'豁不求物,而物自归之。'"①由于山谷地势低洼且中空,亦自不召物而物归之,故而二者为同一事物。在此,抛开对豁、谷是否同属一物的考证,可统说《老子》中的"谷"之德与"豁"之德多有相似,即均具谦卑、处下、开阔、豁达之德。

对"谷""豁"之德的体认及理解,亦可通过《老子》对于"江海"之德的描述得知。《老子》对于江海之德的描述,可视为对豁、谷之德的综合。"江海所以能为百谷王者,以其善下之,故能为百谷王。"(今本《老子》第六十六章)此句明确体现出江海的"善下"之德。因江海处在最低处,比天下任何的山谷、山沟都要空旷,故而能够容纳百川,成为"百谷之王"。可见,江海的"善下"之德,亦体现为处下、谦卑、开阔和包容等特性。

此外,除通过论述水、豁、谷、江海,显现自然事物谦卑、不居功、豁达宽阔之德外,《老子》中的水、草木等亦被用以解释、呈现"柔弱"之德。进而言之,《老子》中的"水""草木"等具有柔弱之德。"天下莫柔弱于水,而攻坚强者莫之能胜。"(今本《老子》第七十八章)此句言水是天下最柔弱的存在,因水之柔弱,故而能攻克世上最为坚强者。柔能克刚,所标明的正是"柔弱"之德的必要性及重要作用。"万物草木之生也柔弱,其死也枯槁。"(今本《老子》第七十六章)通过对草木之生、死形态的描述,彰显"柔弱"之德的重要性。

概言之,《老子》中的水、豁、谷、江海、草木等自然事物所具有的谦卑、处下、不居功、奉献、豁达的德性,可统归为"不争之德"。认为"不争之德"是自然事物共有之德,符合《老子》意旨。《老子》虽不曾明说自然事物"不争之德"的概念及内涵,但其对人之"不争之德"有过论述。"善为士者不武,善战者不怒,善胜敌者不与,善用人者为之下,是为不争之德。"(今本《老子》第六十八章)"不武",即不强硬;

---

① 王弼:《老子道德经注校释》,楼宇烈校释,中华书局 2008 年版,第 75 页。

"不怒"，因其"后而不先"；"不与"，即"不争"；"为下"，即处下。此四者皆属"不争之德"。由于人所具有的应然之德，无一例外地为自然事物所包含，故而自然事物之德亦是"不争之德"。

四　自然事物之德与天地之德的关系

不同于"天地"之德的统一性，自然事物的多样性及实存性使得诸物之德并非同一，而是呈现多样化的特点。借着自然事物的特性，在《老子》中，自然事物之德是道之德以及天地之德的显现。何以道之德及天地之德在形下领域显示为多样化的德，原因在于终极处的"德"在"畜养"万物的过程中，赋予万物不同的本质及属性，使得万物有万德，事物之德不一焉。自然事物之德承接天地之德，且对比承载并显示道的天地之德，物之德对道的显现更加直接、清晰，且更具现实意义。

在《老子》中，自然事物之德与人之德基本一致。自然事物具有"不争之德"，人之德亦是"不争"。《老子》中存在着大量以物之德譬喻人之德的内容，其目的正在于通过彰显"物德"，总结并阐发"人德"。

由道及天地、由天地及物，《老子》之德呈现出"形上—形下"的连贯性。道之德是纯粹形上的；天地作为可感知的实体，其所具有的德性可被人们感知，但由于其仍具一定的形上特性，故而人们对于天地之德的体认并非易事；除作为自然物的天地及人之外，物之德形下化，其多样且具备现实指向，能为现实人们所广泛得见。由道及天地、由天地及物，《老子》之"德"逐渐具备伦理性，即逐渐具备"道德""美德"等属性。《老子》的"道"以及最初由道而生之"德"，均是形上的概念，不具伦理内涵。"天地"之德作为对"道"之德的继承，其既守旧又具新意。所守旧者在于"天地"之德在相当程度上仍旧是"天道""道"的代名词；而创新处则在于"天地"被人格化、道德化，开始具有伦理性。及至物的层面，自然事物所具多样之德，无一例外地可概括为"道德""美德"等。由于《老子》中的物之德与人之德保持高度的一致性，故而自然事物被人格化，自然事物之德亦具备伦理性。

《老子》中的道、天、地、人的关系及特性是逐级演变的，表现为形上—形下，精神—实体。与此相应，道之德—天地之德—物之德—人之德，亦体现出形上—形下，哲学—伦理逐渐演变的特征。通过《老子》中关于物的描述，可得见"天地"是形上向形下、哲学向伦理的过渡，而"物"的层面则是形上与形下、哲学与伦理的决然割裂阶段。下文涉及的"人之德"即是完全将其放置在现实伦理层面。

第四节 "人"之德

同于"道"论，《老子》"德"论的落脚点亦是社会人事。也正是在这个层面上，对比天地以及物之德，《老子》中最为关注的、着笔墨最多的是人世之德。甚或说，《老子》理论的最终目的是关涉社会人事，其道之德、天之德以及物之德仅是作为人世之德的基础，是其论述人世之德的垫笔。

一 《老子》中的"人"

"人"在《老子》中多次出现。今本王弼版《老子》第十二、二十、二十三、二十五、二十七、三十、三十一、三十三、三十六、四十二、五十、五十八、五十九、六十、六十一、六十二、六十八、七十六、七十七、七十九、八十一章均出现"人"字。"人"字在《老子》中一般有两种含义。

其一，群体之代称，即一般意义上的"人"。如"五色令人目盲，五音令人耳聋"（今本《老子》第十二章）、"天地尚不能长久，何况于人乎"（今本《老子》第二十三章）以及"人法地"（今本《老子》第二十五章）中的"人"是指"所有人"，即一般意义之人。

其二，人被用来指称"民"，即指民众、百姓。如"以道佐人主者"（今本《老子》第三十章），"人主"指"王"，指人世的最高统治者。由于古文献中"王""民"对称，"人主"即民之主，故而此处的"人"指"民"。"治人事天莫若啬"（今本《老子》第五十九章），统治者所治理的对象是民众、百姓，故而此处"人"指"民"。不同版本的《老子》，常将"人"与"民"混用。如今本《老子》"民至老死不相往来"句，在帛书甲、乙本以及傅奕本中未有变化，而在王弼古本《老子》中却是"人至老死不相往来"。"人"与"民"同义，二者均不影响文义。

除以"人"代"民"外，在《老子》中，"民"多次出现，包含民众、百姓之意的"众人""百姓"亦曾出现。今本王弼《老子》第三、十、十九、五十七、五十八、六十四、六十五、六十六、七十二、七十四、七十五、八十章均出现"民"字。与"民"意义相同的"百姓"存于今本王弼《老子》第五、十七、四十九章之中，而"众人"则在第八、二十、六十四章出现。

《老子》中除广义上的"人"，以及以"民众""百姓"代指的群体之人外，亦出现依靠职业、年龄等划分的"具体人"。如"婴儿"（今本《老子》第十章）、"赤子"（今本《老子》第五十五章）、"士"（今本《老子》第十五、四十一章）、"王"（今本《老子》第十六、七十八章）、"臣"（今本《老子》第十八章）、"君子"（今本《老子》第三十一章）、"侯王"（今本《老子》第三十二、三十七、三十九章）等。

《老子》中广泛存在的"人"，均与"德"有关联。抑或说，在形下人世领域中，"德"之主体是"人"，且只能是"人"。将"德"落实到"人"处是《老子》"德"论的核心归旨，只有以"人"作为"德"之主体，《老子》"德"论才有存在的必要性及现实性。依靠人之德，而非其他，是《老子》解决人世问题的关键法门。

二 现实人世并非"人皆有德"

若人世社会的"众人"皆是有德的，那么《老子》"德"论的现实必要性便不复存在。换言之，正是因为人世社会并非"人人有德"，《老子》对于人世道德的呼吁及提倡才有其现实意义。

结合《老子》成书的背景及文本内容，"人皆有德"不是《老子》立论的前提，而是《老子》所希冀实现的理论及现实目标。《老子》中对于有德之人的形态、样貌，以及对有德之社会形态、性质的描述，所体现的不是人世社会的真实面貌，仅是一种理想或曰理论预设。"德"并非为每个人所具备,《老子》中既有对"德"与"不德"的概念区分,又有对"有德""无德"之人的区分。

"企者不立,跨者不行,自见者不明,自是者不彰,自伐者无功,自矜者不长"(今本《老子》第二十四章)中的"企者"指好高骛远之人;"跨者"指不切实际的欲速而不达之人;"自见者"指"自以为是"之人;"自是者"指自我膨胀之人;"自矜者"即自骄自满之人。诸如此类者,在《老子》中统属于"不德"之人。有德之人"尊道贵德",不遵循事物发展之规律、傲慢自大、好高骛远、不切实际者,均不是有德之人。与不德之人的状态及行为相比,有德之人的生存样态表现为"不企""不跨""不自见""不自是""不自矜"。

"知其雄,守其雌,为天下谿。……知其荣,守其辱,为天下谷。"(今本《老子》第二十八章)由于在《老子》中"谿""谷"是自然中有德之物的代表,而能"知"、能"守"者是为人。故而,《老子》认为,知道自身强大却甘愿柔弱的"知雄守雌之人",以及知道自身的荣耀,却不居功自傲,而是甘愿卑微的"知荣守辱"之人,是"有德"者。相比之下,那些自恃强者、不愿居于人下者,是"不德"之人。

"知人者智,自知者明。胜人者有力,自胜者强。知足者富、强行者有力。不失其所者久。死而不亡者寿。"(今本《老子》第三十三章)在老子看来,善于识别、辨别他人者,是智慧之人;能够认识自己的人,是通达明理之人;战胜他人者,是有力量之人;自我超越的人,是坚韧不屈者;知足之人,是精神富有者;努力做事之人,是有志气者;不忘初心、坚持不懈者,是能够长久成功之人;人格高尚、受人赞颂之人,是真正的长寿者。上述诸者在《老子》中,皆属"有德"之人。各者之德正表现为"知人""自知""知足""自胜"等。相比之下,不具备上述德性的"不知人""不自知""不知足""不自胜"之人,则是无德者。

"名与身孰亲?身与货孰多?得与亡孰病?甚爱必大费;多藏必厚亡。知足不辱,知止不殆,可以长久"(今本《老子》第四十四章)。老子连续诘问世间之人的原因,在于世间多有"甚爱""多藏"的"不知足""不知止"之人。诘问的目的，则在于告诫人们"知足""知止"之德的重要性。

《老子》中对于"德"与"不德"、有德之人、无德之人作区分的章节颇多，在此不一一列举。总之，在《老子》中，人之德与天地、自然事物之德，既有相同又有不同之处。相同之处在于，人之德与天地、自然事物之德一致，均可追溯到"道"之德。不同之处则体现为，天地及自然事物生长、发展的过程是无意识地"显德"的过程。相比之下，人之德则必须是主动、自发、自觉的。抑或说，人只有在"有心"的前提下，才能与"德"照面；只有在"有心"的行动下，才能使"德"归于自身。或许，正是因为人之德与"心"密切联系，加之人世社会的复杂，才使得现世社会难以"人人有德"。

三 "人"之德的伦理性

与道之德的形上属性、天地之德兼具形上和伦理的双重属性，以及物之德的伦理性不同，人之德是纯粹伦理的。如前文所述，人之外的、处于形下领域的"物德"，其所具有的伦理之德，一方面是依靠道、天地赋予而得；另一方面则依靠现实之人的体悟、实践等主动获得。换言之，形下的物之德虽然已经伦理化，具备道德、美德之意，但其伦理性是人赋予的。在《老子》中，物之德多被用于比附人之德。物之德的伦理性是从属的、而非自生的，具备纯粹伦理之德的只能是有心之人。《老子》中的物之德、天地之德的伦理性是理论赋予的，目的在于为人之德提供合理依据。

《老子》中人之德的纯粹伦理性，体现为其无一例外地可解释为"美德""道德"。老子在论述"物"之德时，涉及的是事物生长、发展过程中自然展现的特性，此在老子看来既是事物之德性又是事物之自然性。老子肯定与人世生活密切相关的"物德"，并以其作为人德的理想参照。《老子》中呈现的事物处下、谦卑、不居功、甘于奉献等德性，皆在于为人之德提供摹本和参照。如"上善"的"水"之德，表面看来，老子所在意者是作为自然事物的"水"。然而，通观"上善若水"章，老子在论述完水之德后，话锋一转，将理论落脚于人之德层面。在论述完"几于道"的自然之"水"后，老子有言："居善地，心善渊，与善仁，言善信，正善治，事善能，动善时。"（今本《老子》第八章）"居"即"处所"；"心"即"心胸"；"与"即"施与"；"言"即"言语"；"正"即"政"；"事"即"行事"；"动"即"动作""行动"，各者皆为人所应具有。可见，自然之水表现出的"谦卑""奉献""不居功"等道德、美德，皆被视为人应有之"德"。此外，《老子》之所以呈现豀、谷、山川、草木之德，亦是将其作为"人"之德的参照，各者皆可作"美德""道德"解。

人之德的纯粹伦理性，体现为人世社会的"德"以多样化的"德目"形式而存在。通过对诸种"德目"的体认与实践，人得以成为有德者。

四 以"圣人"为代表的"人"之德

"圣人"是《老子》中极为重要的概念。"圣人"亦是"人"，所不同于常人之处在于"圣人"是道德的楷模，是道德的化身。在《老子》中，"圣人"被多次提及。今本王弼《老子》第二、三、五、七、十二、二十二、二十六、二十八、二十九、四十七、四十九、五十七、六十三、六十四、六十六、七十、七十一、七十二、七十七、七十八、七十九、八十一章均涉及"圣人"。

"圣人"之"圣"字，首要具备的是道德义。以人世道德楷模作为"人"之德的代表，是《老子》"德"论的重要特点。在《老子》中，"圣人"作为理想的有德之人，其身上涵盖了人应具备的一切德。换言之，知晓"圣人"之德为何，便知晓《老子》的人之德为何。以"圣人"为代表的人之德，既不是个体之德，也不是某些特定的群体之德，而是理想的全体人之德。

《老子》对作为道德楷模之"圣人"的形态、动作等作过详细描述。"古之善为士者，微妙玄通，深不可识。夫唯不可识，故强之为容：豫焉若冬涉川，犹兮若畏四邻。俨兮其若容，涣兮若冰之将释，敦兮其若朴，旷兮其若谷，混兮其若浊。"（今本《老子》第十五章）此句中"善为士者",指的是"得道者"。有学者指出:"善为士者,指得道的人。"① 在《老子》中,除对"道"之形态、名称等做过自称是"强之为名"的论述外,老子另一"强为"的对象是"善为士者"。《老子》之所以说对"善为士者"是"强之为容",原因在于"善为士者"如"道"般"深不可识""微妙玄通"。"道"与"善为士者"的区别仅在于道是形上的本体,而"善为士者"属得道之人。"得道"便是"德",得道的"善为士者"正是有德之人。由于《老子》中将有德之人称为"圣人","善为士者"亦是圣人。

老子对于"善为士者"外部形态的描述,目的在于揭示其精神状态。"豫焉若冬涉川,犹兮若畏四邻。俨兮其若容,涣兮若冰之将释,敦兮其若朴,旷兮其若谷,混兮其若浊。"(今本《老子》第十五章)"豫",迟疑不决的样子,意为圣人表面的迟疑不决,源自于内心的谨慎小心;"犹"同"豫";"俨",意为圣人恭敬、庄严的样子;恭敬庄严的姿态,源于内心的谦虚、卑逊;"涣",散、解也,意指圣人顺应时势,不固守旧见;"敦",淳厚天真之意,意指圣人德性敦厚;"旷",空,表明圣人心胸开阔、豁达;"混",杂糅、混同,指圣人具有包容之心。在《老子》中,得道的"圣人"是具备豫、犹、俨、涣、敦、旷、混之德性的谨慎、谦虚、顺时、淳朴、豁达、包容之人。

除通过描述圣人的样态而呈现圣人之德外,《老子》中对圣人之德亦有直接论述。"圣人抱一为天下式。不自见故明,不自是故彰,不自伐故有功,不自矜故长。"(今本《老子》第二十二章)。圣人之所以德高望重而为人所赞颂,正在于其具有"不自见""不自是""不自伐""不自矜"之德。"是以圣人,去甚,去奢,去泰"(今本《老子》第二十九章),则直接指出圣人不过分、不奢侈的"知足""知止"之德。《老子》论述"圣人之德"的目的,并非仅在于向人们标榜圣人之德的高尚、可贵,而在于使人们心生向往,以圣人为榜样,不断扩充、完善自身之德性。紧接"圣人抱一为天下式"章,《老子》在后续章节中直接将"圣人"的"不自见"

---

① 张松辉:《老子译注与解析》,岳麓书社2008年版,第52页。

"不自是""不自伐""不自矜"之德安放在一般意义上的"人"之处，主张人们应该具有诸种德性。"企者不立，跨者不行，自见者不明，自恃者不彰，自伐者无功，自矜者不长"（今本《老子》第二十四章）。通过对"企""跨""自见""自是""自伐""自矜"的批判，再次肯定了"不自见""不自是""不自伐""不自矜"诸德，与前面的"圣人之德"互为对应。同样，"五色令人目盲……是以圣人为腹不为目。故去彼求此"（今本《老子》第十二章）与"圣人去甚、去奢，去泰"相对应。通过"圣人为腹不为目"的行为，告知人们过度追求口舌之快、欲求速达有害于身心的事实，认为人们应该像圣人般知足、知止。

在《老子》中，圣人之德之于人们道德养成的价值，除通过上下文的对称得知外，亦体现于单个章节中。"是以圣人后其身而身先，外其身而身存"（今本《老子》第七章），通过呈现圣人"后其身""外其身"的无私之德，提醒人们"无私"之德的重要性；"知我者希，则我者贵，是以圣人被褐怀玉"（今本《老子》第七十章），通过圣人的"被褐怀玉"告知人们含蓄、谦卑之德的重要性；"圣人不积，既以为人己愈有，既以与人己愈多"（今本《老子》第八十一章），通过呈现圣人对待财货的态度，意在促使人们获得"轻财""轻利"之观念及德性。

五　人之德与物之德的关系

"物"作为人生活的外部环境及必要条件，其所具之"德"在相当程度上与"人"是一致的。若将水、谿、谷、江海、草木等自然事物滋润万物、地处下势、无所不包的自然属性放置于人，便体现为人之"甘愿奉献""谦卑""不居功""心胸宽广"等美德。

《老子》中的"物德""人德"之所以具有内在的统一性，在于物之德一方面是人体会、认识道以及天地之德的中介；另一方面则是贯通道、天地、人三者之德的物质中介。通过天地，形上之道在一定程度上向人们显现自身之德；通过"物"，形上之道可以直接显现自身的德性。比起神秘的、不可尽知的道、天地，"物"与"人"同处"天地间"，同为可见可感的现实之物。人有生死，物亦有成灭。通过观物之生长、发展过程，人可得知自身生命活动的规律；通过观物之生长习性、生活环境，人可设计并规划自身生活。万物承载并彰显道，是人们认识并体悟"道"的最直接的中介。通过"物"的中介所显现的道之德，是具体化的、伦理化的，其更加契合人世社会的当下性与具体性。

作为与人世生活密切相关的、向人世呈现"道"及"天地"之"德"的中介，物之德与人之德的相关性是理论之必然。然而，二者之间并非完全同一，物与人之间的区别，使得"物德"与"人德"之间必然存有分殊之处。对比物之德，人之德更加具体、复杂、多样。《老子》对于人之德的论述远远多于"物德"。除了对一般意义上的人德进行论述外，《老子》亦针对不同身份、年龄的人所具之德进行论述，如统治者之德、婴儿和赤子之德等。

通观《老子》，其所呈现的自然事物包括"水""谿""谷""江海""山川""草木"等。虽通过呈现具体的自然事物已然涵盖较广的自然领域，但从诸种自然事物身上，可以得见的人之德无外乎"谦卑""奉献""豁达"诸者。上文所述的人之"知足""自知""知止"等德性，"物德"中并未体现。也就是说，对比于"物德"，人之德更加具体与多样。《老子》中人之德的具体化及多样化，是《老子》的理论需要。作为一本用以解决社会人世问题的论著，《老子》既然主要关注的是社会人世，其便需要充分关注人之德。

第五节　"人主"之德

"人主"是诸如"王""天子"之统治者的统称。在众人之中，最具权威、权力，与政治生活关联最密切的是统治者。《老子》对于"人主"之德颇为重视，在关注一般意义上的"人德"之外，老子首要关注的，即是作为统治者的"人主"之德。

将"人主"作为"人"之代表及核心的不独《老子》。先秦时期的《吕览》，对"王""天子"之"人主"存在的必要性做过详细论述："自上世以来，天下亡国多矣，而君道不废者，天下之利也。四方之无君者，其民少者使长，长者畏壮；有力者贤，暴傲者尊；日夜相残，无时休息，以尽其类，圣人深见此患也，故为天下长虑，莫如置天子也；为一国长虑，莫如置君也。"① 设天子以遵天行事，立君主以治国兴邦，邦无主不立，国无君不兴。"人主"是人世之代表，国事之核心的理念，贯穿于三代及之前、之后的政治统治中。

不同于以"道""天地""物"为主体，《老子》之"德"以"人"为主体，此意味着"人"能够运用"德"生存发展、行事为人。由于在人之中，最具资格、权威以及最有责任、义务改善社会生活的人是"人主"，故而"人主"是人之代表，亦是人之"德"的代表。事实上，社会发展的规律早已表明，万物各有其主。《老子》中"道"是宇宙自然的主宰，天地是万物的主宰，人的"主宰"即是"人主"。人世层面的"人主"之"德"是《老子》最为关注的。

一 《老子》中的"人主"

"人主"即指人之主、国之主，《史记·高祖本纪》："今高祖虽子，人主也。"老子以"人主"代称"统治者"。"人主"并非《老子》首创。早在部落时期，部落首领便对部落中的人具有生杀、指挥职权。至殷、周时期，人主的称号主要是"帝""王""天子"，而尤以"王"最为广泛。吕思勉认为，文明时期的"王"是由部落首领演化而来的。"古者，一部族之主谓之君，为若干部族之共主者谓之王。"② "王"的称号盛行于整个先秦时期。《尚书》《诗经》中均将殷周时期的最高统治者称为"王"，如商王、文王、武王、成王等。

《老子》中的"人主"即是"王"。今本王弼《老子》第十六、二十五、七十八章涉及对"王"的论述。"道大、天大、地大、王亦大，域中有四大，而王居其一焉。"（今本《老子》第二十五章）"王"与道、天、地三者并为宇宙中的"四大"。针对王之"大"，王弼注解道"处人主之

① 吕思勉：《先秦史》，上海古籍出版社 2005 年版，第 346 页。
② 吕思勉：《三皇五帝考·古史辨》七，上海古籍出版社 1982 年版，第 343 页。

大也",认为"王"之所以能够作为"域中四大",原因在于"王"是"人主"。"受国之不祥,是谓天下王"(今本《老子》第七十八章),则指出了"王"之使命、职责。"知常容,容乃公,公乃王,王乃天"(今本《老子》第十六章),既指明"王"之至高位置,又指明王之德。"公"字作公平、公正解。"公乃王,王乃天",被王弼注解为"荡然公平,则乃至于无所不周普也。无所不周普,则乃至于同乎天也"①,认为公平、周普之"王"可齐于天。

除将"人主"称为"王",《老子》用以代指"王"的亦有"万乘之主"。"奈何万乘之主而以身轻天下"(今本《老子》第二十六章)。"乘",即"车""马"。《左传·隐公元年》曰:"善甲兵飞,具卒乘"之"乘",即指"车""战车";《左传·僖公二年》中"晋荀息请以屈产之乘与垂棘之璧,假道于虞以伐虢"之"乘"即指"马匹"。借着"乘"所具有的"马""车"之本义,"万乘之主"是指座驾万匹车、马之人。于《老子》之外,《韩非子》《庄子》中亦有"万乘之主"的说法。《韩非子·人主五十二》有言:"万乘之主、千乘之君,见夫子未尝不分庭抗礼。"《韩非子》《庄子》中均将"乘"之数量多寡作为区分人之身份地位的标准,"万乘"者是主,"千乘"者之地位次于主。关于"万乘之主、千乘之君",清代郭庆藩认为:"万乘为天子,千乘为诸侯。"②依此可见,《老子》中"以身轻天下"的"万乘之主"正是"王"。除以"乘"之数量衡量人之权力、地位外,"乘"亦被用作衡量国之大小。《荀子·子道第二十九》曰:"昔万乘之国有争臣四人,则封疆不削;千乘之国有争臣三人,则社稷不危;百乘之家有争臣二人,则宗庙不毁。""万乘"代表"大国","千乘"代指"小国","百乘"则被用以代指"家族"。基于此,《老子》的"万乘之主"不仅是"王",而且是"大国之王"。

《老子》中亦用"天子"指称作为"人主"的"王"。"天子"的说

---

① 王弼:《老子道德经注校释》,楼宇烈校释,中华书局2008年版,第36页。
② 郭庆藩:《庄子集释》,王孝渔点校,中华书局2013年版,第908页。

法始于周代。借着"天"之至高地位及权威，为着统治的需要，周代的最高统治者又称"天子"。天子即"天之子"，以天之子自居的"王"，其政治地位及身份得以坐实并合法化。《老子》有言："故立天子，置三公，虽有拱璧以先驷马，不如坐进此道"（今本《老子》第六十二章），"天子""三公"的说法，均在西周时期便已存在。西周之"天子"是"天"在人世的代表，"三公"是西周时期除天子之外三位职位最高的官员。关于"立天子，置三公"，张松辉认为是"天子之立""三公之置"，其中的"立""置"类似今日的"就职"之意。由此，人世领域首"立"之"天子"，亦正是人世的最高统治者，即"王"。

除以"王""万乘之主""天子"代称"人主"外，《老子》中亦将"圣人"作为理想的统治者。由于老子倡导"德"，而"圣人"是人世道德的楷模，故而"圣人"是实行"德政"的最佳人选。"圣人"有两层含义，其一是具备最高道德者。《孟子》曰："圣人，人伦之至也"，指明圣人处于道德的最高处，是最具德性之人。其二，统治者的别称。《韩非子·五蠹》中"然则今有美尧舜、汤武之道于当今之世者，必为新圣笑矣"之"圣"便指"统治者"。《老子》中存有大量"圣人之治"的言论，如今本王弼《老子》第三章的"圣人之治"；第二十二章的"圣人抱一为天下式"；第二十八章的"圣人用之，则为官长"等。老子的"圣人"兼具道德高尚之人与统治者的双重身份，因圣人是有德之人，故而亦是理想的统治者。此外，《老子》中常将"圣人"与"民""百姓"对应使用，此亦表明"圣人"的"人主"身份。

二 "人主"之德的工具性

人世之德的主体是"人"，人之代表是"人主"。老子关注人世之德，尤为关注能够主导天下苍生命运的"人主"之德。在《老子》中，道之德、天地之德、物之德作为人世之德的基础，对于社会人事的发展具有指导意义。相比较而言，人之德，尤其"人主"之德，是老子用以解决社会问题，促进社会良性发展的直接工具。在《老子》中，现实人世之德的工具属性，不是人外在赋予、规定的，而是形上之道的显现。针对道与德之间的关系，陈鼓应说："道是无形的，它必须作用于物，透过物的媒介，而得以显现它的功能。道所显现于物的功能，称为德。"① 通过物的中介，道显现为功能之德。可见，工具属性本为"道"所具备，只是其隐而未发，缺乏显示自身的中介而已。

结合《老子》的主旨，虽然《老子》的核心概念"道"最初是形而上的，但老子论述的重心及关键并非诸种复杂的概念及其逻辑关系，而是对现实社会人事问题的关注。老子之"道"的理论预设，旨在为现实生活的开展提供权威的、可供参照的摹本。也就是说，一旦理论之目的不止于理论本身，而是为了解决、改善社会问题，那么理论本身便具备工具属性。学界多认可老子之"道"的工具属性。"老子道论不过是用以建构这些关于政治和人生学说的'研究纲领'和'理论框架'。"②与此相同，陈鼓应亦认为："当'道'作用于各事各物时，可以显示出它的许多特性。'道'所显现的基本特征足可为我们人类行为的准则。这样，形而上的'道'渐渐向下落，落实到生活的层面，作为人间行为的指标，而成为人类的生活方式与处世的方法了。"③

老子明确指出"道"具备工具属性。在《老子》中，关于"道"之工具性的话语比比皆是。诸如，"道冲，而用之或不盈"（今本《老子》第四章）；"执古之道，以御今之有，能知古始，是谓道纪"（今本《老子》第十四章）；"孔德之容，惟道是从。吾何知众甫之然哉？以此"（今本《老子》第二十一章）；"执大象，天下往。视之不足见；听之不足闻；用之不可既"（今本《老子》第三十五章）；"化而欲作，吾将镇之以无名之朴"（今本《老子》第三十七章）；"侯王得一以为天下贞"（今本《老子》第三十九章）；"反者道之动，弱者道之用"（今本《老子》第四十章）；"修之身，其德乃真；修之家，其德乃余；修之乡，其德乃长；

---

① 陈鼓应：《老子今注今译》，商务印书馆 2003 年版，第 13 页。
② 朱晓鹏：《老子哲学研究》，商务印书馆 2009 年版，第 57 页。
③ 陈鼓应：《老子哲学系统的形成》，《老庄新论》，上海古籍出版社 1992 年版，第 13 页。

修之邦，其德乃丰；以道莅天下，其鬼不神"（今本《老子》第六十章）；"古之善为道者，非以明民，将以愚之"（今本《老子》第六十五章）等。

道之功能在现实人世的显现，依靠的是包括人在内的万物之德。万物仅能显德，而无法行德；既能显示德，又能行使，并发扬光大德者，只有"人"。人通过遵守并推广工具之德所包含及体现的诸种德目，促进社会的良性发展，此是老子所最终在意者。由于《老子》中"人主"的统治、教化之德，其直接目的在于政权稳固、社会稳定、民心安定，故而"人主"之德相比于用以完善自身、促进生活的一般意义上的人之德，更具工具性及现实指向性。

三　"人主"之政德

《老子》中的"人主"作为"国之主"，由于其职责及使命是固国保民，故而"王"之德以及"圣人"之德，主要体现在人性及政治引领层面。在《老子》中，"王""圣人"具备德性是其统治的前提。

对于人主统治的优劣，老子做过明确划分。"太上，不知有之。其次，亲而誉之。其次畏之。其次侮之。"（今本《老子》第十七章）"下知有之"，在不同版本中亦作"不知有之"。在老子看来，"下知有之"或"不知有之"的统治，是最优的。统治者无为，百姓感觉不到其存在，或者百姓知统治者存在，却不知其统治。在此种统治下，百姓最"自然"。在"不知有之"之后，"亲而誉之"列第二。民众亲近并赞誉统治者的前提，是知其人、其政。此层面的统治之所以为人们所赞誉，在于统治仍是"为民""为国"的。只是对比"不知有之"的"太上"之治，其统治是"有为"的。"畏之"，畏即害怕，表明的是民众对统治者及其统治的态度。民众害怕统治者，原因在于统治者过多地制作律令、规章、刑罚，并用其干涉、束缚民众生活。"侮之"，是最下等的统治。在此种情况下，"下知避之，其令不从"①，可谓完全失败的统治。

---

① 王弼：《老子道德经注校释》，中华书局2008年版，第40页。

　　《老子》划分统治优劣的标准，是统治者的"无为"程度。"太上"的统治是完全无为的，以至于民众"不知有之"，即便是"下知有之"，亦仅停留在"知其有"的层面。对比"太上"的"下知有之""不知有之"之统治，"亲而誉之"的统治则属于"有为"的范畴。人们何以亲近统治者，并赞誉其统治，原因在于民众知晓并亲身体验之。"畏之"的"有为"程度对比"亲而誉之"则大大加深，百姓不仅知其为，而且体其为，并因此惧怕之。"侮之"则表明统治是完全有为的，在此种统治下，民众怨声载道，对统治深表不满。

　　以"无为"区分统治境界的高下，体现出《老子》思想的连贯性及标准的统一性。上文所述的道之德、天地之德、物之德皆体现"无为"属性，在涉及人主之政德时，老子亦将无为作为理想统治的内在标准。以"无为"作为理想的人主之德，体现出《老子》之"德"形上、形下的贯穿性，亦符合"德"之上位概念即"道"的运行原则及本质属性。

　　老子明确指出并肯定"人主"的"无为"政德。"爱民治国，能无为乎"（今本《老子》第十章），认为统治应该且只能是"无为"的。"能无为乎？"的反问，表达出"无为"之治的迫切性、重要性。对于"无为"之治的益处，老子亦做过说明。"道常无名，朴虽小，天下莫不臣。侯王若能守之，万物将自宾"（今本《老子》第三十二章）。在涉及"道"之"无为"属性时，《老子》有言，"道常无为，而无不为"（今本《老子》第三十七章），指出因道之无为，故而道无所不能为的观点。老子以"道"作为侯王统治的标准及原则，指出守道而治，则万物可自宾。侯王所守之道正是无为之道，守无为之道、行无为之治，既得天下又安民心。"道常无为而无不为。侯王若能守之，万物将自化……天下将自定。"（今本《老子》第三十七章）在老子看来，"万物自化""天下自定"的统治局面，正得益于侯王"守""无为之道"而推行"无为之治"。"故圣人云：我无为而民自化，我好静而民自正，我无事而民自富，我无欲而民自朴。"（今本《老子》第五十七章）"无欲""好静""无事"皆属于无为的范畴，统治者注重"无为"之政德，对应着的是"自化""自正""自定""自朴"的民众。"其政闷闷，其民淳淳。其政察察，其民缺缺"

（今本《老子》第五十八章），亦体现出"无为之治"的益处。针对此句，王弼注解道："善治政者，无形、无名、无事、无政可举。闷闷然，卒至于大治。故曰'其政闷闷也'。其民无所争竞，宽大淳淳。"① "无形""无名"者是无为之"道"，"无事""无政可举"者则指无为之"治"。"无为之治"对应的是心胸宽大、品性淳厚之民，此是老子所希冀的理想状态。相比之下，"有为之治"则反之，"立刑名""明赏罚"的统治，所对应的只能是心怀争竞、度量狭小之民众。通过对两种不同政治治理模式的对比，可得见"无为之治"的优越性以及老子对"无为之治"的肯定。

在《老子》中，不仅"王"是推行"无为之治"的主体，理想的统治者"圣人"同样推行"无为之治"。由于在《老子》中"王""圣人"作为"人主"实行统治的前提是"德"性的存有，故而以"王""圣人"实施的无为之治作为理想的政治模式，应属"德政"。在《老子》中，统治者能否实施德政以及德政的推行程度均与是否具备"无为"之德，以及所具"无为"之德的程度有关。换言之，《老子》中的"人主"只有具备"无为"的政德，才能推行无为之德政。

不同于一般意义上的人之德，人主之政德，主要体现为与政治统治相关的德性。具体来说，《老子》中人主"无为"的"政德"体现为以下方面。

其一，人主的"爱民"之政德。"爱民"被《老子》视为统治者应具备的首要政德。老子多次提出"爱民治国，能无为乎"（今本《老子》第十章）的反问，其意在于肯定统治者的无为爱民之德。"不尚贤，使民不争；不贵难得之货，使民不为盗；不见可欲，使民心不乱。"（今本《老子》第三章）统治者的"不尚贤""不贵难得之货""不见可欲"之德，均是为着民众的"虚心""饱腹""智弱""骨强""不争""不盗""心不乱"等。"虚心"则境高；"饱腹"则身强；"智弱"则事不乱；"骨强"则体健；"不争"则心宁；"不盗"则身无害。老子认为，民众

---

① 王弼：《老子道德经注校释》，中华书局 2008 年版，第 151 页。

的"骨强""心不乱",离不开统治者的"爱民"。若统治者爱民,则其会为着民众的身心发展而有意识地"不尚贤""不贵难得之货""不见可欲"。

其二,人主的谦卑、处下之政德。"贵以贱为本,高以下为基。是以侯王自谓孤寡不毂,此非以贱为本邪?"(今本《老子》第三十九章)有德的统治者,如水般"处众人之所恶"。众人恶贱,而统治者以贱为本,自谦为"孤""寡""不毂"的"无人拥护者""不德者",此为统治者的谦卑之德。在《老子》中,人之厌恶"孤寡不毂",与统治者自称"孤寡不毂"反复出现,"人之所恶,唯孤寡不毂,而王公以自称"(今本《老子》第四十二章)。"是以欲上民必以言下之,欲先民必以身后之。是以圣人处上,而民不重,处前而民不害。是以天下乐推而不厌。"(今本《老子》第六十六章)圣人以言下民,以身后民,为人之下,故而其能处上、处前,而天下归顺。通过天下之民对于"圣人之治"的推崇,表明统治者谦卑、处下之政德的重要性。《老子》中"人主"所应具有的谦卑、处下之政德,亦可通过"大国"与"小国"之间的关系得见。"大国者下流……大国以下小国,则取小国。小国以下大国,则取大国……大者亦为下。"(今本《老子》第六十一章)在《老子》中,"谦卑""处下",既是人之德亦是政之德。若统治者具备"谦卑""处下"之政德,则即便是小国亦可"代"大国。

其三,人主的"节俭"之政德。"治人事天莫若啬。"(今本《老子》第五十九章)"啬",俭也。《韩非子·解老》曰:"少费谓之啬。"老子之所以主张统治者应该具有"啬"之政德,在于"俭故能广"(今本《老子》第六十七章)。"广"即富裕,认为节俭是国富民强的前提。

事实上,老子对上述"人主"之德有专门的概括。"我有三宝,持而保之:一曰慈;二曰俭;三曰不敢为天下先"(今本《老子》第六十七章)。与上文分开论述的三类政德相应,"慈"即爱民;"俭"即"啬";"不敢为天下先"则表现为"谦虚""居后""处下"。关于此三种政德的必要性,《老子》有言:"慈故能勇;俭故能广;不敢为天下先,故能成器长。今舍慈且勇,舍俭且广,舍后且先,死矣。"指出人主从政，若不具备"慈""俭""不敢为天下先"的政德，则民心不定，政权不保矣！

此外，"少刑罚""少赋税""少发动战争"等政治策略，亦被《老子》视作人主之"政德"的体现。

第五章 《老子》"德"论的实践途径及价值取向

"德",最初便具有动词义。正如台湾学者牟宗三所说,"道德的实践是平常所谓实践一词之本义"①。对于"道德"的实践,是现实生活的重要组成部分。《老子》"德"论的目的,在于使人"有德"。在老子看来,有德之个人,是构成有德之国家、社会的前提。而个体成为"有德"之人的前提,是对道德的实践。

《老子》"德"论的实践理路,重点关注《老子》中存在的关于"德"之实践方法的理论。由于《老子》中道、天地、万物等皆已有德,加之《老子》"德"论的主要目的在于解决人世的道德问题,故而老子尤为关注人对"德"的体认与获得。结合《老子》文本,由于能够体认"德",需要"得德""成德"的只有人,故而《老子》之"德"的实践主体只能是人。换言之,本章不同于其他章节之处在于,仅将"人"与"德"发生关联,旨在厘清《老子》中包含的人认识与获得"德"的途径。

《老子》"德"论的价值取向,主要关涉的是"德"论的目的、任务。"《老子》,救世之书也"②,其道论、德论均符合并服务于"救世"

①　牟宗三:《中国哲学十九讲》,吉林出版集团有限责任公司 2010 年版,第102 页。
②　魏源:《老子本义》,华东师范大学出版社 2010 年版,第 18 页。

的主旨。鉴于《老子》字里行间均没有直接说明其理论的"救世"目的及功用，故而《老子》"德"论的价值取向只能"推演"。为了"推演"的合理性，此部分结合老子时代的社会背景、文化背景，并以西周时期以及儒家孔子的相关思想作比照，"推演"《老子》"德"论的价值取向。

第一节 《老子》"德"论的实践途径

"德"之本义为"得"，即所谓"德者，得也"。根据不同历史时期"德"之内涵的不同，所"得"之内容亦不同。西周时期依靠礼乐制度而推行"德政"。其时，"德"之内容主要是"礼""乐"二者，得礼、得乐之人，便是有德之人。孔子之德以"仁"为最高依据，故而得"仁"，即是得"德"。与西周之德及孔子之德相同，《老子》之德亦是指人"有所得"。不同于上述二者，由于《老子》之德以"道"为根本依据，故而，其所得者是为"道"。依此，在《老子》中，"得道"即为"德"；"得道"者，即为"有德"之人。

循着得道即为"德"的思路，人们认识、获得"德"的过程，便是体认、获得"道"的过程。也就是说，"体道""得道"与"体德""得德"是合而为一的。事实上，《老子》中包含的关于"德"的体认及实践过程，便是"体道""行道"的过程。由是，遵循"德"之本义及《老子》文意，对《老子》中"德"之获得方式的解读，主要通过论述人们与"道"之间的交往，即人们如何"得道"而展开。在《老子》中，大概存在以下三种道德实践的途径。

一 "仰天俯地"的"察"

"察"即"观察"，是指"人"通过观察天地万物，从万物的生长、发展中，探寻"道"的存在，并认识"道"，体认"道"。"察"的方式，是《老子》中的人"得道""成德"的首要途径之一。

在"察"之前以及"察"的过程中，个体在"道"之外，处于"不知道"的状态。以观察他物的方式而认识道，是《老子》中"人"与道照面之最初的、也是最容易的方式。道为一神秘莫测之物，"人"为一具体物。在体察道的过程中，由于"人"对道的"不甚知"甚至不知，使得"人"无有主观成见的束缚，只能以客体的身份观道，并主要通过自身之外的万事万物而知道、得道。

《周易·系词下传》曰："仰则观象于天，俯则取法于地，观鸟兽之文与地之宜。"观天地知宇宙之大法，察鸟兽虫鱼则得自然之精微。借自然之物以明自然之理，人世之"我"可得一二之"道"理。在《老子》中，"道"之不可摹状、不可尽言的特性，成为个体知"道"的阻碍。从自身之外出发，借助"我"之外的宇宙内的他物探寻道之为何，则成为"人"与"道"交往互动的重要方式。

（一）"察"自然事物

向自然天地以及世间万物求索，是先民探知自然奥秘的初始方法，亦是《老子》中"人"知"道"的首要方法。老子之道法自然，最为自然而然，故《老子》中的"人"多通过体察自然事物的方式体认道。如通过观察"作焉而不辞，生而不有，为而不恃"（今本《老子》第二章）之万物，人们可以知"道"之"无为"属性；通过体认自然之"天长地久"，人们可以知"道"的绵延久存特性；通过观察"水善利万物而不争"，人们可知"道"的"上善"之德，并通过"几于道"之水，知"道"之大体形态；通过观察"飘风不终朝""骤雨不终日"，人们可得知"道"之恒常性与不合道之行为的短暂性；通过观察"天地相合，以降甘露"，人们可知自然性为宇宙万物所共享，知自然性为"道"之属性；通过观察"鱼不可脱于渊"，人们可知鱼在渊中得其全生、养其全性，鱼与渊须臾不可分离，进而得出因国之法令、条规束缚民众之自然本性，故不可示于人的道理；通过观察"江海所以能为百谷王"之缘由，人们可知高者、大者处下，知谦卑、处下之德性；通过观察"草木其生也柔弱，其死也枯槁"以及"天下莫柔弱于水"，人们可知"道"主"柔弱"，不主刚强的特征。

（二）"察"他人

通过观察他人之生活，人们可知自身合道与否，此亦是成为有德之人的途径。比如通过观察"企者""跨者""自是者""自伐者""自矜者"等不合道之人的"不立""不行""不明""无功""不长"之行为及结果，人们可从反面得之"不企者""不跨者""不自是者""不自伐者""不自矜者"等有德之人的处境，并推人及己，知处世之道、避害之方，得全身之策；通过观察"五色、五音、五味"等私欲对个体所带来的"目盲、耳聋、口爽"等危害，人们可知过分欲求的危害，知欲求过度之人是"不德"者，并因他者不合德而有意识地避免效仿之；通过观察得道之侯王"自谓孤寡不穀"，人们知"高以下为基"，"贵以贱为本"，知"政德"是统治的依托与根基；通过观察性命双全的有德之"婴儿"，人们可知合道之人的形态与德性；通过观察"生之柔弱"与"死之坚强"之人，人们可知柔弱是生命存有的基础，刚强之人不善生、不合于道；通过观"小国以下大国，则取大国"之现实，人们可得知处下、居后为统治长盛不衰之根本；通过观察"合抱之木、九层之台"，人们可知"天下难事必作于易，天下大事必作于细"的道理，明白行事为人时谨小慎微的重要性，并知有德之人是慎始慎终、见微知著者。

（三）"察"生活本身

通过观察现实生活本身，人们亦可"知道""成德"。如，"三十辐共一毂，当其无，有车之用。埏埴以为器，当其无，有器之用。凿户牖以为室，当其无，有室之用。"（今本《老子》第十一章）通过观察毂、埴、壁等事物空虚的特征，人们可以知晓与"道"同名的"无"之功用，进而知晓作为法则的道对现世生活的指导作用；通过观察"师之所处，荆棘生焉。大军之后，必有凶年"的战争之害，人们可以知道战争不合道，并知晓有德之人不好争斗，而好恬淡；通过观察众人的"甚爱""多藏"等喜好所带来的"大费""厚亡"等恶果，人们可以认识到生命的可贵，获晓身贵于名、货之道理，知有德之人具备"知足""知止"的德性；通过观察"走马以粪"以及"戎马生于郊"的社会现实，人们可辨别统治的优劣，知有德的统治者不会穷兵黩武，而是以民生为本；通过观察生活中的"生之徒十有三，死之徒十有三"，人们可以知晓善摄生者比强生者更有德；通过观察统治者与民众的生活现状，人们可以推测统治者是否有德，如若"朝甚除，田甚芜，仓甚虚"，而统治者"服文采，带利剑，厌饮食，才货有余"则统治非"德政"，统治者亦非有德之人，反之亦然；通过观察生活中"人多技巧，奇物滋起；法令滋彰，盗贼多有"的乱象，人们既可以得知淫技巧物对人之自然性的危害，又能知晓规章制度对人之自然性的束缚；通过观察"察察"的统治者与"缺缺"的民众，人们能够知晓"无为"之治合于"德政"，进而知晓只有"闷闷"之"德政"能对应有德的"淳淳之民"；通过观察现实生活之发展势态，如"物极必反"，人们可以知晓"反者，道之动"的"道"之运行规律；通过观察生活中"柔弱胜刚强"之事态，人们可以得知柔弱合于道，为"道之用"；通过体认"进道若退，夷道若纇"的现实生活之复杂、烦琐，人们可以知晓生活中诸多事物存有虚假之表象，进而知"道"之深奥、高远，并领会真美之贵；通过观察生活中"祸兮福之所倚，福兮祸之所福"的现实，人们可以辩证地把握行事为人的尺度；通过观察及亲身体验母子之关系，人们可以发现母子之间的共同性，获得"子若其母"的道理，并进而理解"道"与万物之间的关系，知"道"为天下母，万物为道之子，子尊母，万物尊道；通过观察他人及亲身实践"烹小鲜"的过程，人们可以知晓谨小慎微的重要性，并知合于道之统治的"不扰"原则，进而知统治的"无为"之德；通过知晓"古之善为道者"的"非以明民，将以愚之"的统治策略，人们可以知晓"朴"是人之自然本性，是"有德"之人所应具有的品质。

概言之，以"察"作为体认"道"的主要方式，表明"人"在道之外，是以客体身份观道，且多是通过观察其他事物间接地知"道"。"道"本为其所应为之样态，"作为抽象的存在，大道虽然费而隐，然而它又是可观察、可体认的"①。面对着可被体认和观察的本有之道，人与道之间

① 司马云杰：《大道运行论——关于中国大道哲学及其最高精神的研究》，陕西人民出版社2003年版，第133页。

的沟通需借他力。以他物为中介既缘于人之思维的局限，即人之思维还未达到直接与道沟通的层面；又受人之位置的限制，即人在道之外，只能旁观道，而无法身处其中。因以他物作为"人"与"道"沟通的中介，故"人"获得的更多是通过观察外物而总结形成的合于道德、关于一般事物存在及形成的规律及法则。在生活中，当"道"作为规律、原理等被人们所依从、遵照时，则遵循规律、原理的处世者，即是遵道、行道的有德之人。

二 "涤除玄览"的"思"

与"察"道过程中的人在道之外不同，"思"主要是指依靠人之"思想"而展开的对于"道"的认识过程。抑或说，通过"察"，个体只能远远地观"道"，而通过"思"，个体已经将"道"作为自身思考的对象，道已存于个体思想中。

通过"思"的方式体道，意味着在与"道"照面时，人是主体之"我"。作为主体的人能够有意识地、自觉地"思道"，而非单纯地依靠"道"显现自身。"思"道之主体不同于"察"道之客体处在于：主体之"我"知自身属自然万物之一，与他物一样负载道，道不离身，身不离道。此即"道不远人，人之为道而远人，不可以为道"（《中庸·第十三章》）。借着"道""人"所处位置的不同，主体之"我"会积极、主动地以身体道。正是主体之人的亲身触道，为"道人合一"提供了可能性。

"人"不为"外物所役"，自觉地摒弃现实他物的羁绊，而纯粹依靠自身的所思、所念与道沟通，此既是依靠"思"的方式体认道的前提，亦是"思"道的过程。"人"之所领思与沟通的"道"，正是形上之大道。"它虽然是宇宙万物法则秩序的肯定形式与抽象形式，但已不是经验实在的法则与秩序，不是具体事物存在的变化及其规律性，而是由他们提升出来的纯法则、纯秩序了。"① 对于具体事物存在及变化的规律，人们

---

① 司马云杰：《大道运行论——关于中国大道哲学及其最高精神的研究》，陕西人民出版社 2003 年版，第 12 页。

通过观察、概括、总结等一般方式便可获得，而对于作为纯粹法则、原理的形上之大道的获得，人们所下的功夫远甚于前者。

(一)"涤"思

由于"思"是"我思"的过程，为着达成与纯粹形上大道的有效沟通，"思道"之人的思想应是纯粹的，即思想处于无羁绊、无纷扰的"清净"状态。基于此，人们对自我思想的"清扫"是"思"的前提。此一过程，即是《老子》所谓"涤除玄览"的过程。张岱年指出："玄览即一种直觉。"① 依靠直觉与道沟通，彰显个体思想的纯粹性。"涤除玄览"中的"涤除"与"玄览"是两种不同的过程，"涤除"是"玄览"的前提；抑或说，"涤除"之后，方能"玄览"。

《老子》有言："涤除玄览，能无疵乎?"（今本《老子》第十章）。王弼注曰："言能涤除邪饰，至于极览，能不以物介其明，疵其神乎?"② 可见，《老子》所"涤"、所"除"者，即为阻碍"人"之思维澄澈、纯粹的中介物，如各类巧智、假象以及过分的欲望等。当"人"之思维的"邪饰"之物被"涤除"之后，所剩为最纯粹、最自然之思维，"思"之主体则为最本初之人，其所思所想皆本于自然。由于道是万物的起源与归宿，故而最自然的本初之人全合于道，以自然之人应自然之道，沟通定然无阻碍。可见，《老子》中的"玄览"是"人"有意识地与"道"之沟通最全面、有效的方式。

"涤除玄览"，即"至虚极，守静笃"的过程。"至虚静，守静笃，万物并作，吾以观复。夫物芸芸，各归复其根"（今本《老子》第二十六章）。"虚""静"，是指人的清静无欲的内心状态；"极""笃"二者，则表明"虚""静"的"深""甚"程度。在《老子》中，人在"涤除玄览"，并达至"虚静"状态后，便可以开始"思"道了。"万物并作，吾以观复。夫物芸芸，各归复其根"的过程，是存于"思道"者思想中的景象。通过"思"，"人"无须依靠他物显现，便能得见"芸芸万物"生

---

① 张岱年：《中国哲学大纲》，中国社会科学出版社1982年版，第531页。
② 王弼：《老子道德经注校释》，中华书局2008年版，第23页。

长、发展、消逝、新生的过程，并进而懂得"归根曰静，是为复命"的万物生于道以及"出死入生"的道理。人们"懂得了生来自死的道理，也就懂得了高来自低、上来自下、强来自弱的道理，这样就会正确对待死亡、低下和柔弱，从而安于柔弱而不一味追求刚强"①。可见，"涤除玄览"之"思"的过程，以得道、成德为目的，是人们得道、成德的途径。

（二）"损"思

除通过有意识地"涤除"私心杂念，达至"虚""静"状态并"思"道外，人亦可从自身出发，通过不断有意识地减少自身所负载的不合道之物，将蒙蔽道的事物层层剥落，使"人"本身的自然性显现，复归"人"原本的合道之身心。此是人与道沟通的另一种方式。在《老子》中，此即体现为"损之又损"的方式及过程。

《老子》曰："为学日益，为道日损，损之又损，以至于无为。"（今本《老子》第四十八章）"为道日损"既说明"人"与"道"沟通交往的途径为"损"，亦指出二者的交往是通过不断地"损之又损"而逐渐达成的。"损"为"减少"之意，"损之又损"意指通过不断地减少达到"涤除"的目的。在《老子》中，所"损"与所"涤"之物一致，均指向"人"与"道"沟通过程中的阻碍物，即那些蒙蔽"道"的欲念、杂念和私心等。

不同于"涤除玄览"的"清扫"本质，"为道日损"之"损"欲念、私心的目的，在于"剥落"，即剥落掉"人"思想中那些不合于"道"的想法、观念，使人重新成为"愚""朴"之人。何以"人"能够重新"愚""朴"，原因在于《老子》中的"人"本就是"愚朴"的。作为"愚朴"之人的代表，"婴儿""赤子"是人人都经历过的状态。抑或说，人本为合于道的、有德的"愚朴"之人，是后天生长发展过程中的私心、杂念、巧智、淫技等蒙蔽了人之本性。由是，"损之又损"的过程体现为"解蔽"，即解除蒙蔽人性者。事实上，"损之又损"是《老子》中"复归于婴儿"的主要方法。通过不断减损那些"蒙蔽"本性的事物，人们

---

① 张松辉：《老子译注与解析》，岳麓书社 2008 年版，第 56 页。

得以在精神层面重新达至婴儿之淳朴、善良、柔弱的境界。可见，一旦将蒙蔽人性之障碍解掉，则"人"自身便成为"道"之所在，"道"亦清晰地呈现于"人"。

在《老子》中，"损"思的最终结果是"无为"。"损之又损，以至于无为"。"无为"是道之属性，人之"无为"，表明人合于道之自然，合于人之本性。通过"损"，"人"最终彰显与"道"同生共存的"无为"本质。若说"涤除玄览"是为"思道"准备"虚静"的思想条件，进而将道"纳入"其中的话，那么"损之又损"则是层层剥落，最终"显现"道的过程。

此外，除运用"涤""损"的方式"思道"外，人们通过运用自身之抽象思维，对万物存在、运行的规律及法则进行归纳、提炼、总结、升华等，亦可实现与形上之纯粹大道的照面与交流。具体来说，即"人"将亲见、亲感之物从具体中抽象出来，经过有意识的提炼，获知事物存在的一般规律及法则，并将其上升、超拔至最高理念，最终达至对形上大道的领思及获得。陈鼓应将"为道日损"之"为道"解释为："通过冥思或体验以领思事物未分化状态的道。"① 未分化状态的道，即指那个"朴散则为器"之前的形而上之道。"冥思"作为"人"与"道"沟通的方式，其终究离不开"人"之思维的作用。在"思"的过程中，"人"之有意识的"涤除""解蔽"，体现在思维活动的各个层面，包括辨析、筛选、移除、整合等。

由于"人"为现实之"物"，身心不免负载现世之俗事、俗念；加之"人"与形上之道沟通所依靠的"损思"以及"涤思"的方法与过程，是对"人"之情感、意志等的多重考验，亦对"人"之思维的批判性、敏捷性等提出较高要求。故而，对于芸芸众生而言，或许只有少数人能够通过有意识地控制自身思想而达到与道交融的境界。

---

① 陈鼓应：《老子今注今译》，商务印书馆 2003 年版，第 250 页。

三 “勤而行之”的“行”

“行”即实践。不同于人们对自然万物之德的“体认”以及通过“思”而进行的道德实践，“行”是可见、可感的真正意义上的“实践”。

(一) 依“他者”而行

在依靠“我思”，有意识地以“向内”的方式与形上之大道沟通交往外，人们亦可通过对指导形下世界的规律法则的遵行，体认、感悟形而上之道，并以此达成与道的互动。此表现为，“人”从自身出发，通过“向外”的方式及途径展开对道的求索。“向外”的过程主要体现为“遵行”，即“人”通过在现实生活中遵道、行道，而达至与道的沟通交流。

在《老子》中，人们通过“察”天地、万物生长发展的自然过程，可得知万物所具有的“谦卑”“柔弱”“不争”“居后”等德性。依照有德之万物，现世之人不断调整自身的行为并自觉地、有意识地做谦卑、不争之人，行合德、合道之事，此是《老子》中“行道”的第一种方式。具体来讲，《老子》的“人”有意识地遵道、行道包括以下内容。

其一，作为统治者的“人”，所行之事为“不尚贤”；“不贵难得之祸”；“不见可欲”；“不仁”；“不自见”；“功成身退”；“以身轻天下”；“善救人”；“以百姓心为心”；“不以兵强天下”；“贵身”；“治于未乱”；“言下民”；“慈”；“俭”；“不敢为天下先”等。其二，作为民众的“人”，在为人处世时应践行“不争”；“不为盗”；“心不乱”；“知足”；“知止”；“贵身”等原则。

《老子》中“人”之“向外”的行德，并非为外力所迫，而是源于内在的需求，是主动自觉之行为。“向内”的求道，体现为“损之又损”；“向外”的行道，则体现为“行之又行”，即《老子》所谓“上士闻道，勤而行之”（今本《老子》第四十一章），行之又行，以至于得道。

自觉而主动地遵道、行道并非必然导致快速“得道”，因“九层之台，起于累土”（今本《老子》第六十四章），遵道、行道是一漫长的历程。由于在行道的过程中时常存在着“明道若昧，进道若退”（今本《老子》第四十一章）的层层魔障，故“人”在遵道、行道的过程中必当谨小慎微、持之以恒。可见，在道德实践中，依照各类道德原则与道沟通，亦是对"人"之体力与意志力的考验。

（二）依"道"而行

在《老子》中，能够依"道"而行的是"得道者"；得道者即是"有德"之人。抑或说，《老子》中，不仅"无德"之人要进行道德实践，有德、成德之人亦进行道德实践。得道之人与道合为一体，道即人，人即道。得道之"人"既非在道之外，亦非道之别属，而是就在道之所在处，并无时无刻不显现着道。得道之人与道交流、沟通既无须借助他物，也不必通过自身有意识的思或行去遵道、行道，而是眉目、唇齿、手足须臾间无不彰显形上之大道。对比于遵照德目而"行"，有德之人以道德实践构成了整体生活。抑或说，对"有德"者而言，生活即是道德。不同于"不德者"有意识的道德实践，有德之人的道德实践不需有意识。它既不是自觉的，也不是外加强迫的，而是本来就如此；不同于"不德者"的道德实践是为了"成其自身"之德，有德之人的道德实践是为着成就他者。若说前者意在成"私德"，而后者则为着成就群体、国家及社会的"公德"。

《老子》中处于"得道""成德"状态的有两类人，一即"圣人"；二即"婴儿"或"赤子"。"圣人"是老子所称道的道德楷模；"婴儿"或"赤子"则被老子视作最原初的有德者。二者相较，圣人是经过"我"之向内、向外的不断求索的德性完满境界的一类人；而婴儿则是天生便具淳厚之德者。老子对"婴儿""赤子"的褒扬，一方面指出万千之"人"在有生之初均为有德之人的事实；另一方面则指出后天生活对心性的蒙蔽，造成人与道的沟通面临重重阻碍，以及人离道越来越远的现实。《老子》多次倡导"复归于婴儿"，主张"返本复初"，呼吁"人"返回到本来的合道状态。"返本复初"的过程正是上文所述以"损之又损"为手段彰显"人"之德性的过程。在《老子》中，"人"为婴儿、圣人，意味着人与道同体，人之所言、所行皆为合道之举。换言之，得道之圣人、婴儿与"道"之交流沟通处于一种无有任何阻碍的"澄明"之境。圣人、婴儿自然而然地显示自身，便是彰显自身之德。

与上文"人"对于道的求索不同，以圣人、婴儿为代表的有德之"人"，不再以对"道"的获得为目的，而是转而承担弘德、扬德之任务。在自身"成德"之后，有德者承接道意，作为道在人世间的化身，以"圣人"之身份，致力于使万千"他我"成为有德者。有德之人即是"得道"者，既然得道，则得道之人"道我不分"。因"道人合一"，故人与道的沟通不再需要借助他物，而仅仅是"我"之言行、心性自然流露的过程。对于"道人一体""道人合一"的有德者来说，遵从"他者之道"而"行"已然不再是其道德实践的方式，"得道""成德"亦不再是其道德实践的目的。

在《老子》中，得道者可统称为"圣人"。作为大"道"在人间的化身，"得道"者不仅称呼为之一变，身份亦为之一变，即由原本的通过"得道"而"成德"之人，转而成为"依道弘德"之人。有德之"圣人"通过"以身示德"的方式，一方面展开着与道无碍之沟通、交流；另一方面则致力于德之推广，从事着"以德教人""化人成德"的善业。

第二节 《老子》"德"论的价值取向

在《老子》中，个体通过道德实践体德、行德并成德，具有三方面的价值及意义：其一，对于个体发展而言，道德是个体性命双修的前提保障，个体通过德性的存有过一种有道德的生活，是《老子》"德"论价值取向的第一个层面。其二，在个体成德的基础上，个体直至天下所有人通过遵德、行德实现人际交往的和谐互动，则能够带来安定、有序的理想社会状态。其三，在《老子》中，需要成德的只有人，人由于个体发展及外界环境的局限，往往被私欲、杂念等蒙蔽自然之心，而成为背道、离德之人。当人"得道""成德"之后，由个体之德，扩展为群体之德，并最终人人成德，则人对待自然宇宙中其他事物的态度及看法定会多一些谦卑、恭敬，少一些主宰、制约。

一 人皆成"圣"

《老子》之"德",面向的是天下"所有人"。在老子看来,只要"修道符德",人人都有可能成为"圣人",在精神层面达至道境。《老子》中的"圣人""神人"包括道家庄子所谓的"至人""真人"等,其"圣""至""真""神"所指向的皆是人之精神层面。所谓"圣人",在儒家看来,即是与天合德者。相比之下,老子的"圣人"则是与道合德者。虽然老子亦如儒家一样多将"圣人"的对象锁定为统治者,但老子更倾向于认为"人人皆可成圣"。在《老子》中,所谓"天地不仁",即包括人在内的万物均有成德之潜质。理想状态下,人的发展就是一个不断朝向终极善、至高德迈进的过程。

老子之前,包括与老子同时期的儒家孔子都认为只有少数人有可能成为圣人,而少数人中尤以统治者为优先。儒家典籍中的有德者多为统治者,尧、舜、禹、汤、文、武等既是"圣人",又是君王。儒家所谓的"内圣外王"者即是集高尚德性与政治能力为一身的,诸如尧、舜、禹、周公之类的人。何以西周时期以及儒家的"圣人"仅为少数人,此涉及当时的社会背景以及统治需要。殷商时期,"天"作为至上神,通常被称为"帝"。"帝"具有不容置疑的权威性,是人世间的主宰和权威的象征。殷商时期,"帝"不具有人格化特征,其是最高权威,但并非最有德者。至西周初期,殷商的"帝"转变为融权威与最高德性于一体的"天"。在经过周初"以德配天""以德论天"的一番改造之后,"天"成为"德"之起源处。与周初人们对于天之德的崇敬、虔诚相关,周初政权的合法性被认为是统治者有德的缘故。为了保有延续天德,为政治统治寻找合法性依据,周初统治者在政治统治上推行敬天、效祖、保民的"德政"。天之德何以彰显,或者说人世何以知晓天之德为何,此重任被周王所承担。周王作为"天子",是"天"在人世间的代表,能够与天沟通,是天之"德"在人世间的直接彰显者。周天子的"德"与"天德"最相接近。借着特殊的身份及权责,周初统治者自始便被赋予了"天子"应有的权力与德性,人们多倾向于认为周王自始便是有德之人,自始便是"与天

169

合德"的"圣人"。依着此种逻辑，为着王权的稳固和政治统治的需要，一个特定的政权是不允许出现多个能够"与天齐德"之"圣人"的。此与殷商时期普通百姓不能祭天相似，均为着体现王权的权威性、垄断性和合法性。

通观儒家孔子思想，从精神境界上讲，孔子所谓的有德者概可分为两类，即"君子"和"圣人"。通过"君子"所具备的诸种德性，可得见"君子"在孔子看来精神境界已然很高。相比于有德之君子，圣人则比君子的境界更为高深。如果说孔子的"君子"在现世中多可得见的话，则其"圣人"可谓凤毛麟角。事实上，孔子所认为的圣人也无非是那些德高政要者，诸如，尧、舜、禹等帝王。

与西周及孔子的"圣人"观相比，《老子》的"人人皆可成圣"亦有相应的社会背景。除西周末年礼乐制度崩坏，社会文化氛围相对宽松、自由之外，人的主体意识的觉醒亦为个体的出场提供了条件。西周末年"礼崩乐坏"之后，人们对于"天"的怀疑、斥责，是与"天"之权威性的消解同步进行的。权威之天的失威、失权，表现在社会尤其政治统治层面，便是人们对于王权天赋合法性的怀疑。动荡的政权，频繁的战争，是当时王权失去统治合法性的真实写照。人对于至上之天的怀疑、斥责，所映照的正是对于"天德"的怀疑。既然天是有德的，又怎会"降丧饥馑"？对于"天德"的怀疑，则进一步导致了对于天子之德的怀疑，进而导致对"政德"的怀疑。可以说，"天德—王德"体系的崩塌是西周末年社会动乱的根本原因。在"天德"盛行之际，礼乐制度作为连接、巩固天德、王德二者的制度中介，在西周时期发挥着重要作用。待"礼崩乐坏"之后，原本拥有权威、具备德性的"天"及"天子"不复当初，原本权威而神圣并且无可替代的天德、王德逐渐失力。权威的消解、退出，往往伴随着非权威的抬头、出场。当周王室政权逐渐衰败之际，那些被隐藏及压制在权威之下的因素得以彰显，其中之一便是人之主体性。

一个容易被人们忽略的事实是，传统文化尤其儒家学说中"德"的主体多为统治者。抑或说，在传统社会中统治者的德性被人们所重视，普通百姓的德性由于不甚关乎政权兴衰，并不为人们看重。统治者的德性体现在政治统治上是政德，普通民众的德性在统治者看来便是拥戴统治者、顺从统治。一般来说，史书中对于百姓之德涉及较少。《老子》中对于普通民众之德的重视并非显见，只是从其整体思想以及字里行间中，可得见其对于民众之德的论述。从整体上看，老子之"德"虽不限于某一特定主体，但在"人"之德的层面，老子重视君王之德是不言自明的，这也符合一直以来的历史传统。老子对于统治者德性的重视，并非以舍弃或有意不述普通民众之德为前提。在《老子》中，存有大量不设主体的有关"德"的描述，这就是一般意义上的"人"之德，亦即众人之德。由于《老子》的"天地不仁，以万物为刍狗"（今本《老子》第五章），在相当程度上指明了人人平等的意旨，故而可得见老子的"人之德"并未将君主与民众截然二分。从此种层面上讲，原本处于高位的统治者则无疑被拉入"众人"之中。

在广泛论述人之德外，《老子》亦通过对统治者之"德"的论述，彰显民众之德。如"不尚贤，使民不争；不贵难得之货，使民不为盗；不见可欲，使民心不乱"（今本《老子》第三章）。"不尚贤""不贵难得之货""不见可欲"的主体应是统治者。动词"使"具有"上施下效"的蕴义，意指统治者运用良好的言行影响民众，使民众"不争""不盗""心不乱"。可见，"不争""不盗""心不乱"是老子的"为民之道"，是民众之"德"。"故圣人云，我无为而民自化，我好静而民自正，我无事而民自富，我无欲而民自朴。"（今本《老子》第五十七章）具备"无为""好静""无事""无欲"之德性的统治者，对应的是具备"自化""自正""自富""自朴"之能力与德性的民众，依此显见老子对于民众德性的描述。"其政闷闷，其民淳淳"（今本《老子》第五十八章），质朴淳厚的精神特质以及人格特征，被老子认为是理想的民众之德。

老子对于民众之德的论述虽不比统治者之德多见，但其中体现出《老子》中的人之德并非仅指向统治者，而是在人世层面存有多个"德"之主体。结合《老子》文本，老子对于民众之"德"的重视，其着眼点是"群体"。也就是说，虽然通过分析民众之德，可得见老子关注主体之人，但其关注的多是"群体"之人，即其所说的"众人"。至老子后学庄子，其对于人之自由精神的呼吁及倡导，则一改老子从群体着眼论述人之"德"的特点，转而从个体出发，认为个体之德体现为对自由的追求和对俗世生活的超越。

除通过论述"众人"之德凸显老子关注人之主体性，以为"人人皆可成圣"提供论据外；老子赋予人们成圣的潜力并为人们成圣提供通用的方法，则是老子"人人皆可成圣"的关键依据。

《老子》"人人皆可成圣"的一个重要的理论依据，在于其"婴儿""赤子"说。在《老子》中，"婴儿""赤子"被视作人之初始状态，且为德性最为完备、淳厚的阶段。由于婴儿、赤子的初始状态为所有人共有，故而人最初均是以德应物的有德之人。循着《老子》的理路，人的成长体现为"为学日益"的过程。"为学日益"所"学"、所"益"之处，在于对世俗之物的接触及体认。在此过程中，人的成长无论在形体上抑或精神上均与"婴儿""赤子"时期渐行渐远。虽然人在成长过程中不免远离初始状态，但由于人的成长过程伴随着个体对自身发展的有意识地掌控与规约，故而人们可以通过"为道日损"的方式，指导自身在精神层面上逐渐向本性归复。此即老子所说的"归根复命"。不断向自身本性归复的过程即是不断向那个最初的、拥有淳厚完备德性的"婴儿""赤子"状态归复。当个体精神上达至"婴儿""赤子"的本真、淳厚状态时，则其并不复成为"婴儿""赤子"，而是成为"圣人"。可见，老子对于人本性的统一设定，为其"人人皆可成圣"的理论提供首要论据。

在《老子》中，人在生长、发展的过程中，"成圣"与否的首要甚至唯一因素，在于个体是否"遵道""行道"。后天之人的精神境界、道德品质的高低，并非取决于个体所处的社会地位及所拥有的权威，而是取决于个体对待"道"的态度。对于"道"的体认、践行，在《老子》中是人们通用的"成圣"方法。抑或说，只要个体在生存、发展的过程中，不断地体道、遵道、行道，便有可能成为圣人；反之亦然。"人人皆可成圣"，表明体道、遵道、行道与"成圣"之间的直接联系。

此外，《老子》中的"圣人"面对着芸芸"不德"之人，其之所以"以德报怨"，"善者，善之；不善者，亦善之"，正是为着将"德"赋予全体人，使人皆有德、皆成圣，达至道德层面的"天下无弃人"的理想状态。

二 人世"有道"

老子对人之"德"的关注不仅为着"人人成圣"，其亦欲以有德之众人，构成有德之社会，成就有德之人世。在老子看来，"有德"之众人是促进社会良性发展的重要前提。针对当时的社会问题，老子并没有在制度层面找寻问题所在及解决问题的途径，而是认为社会问题的根源是"道德"。《老子》对道、天地、物以及人之德的关注，是将有"德"与否作为衡量宇宙万物的统一标准，最终目的在于重塑人世之德。既将人世问题的根源视为道德问题，则解决社会问题的关键及前提条件便是道德问题的解决。老子对道德问题的解决，融道德批判与道德重构为一体。抑或说，老子既重视通过道德批判找寻问题的成因，又致力于通过理论构建实现对道德问题的解决。《老子》中对彼时社会问题的描述，蕴含着丰富的道德批判意旨。

"天下无道，戎马生于郊"（今本《老子》第四十六章），是彼时战乱频发社会现实的真实写照。何以天下无道？在老子看来，原因在于"欲""不知足"。"罪莫大于可欲，祸莫大于不知足，咎莫大于欲得"（今本《老子》第四十六章）。统治者贪心、不知足、不知止，是战祸连年的主要原因。由于在《老子》中，"知足""知止"是"有德"的表现，故而"不知足""不知止""欲得"是"不德"的表现。

"大道甚夷，而人好径。朝甚除，田甚芜，仓甚虚。服文采，带利剑，厌饮食，财货有余，是谓道夸，非道也哉！"（今本《老子》第五十三章）此可谓老子对当时社会现实及上层统治者生活状况的具体描述。"朝甚除，田甚芜，仓甚虚"，指明民不聊生、国将不国的困境。面对着国家、民众境况的不堪，统治者却"服文采，带利剑，厌饮食，财货有余"，过着一种奢靡、浮华的生活。"是谓道夸，非道也哉！"表明老子对于此类"不德"之人的排斥及厌恶。

"民不畏死，奈何以死惧之？"（今本《老子》第七十四章）之"奈何"从反面体现出彼时社会广泛存在着的"刑罚"现象。由于在《老子》中，统治者的治国"三宝"，首要者便是"慈"，即慈爱百姓，体现为统治者保民、爱民之德；故而相比而言，那些动辄刑罚民众者是"不德"的。

"天之道，损有余而补不足。人之道则不然，损不足以奉有余"（今本《老子》第七十七章），指出人之道与天之道的悖反之处。在《老子》中，"天地""圣人"之"不仁"，体现为天地及圣人公正、平等地对待万物。与此相反，现实人世的"损不足""奉有余"，却使贫者愈贫，弱者愈弱。此句中的"人之道"泛指一般意义的人之德。结合文意，《老子》呈现的当是人世存在的普遍现象，循此可得见彼时社会的乱象。

面对多不尽数的"不道""不德"的社会现实，老子首先寄希望于"人主"，希冀依靠"有德"之政治成就有德之社会。《老子》中存在着大量对统治者的谏言，说明老子对依靠政治统治解决社会问题、改变社会现实抱持较大信心。概或正是因着对统治者的期望，《老子》中存有理想统治者，即"圣人"，且诸多理念的阐发都是托圣人之口。由于老子认为社会动乱的原因在于人心丧乱，人心丧乱的根本在于离德、失德，故而其从根本处着眼，以人们对于"德"的获得作为解决问题的关键，并为人世之德找到一最高代表，即"圣人"。老子对得道之"圣人"作过包括形态、样貌、德性以及治国策略等在内的诸多描述。以"德"作为解决问题的工具，认为道德问题的解决是建立理想社会的前提及核心，在相当程度上体现出"道德崇拜"的倾向。结合《老子》对于有德之"圣人"的重视，其"道德崇拜"亦可等同于"圣人崇拜"。早于《老子》，"圣人崇拜""道德崇拜"自西周初期便已显现。西周初年，有鉴于殷商灭亡的教训以及政治统治的需要，认识到"天命靡常"的西周统治者，开始将目光从赋权之"天"，转向现实之人，并逐渐意识到政权的存有与否取决于统治者是否有德，认为只有实行"德政"才能保民固国。周初统治者将政治的立足点从"天德"转向"人德"，表明周代对人世道德尤其政德的重视。抑或说，周初统治者已然认识到人世道德是成就道德人世的关键。由是，在"天德"之外，为着为人世"德政"找寻现实依据，周人将之前的统治者,如尧、舜、禹、汤,尤其周代的文王、武王作为"圣人"看待,并致力于通过继承、发扬前代的"圣人之治"强权固国、兴民安邦。可见"圣人崇拜""道德崇拜"自始便是为着解决社会问题的。

《老子》的"圣人崇拜""道德崇拜"与西周时期既有区别又有相同之处。同于西周,为老子所主张及推行的"圣人之治"亦是为着现实社会的稳定有序。不同处则在于,西周的德治是"有为"的,而老子的"德治"是"无为"的。西周"德治"的出发点,是为着巩固政权、稳定社会。在具体实施"德治"的过程中,西周的政德自始至终是"有为"的,主要表现为"礼乐制度"在西周时期的盛行。"礼乐制度"以"礼"为主,以"乐"为辅,由以周公为代表的周人所"制作"。彼时,礼乐制度与同样"人为"的宗法制、封建制密切相关,一并构成西周时期的主流文化及核心制度。不可否认的是,礼乐制度的确成就了"郁郁乎文哉"的西周社会。在"礼乐制度"规定下的西周社会,较长时间内是相对稳定、有序的。然而若究其结果,则制度化的礼乐并非用以维护统治的良久之计。毕竟,依靠宗法、封建及礼乐制度的西周社会,还是经历了"礼崩乐坏"的剧变。作为周朝藏书史,老子熟知历朝历代的政权兴衰、国运民生。面对着不堪的社会现实,老子之所以一方面认同"德治",另一方面主张"无为"的"德治",原因在于其知晓以"礼乐制度"作为"德治"内核的西周政治的结果。抑或说,在老子看来,"德治"是政治统治理当推行的模式,而如何推行德治则是决定政治成效的关键。在老子看来,社会问题最后可归结于道德问题,政治的问题亦是道德的问题。《老子》中,政治统治层面的道德问题便相当严重。如统治者的"不知足""不知止""好战""奉有余"等。

通过《老子》中有关"圣人之治"的内容,可得见老子对政治统治的重视。在老子看来,解决道德问题最有效的途径,即是具备广而告之、广而化之功能的"政治"。由于政治问题亦是道德问题,故而解决社会层面道德问题的前提及关键是政治层面道德问题的解决。事实上,老子所首要希冀的便是政治层面道德问题的解决。这体现为其一面批判不德的统治者,一面不断地重塑有德的统治者形象,并多次借古人、圣人之口对统治者谏言，阐发治国方略。在《老子》中，造就有"德"之社会的"德政"，是其用以解决政治问题的方式。德政以"圣人"为主体。"圣人"因是人世道德的楷模，故而有资格成为统治者，能够担负教化之重任。事实上，"圣人崇拜""道德崇拜"的大体走向即是将"圣人"从道德层面推向政治层面，变成"圣人之治"。依靠有德行的"圣人"推行"德政"，老子之旨在于通过有德之政治，促成有德之社会。

此外，老子亦对民众之德提出要求，如"不争""不为盗""心不乱""少欲"等。此可被视为老子依靠"德治"解决社会道德问题的另一层面。

概而言之，对人世问题的关注，符合《老子》"德"论的主旨。《老子》"德"论以人世作为范畴及对象，其所关注的只能是社会问题。依靠"德"促成有序之社会、安定之民心，表明《老子》"德"论的现实功用，此是《老子》"德"论之于社会发展的价值与功用。

三 宇宙"完满"

老子之"德"的理论及现实必要性，主要体现为其对现实问题的关注，即其所主要解决的是社会道德问题。不同于以问题看问题的单向视角，老子看待问题的视角是全面的。为着从根本上解决问题，实现人世社会的长治久安，老子从宇宙整体着眼，将自然与社会视为互为影响、密不可分的统一体。事实上，不独"德"论，《老子》的整体理论中均贯穿着"形上—形下"与"道—人"的思维路径。此种思维路径符合并反映早期人们看待自然与人世关系的立场及视角。《老子》之前的著作，如《尚书》《周易》等便已反映出"把自然界与人类社会作为一个整体思考"①的文化特征。

与《周易》等典籍中的思想相同，《老子》"德"论亦呈现出整体性。《老子》"德"论的整体性不仅体现为理论的系统性，而且体现为视

---

① 张岂之：《中国思想学说史》先秦卷·上，广西师范大学出版社 2008 年版，第 12 页。

角、范畴等的多样性。《老子》之"德",在范围上统揽形上、形下世界,呈现出自上而下的"形上—形下"顺序;在属性上兼具哲学与伦理属性,既为形上本体界所具有,又为形下之器物所具备。在《老子》中,"德"无处不在,"域中四大"之"道""天""地""人",通过"德"被连成统一的整体。

西周时期,以"天德"为范本,人世社会将"别亲疏""定远近""分内外""辨贵贱"的"礼乐制度"作为统治者"德政"以及社会"有德"的标准及依据。用以维护西周等级社会的"礼乐制度",主要以"礼""乐"为主。"礼""乐"二者中,"礼"的功能在于"分",乐的功能在于"和"。依靠礼乐制度,西周社会不同等级的人们得以"分而有和""和而不同"。由于"德"是礼乐制度的核心,故而西周时期不同等级的人所具之德亦具等级分殊。

不同于西周,《老子》中用以给人世作为参考的道之德、天地之德以及物之德,无一例外地与现实之人保有本质的一致性。抑或说,从形上道之德的"无为",到天地之德的"不仁",再到万物之德的"不争",再到人主之德的"无为""不言",老子之德的本质未曾变更。即便具体到政治层面,"人主"与民众之德亦是一致的,既均体现为"不争""柔弱""知足""知止"等。正是因为本质相同,形上的"玄德""孔德"能下达至天地、万物及人世层面,并能够有的放矢地根据主体的不同,赋予主体不同的内涵与特征。

老子之"德"贯通万物、周流宇宙的特性,是由"道"赋予的。"道"作为《老子》中最为终极、本源的存在,亦是"德"之起源处。起于"道"的"德",首先分有"道"之形上性。形上之"德"与"道",在相当程度上是重合的。由于道在事物身上的显现是德,德是道之功能的体现,故而事物一旦显现自身所具之"道",便意味着事物之"德"的彰显。老子之"德"遍及万物的一个明显体现是,"域中四大"均是"德"之主体,且由于四者的属性不一,各者所具之"德"亦有不同的表现形式。总体而言,道、天、地、人四者之"德"虽无本质差别,但却依次呈现越来越具体的变化趋势。即由最初的形上之德,逐渐向下变为人世的诸多德目。主体之"德"的不同表现形式，既是由事物本身的属性所决定，又是《老子》"德"论的理论要求。毕竟，《老子》"德"论的目的在于"救时之弊"，主要是为着解决"不德"之社会问题。

在《老子》中，人世社会中的"柔弱""处下""谦卑""知足""知止"等诸多德目不是人为制定的，而是自然的结果。诸种德目形成的过程可被描述为：源于本体之道，承自自然之天地，最终落向人世，成为人世生活的道德原则。在德由形上向形下落实的过程中，道、天、地、人各者之间的衔接、联系尤为重要。正是由于各者之间存在着密切联系，《老子》"德"论得以系统化。老子认为，宇宙万物之间彼此联系、相互影响。人世社会的"不德"不仅对"人"本身产生危害，而且不利于自然天地以及自然万物的和谐共生。"师之所处，荆棘生焉。大军之后，必有凶年。"（今本《老子》第三十章）在《老子》中，"好战"属于"不德"。发于人世社会之战争的双重后果是"荆棘丛生""凶年"。何以"荆棘丛生"，原因在于战争影响万物的自然生长，破坏自然生态；何以有"凶年"，原因在于风不调、雨不顺，天地不能相合。由此可见，宇宙万物之间存在着一荣俱荣、一损俱损的共生关系。

由于在《老子》中，天地万物共同构成宇宙整体，各者之间联系密切，故而人世社会的"有德"是成就宇宙万物自然、和谐发展的关键。通过分析《老子》文意可知，在《老子》中道、天地、万物均是"有德"的。此三者因具备自然性，故本身便是"合道"的。相比之下，动乱不堪的人世社会则因其"人为"的非自然性而处于"不德"之列。也就是说，"域中四大"中，只有以"人"组成的人世社会存有"无德"的现象，其他三者皆"有德"。既然只有"人世"无德，《老子》对道、天地及事物之德的论述必在于为人之德提供参照。由于《老子》中的道、天地、万物各有其德，所以只有当人世社会"有德"后，才能实现人类、自然、宇宙的整体和谐。

《老子》"德"论将道、天地、万物三者预设为"有德者"，其对道、天地及万物之德的论述，旨在改变人世之"不德"现状。当人世有德后，则"人"可与本就有德之"道""天地""万物"形成有效联结。道之德、天地之德、万物之德以及人之德，各得其德，各德互应，美美如共，达成"道人合一"的完满状态，共同构成一有德之完满宇宙。此为《老子》"德"论之终极价值取向矣！

依照《老子》"德"论，个体成德的关键在于道德实践，通过"察""思""行"的途径，人们可以知德、体德、行德，并最终成德。个体之所以必须进行道德实践，原因在于道德于个体、社会甚至宇宙自然而言至关重要。个体德性的具备既是个体安身立命的根本，也是个体与他人交流沟通，并对身外之物抱持理性态度的前提。与《老子》"德"论的价值取向相同，道德教育的目的亦是为着使人成德，从而促成稳定和谐之社会、国家。就此而言，道德教育理论与一般的道德理论在道德实践的方法及价值取向层面具有共同的旨归。

第六章 《老子》"德"论的德育镜鉴

　　《老子》"德"论以"德"为核心，与道德教育的关注点一致。"对于'德育'概念的理解，一般有狭义和广义之分。狭义德育是道德教育的简称，这是从伦理学体系上界定的。"① 作为涵盖概念、层级、主体、内容及方法的系统理论，《老子》"德"论蕴含着道德与教育的关系、道德教育的主体、道德教育的内容、道德教育的方法等道德教育理念。作为以"德"为核心的理论，《老子》"德"论中有关"德"之内涵、主体、实践方法等的理论，与道德教育的目的、主体、内容及方法之间具有极大的相关性。以《老子》"德"论作为现实道德教育的参照，可为现实道德教育理论及实践的发展提供镜鉴。

第一节 《老子》"德"论的德育观照

　　《老子》"德"论的德育观照，指的是《老子》"德"论中包含并体现出的有关道德教育的理念、观点等。在老子看来，道德是个体、社会、宇宙自然安身立命、稳定有序、和谐共生的重要前提。对于道德的获得，是道德主体体现自身生存意义，彰显自身生命价值的重要途径。

---

　　① 韦冬雪：《对"道德教育"、"德育"与"思想政治教育"概念之辨析》，《探索》2007 年第 1 期。

老子关注宇宙万物的"德",更关注人世社会的"德"。在人世社会层面理解老子的"德",等同于将老子之"德"的主体,设定为人。在此种意义上,老子的"德"仅具备伦理含义,指道德、美德、品德等。人之德之所以为老子所看重,主要原因在于,人世社会的有德与否不仅关乎个体的发展,更关乎国家社会的兴衰,以及宇宙自然的和谐共生与否。在《老子》中,作为"域中四大"的道、天、地、人四者,各具其"德"。与人之德不同,道、天、地三者的德是自备、自足的,由于各者在发展、运转过程中遵循自然性,故而本就是有"德"的。相比之下,人之"德"则不尽然。与本就有德的道、天、地三者相比,人作为现实性、社会性的存在,并非必然有德。由于人之德的偶然性、应然性,人往往表现出对于道德的无知、漠然,并由此造成人世社会无德、失德的现实状况。事实上,老子之时,动荡不堪的社会现实,正是起源于人的"背道""离德"。鉴于此,老子对于人世社会道德的关注,必然使其由对人世社会背道、离德的失望、批判,转向对人世社会道德问题的关注,并找寻出解决道德问题的相关方略,以实现"救时之弊"的理论归旨。

《老子》对于人世社会道德问题的解决,在相当程度上是诉诸教育的。在道德问题的解决上,教育何以能够成为老子关注的对象?原因在于老子之时教育内涵的特殊性。先秦时期,教育与政治统治互相渗透,政治统治作为统治者管理民众的重要途径,其中不乏教育的痕迹。同样,教育作为一项以教导、训育人为主要内容的活动,同时被体现在政治统治中。以老子的"不言之教"为例。在《老子》中,"不言之教"的主体之一是"圣人"。"圣人"在《老子》中有多重身份,其既是理想的统治者,也是那个能够成为"教父"的人。因着"圣人"统治者及教育者的双重身份,"不言之教"作为一项理念,其既是政治的,又是教育的。在老子的整体思想中,明确体现出关注政治的取向。在老子看来,政治统治和教化是解决社会问题的最根本、直接、有效的方法。由于彼时政治与教育相因相生的关系,老子对于政治统治的关注,事实上也是对教育的关注。老子寄希望于统治者通过推行良性的统治而改变不堪的社会现实,也表明老子对道德教育寄予厚望。老子对教育寄予厚望,体现为老子希望通过教育的途径及方式，改良、改善人世社会的弊端。对于人世社会稳定有序、和谐美好状态的期待及向往，不仅是《老子》"德"论的价值取向，更是老子的政治思想、教育思想的最终旨归。面对着人世社会失德、离德的现实，老子对于"德"论的构建，蕴含着道德教育的相关理念。

《老子》"德"论围绕"德"展开，道德教育以"德"为重点，二者的核心一致。作为一套整体的理论，《老子》"德"论在概念、体系、层级、主体关系、表现形式及实践理路等层面具体论述"德"，而道德教育也在教育内容、教育方法等领域高度关注道德，二者在内容、方法、实践等层面具有互通性。

一 道德是否可教?

道德是否可教，是一个由来已久的话题，此话题为中西方学者所共同关注。道德教育领域中"道德是否可教"的命题，体现出道德与教育的关联性。在《老子》"德"论中，蕴含着有关此命题的解释。

道德是否可教的命题，集中体现"道德"与"教"的关系问题。解读此命题，首先应该对"道德"及"教"的概念、内涵、性质等进行探析。在明确"道德"与"教"的基本指涉后，对于二者关系的分析才有其合理前提。

在《老子》中，"道德"并非指惯常理解下的"品德""美德"，而是具备哲学、伦理等的多重含义。若不顾及"道德"在《老子》中的多重含义，而仅将"道德"理解为一般意义的美德、品德，则在命题的理解之初便难免偏差。"道德"在《老子》中并不仅指伦理层面的品德、美德，只有在以"人"为主体的情况下，老子的"道德"才具备伦理的道德义。当"道德"的主体是"天""地""物"时，"道德"不再具体指美德、品德，而是作为人世道德的象征。诚然，由于"教"作为人的活动，只能在人世社会进行，"天""地""物"不具备主动、自觉性，不能够与作为动作、活动、观念的"教"形成有效的互动；故而，老子中的"道德"虽具备"道"与"德"结合而成的哲学义，但在"道德是否可教"命题中不作考虑。抑或说，虽然"道德"在《老子》中，具备多重含义,但因为与"道德"发生关联的"教"的特定性,使得"道德是否可教"命题中的"道德"只能是具备伦理内涵的人之"德"。

关于"道德是否可教",老子认为道德是可教的。在《老子》"德"论中,道德之所以是可教的,与老子"道德"的特殊性及"教"的特定性密切相关。在《老子》中,"德"论各主体所具之德虽然具有不同的指称及表现形式,但是各者无一例外地蕴含着自然、无为的本质。在《老子》"德"论中,虽然"德"之主体不同,"德"依照不同的主体表现形式各异,但各主体所具之"德"是同宗同源的,均分有并彰显着价值起源处的"德"之无为性、自然性。具体到人世社会的道德,在老子看来,人世社会的道德虽有多种表现形式,但其总体特征体现为自然、无为。例如,在《老子》文本中,人世社会之道德的应然状态是"不争""处下""谦卑""居后"等。结合老子思想,可见各者均蕴含并彰显无为、自然的属性及内涵。老子"道德"本质、属性、内涵等的特殊性,是老子确定"道德可教"的原因及依据之一。除"道德"的特殊性,老子的"教"亦具备其特殊内涵。不同于一般意义的"教",老子的"教"是"不言之教"。

"不言之教"作为老子的教育理念,亦是老子道德教育的重要途径及方式。在老子看来,道德需要通过"不言"的方式"教"。老子"教"的特殊性,集中体现为"不言"。"不言"作为老子德育思想的途径及方式,与一般意义上的教之"言"存有本质的不同。与"不言之教"相对的是"言教","言教"关注工具性的"言"。在教的过程中,为着教育目的的达成,工具性的"言"通过工具属性及功用的发挥,能够对"言"的对象进行具象化处理。这种意义上的"言教"具备可操作性,体现为对于言说对象的切割、划分、缩减、筛选等。而一旦"言"是可操作的,则其必然是人为的。由于老子思想整体倡导无为、自然的理念,故而"言教"之"言"的人为性,与老子的意旨相背离。概或正是在这个层面上,"不言"作为教育理念,为老子所重视并提倡。

分析《老子》中"言""不言"与"道"的关系,亦可得见老子对于"言"及"不言"的不同态度。《老子》中,存有"道言悖反"的理论事实。《老子》开篇"道可道，非常道"（今本《老子》第一章），即对言与道的关系作了总体概括。汤用彤先生曾指出，"道之别一名为常"。"常"的第一种含义是"本然义，本来如此曰常"①。"道"的本然义，体现为其本原的、自然之义。相比道之自然、本然属性，"言"则是人为造作的，具有目的性、指向性。也就是说，当用人为的"言"来言说自然的"道"时，正所谓"言之者失其常，不以言为主，不违其常"②。言必然导致对道的划分和切割，有损道的完整性。可见，老子不提倡用"言"说"道"。既然不提倡用"言"说"道"，为何老子又说"道可道"？即便"道可道"说的是道与言之间的关系，"非常道"指的是言说道的结果，二者并非有直接对应的联系，但仍旧可见老子对道的"可言性"作了一定程度的谨慎保留。此即老子承认道与言之间的联系，认为道仅限于在某种程度上被言说，而且言说的结果是不甚尽如人意的"非常道"。这大概是老子从多角度论述道，却不给道以确定的形质及名称的原因。

道与言之间的特殊联系，使得言虽不尽道，然无言道不显，这就为"何以更加全面地言道"提供了思考空间。老子的"不言"，正是此问的答案。依照上文分析可见，老子对于"不言"的倡导既非仅为满足其理论需要，亦非独创一新颖的概念以彰显理论的特殊性，其对于"不言"的采纳及倡导，是在分析"言"的属性、内涵之后，理性判断与权衡的结果。老子之所以选择"不言"的方式，不仅在于"言"之弊端，更在于"不言"与老子倡导的无为、自然原则相符。从《老子》的整体思想看，"不言"与"无为"具有本质、内涵等的一致性。《老子》"是以圣人处无为之事，行不言之教"中的"无为"与"不言"是互为对照的关系。"不言"的无为、自然性，决定了以"不言"为核心的"不言之教"，也是一种以自然、无为为核心的教育理念。

概言之，老子的"道德"与"教"共同具备无为、自然的属性；在作为内容、对象的"道德"与作为方法、活动的"教"之间存在互通之

---

① 汤用彤：《魏晋玄学论稿》，上海古籍出版社 2005 年版，第 126 页。
② 王弼：《老子道德经注校释》，中华书局 2008 年版，第 67 页。

处;"道德"与"教"之间的过渡是自然的,二者之间的沟通是顺畅的。依照《老子》文本及语境,可见老子对于"道德是否可教"命题持肯定态度。

二 道德教育的主体是谁?

《老子》"德"论作为文化原典中的思想,既是政治的,又是教育的;既是个体的,又是社会的;既是人世的,又是宇宙万物的。《老子》的微言大义,或正在于其理论的广泛涵盖性及普遍适用性。作为整体的思想,《老子》中包含着教育思想;作为道德理论,《老子》"德"论亦包含着德育思想。只是,若将《老子》的"德"论与今日道德教育理论相对照,则发现《老子》"德"论并不能够与今日德育思想完全契合。

作为"德"论,《老子》之"德"具备含义复杂,主体多样等特点。老子将宇宙万物"拟人化",将道、天、地、万物均赋予人的属性,并将各者作为人世社会德性发展、德行开展的参照。由于《老子》的"德"既是万物成其自身的内在依据,也是存于万物之内的自然本性,还是德行、德性的体现,是故《老子》"德"论不独以"人"为主体,不独具备"道德"的含义。相比之下,今日的道德教育理论,有其特定的主体及含义。道德教育以"人"为主体,其中所谓的"道德"仅限于伦理层面。李泽厚曾指出"近代哲学从康德起,伦理道德被认为是人之所以为人之所在"[①]。人作为道德主体,加之教育所具备的特定内涵,使得道德教育只能以人为主体。不同于道德教育以人为主体,《老子》"道德"的主体遍涉宇宙万物。在《老子》中,"道德"就是"得道"。由于"道生万物",是"万物之所奥",宇宙万物均与"道"发生关联,是故道德的主体不独为人。

《老子》"德"论不独以人为道德主体,但涉及教育层面,《老子》中蕴含并彰显着教育以及道德教育的主体只能是人的观点。换言之,教育概念及内涵的特殊性,使得道德教育只能以人为主体。事实上,在《老

---

① 李泽厚:《伦理学纲要》,人民日报出版社 2010 年版,第 3 页。

子》中，需要行德、成德的只有人。也只是在此种意义上，《老子》的道德实践才有其合理性和现实功用性。人是道德教育的唯一主体，却不是道德的唯一主体，现实社会中的人应该通过教育的途径及方式"成德"。《老子》中既蕴含着对于作为手段、途径等的道德教育的肯定，又蕴含着对于人之发展的关切之大意。《老子》"德"论不独以人为主体，表明老子的大宇宙观、大自然观。如果道德仅仅以人为主体的话，就有可能强化人的中心意识，使得人自诩为宇宙核心、道德之主。故而，赋予"天""地""万物"等以道德属性，不仅没有弱化人的主体性，反而有助于拓宽人的胸怀及视野，使人心中有天地，身外有万物，避免人之唯我独尊的执念及偏见。

在《老子》中，道德是可教的。既如此，谁是道德教育的主体，则是针对道德可教的进一步追问。德育的主体指的是道德教育中的人，主要包括道德教育的实施者与接受者。此一问题，同样为《老子》"德"论所包含。在《老子》中，"德"的主体包括道、天地、万物、人四者。由于道、天地、万物的"德"具备先在性、本然性，各者的"德"是一种素来的实然状态，故而不是教育的对象。将"德"放置在教育领域，说明老子德教的主体只能是人。在《老子》"德"论中，人作为"德"的主体，是"德"的体认者、践行者。老子将能够与"德"互动、沟通的"人"作为道德教育的主体，有其基本的判定标准。在《老子》"德"论中，人之"德"不同于道之德、天地之德和物之德的最明显之处，在于现实社会中并非人人有德。由于人世社会的"德"仅具备伦理义，故而《老子》"德"论中关于"人世社会并非人皆有德"的观念，实际上指出了现实中人道德的整体状态，即：并非人人都是道德的。老子并非人人有道德的观点，一方面是其认同道德教育的前提。另一方面，《老子》"德"论中"并非人皆有德"的观点，亦揭示出另一项事实，即现实中确有具备道德之人。以道德的具备与否作为区分现实之人的标准，可将整体的人分为道德之人与不道德之人。

依照《老子》"德"论，作为"德"之主体的"人"，是指一切人、所有人，而非个别、特殊之人。以群体之人作为"德"的主体，在道德教育中体现为将所有人作为道德教育的主体。依照《老子》"德"论中关于有德之人与不德之人的区分，老子之"人"作为道德教育的主体，亦可被区分为有德者和不德者。对于有德者与不德者在道德教育中的身份、角色的设定及分配，《老子》"德"论皆有所涉及。在《老子》"德"论中，"圣人"作为有德之人，是人世间的道德楷模。由于"圣人"作为理想之人的代表，在《老子》中是理想的统治者，对于民众有教化之职责，故而有德的"圣人"是道德教育的主体，被老子赋予教育者的身份，扮演道德教育的施教者角色。与有德的"圣人"相对应，那些离德、失德、背德之人，自然成为道德教育中的受教者。

在《老子》中，存有对"圣人"之角色及身份的相关论述。"人之所教，我亦教之：'强梁不得其死。'吾将以为教父"（今本《老子》第四十二章）。在老子看来，"圣人"教以人的是"强梁不得其死"的道理。《庄子》曰："强梁，多力也。"结合《老子》"坚强者死之徒"的观点，可得见老子所主张教人的正是"柔弱"之德。"吾将以为教父"句，则表明老子以"师者"身份自居。除此之外，《老子》中存有对"圣人"与"民众"师生关系的论述。"故善人者不善人之师，不善人者，善人之资。"（今本《老子》第二十七章）"善人"为师，则最有资格为师者，即是有德之"圣人"；"不善人"为资，则芸芸众生中之不德者，均是"圣人"德教的对象。在承认德教主体存在的前提下，关于圣人与不德之人之间的关系，《老子》有言"不贵其师，不爱其资，虽智大迷，是谓要妙"（今本《老子》第二十七章）。老子主张不德者要重视圣人的德性，圣人要"慈爱"不德之人，并认为"贵师爱资"在圣人德教的过程中既重要又微妙，需要谨慎把持。此外，统治者作为"在上者"，为民众之标榜、示范的思想，通过老子对圣人言行的反复强调亦可得见。老子将"圣人"作为人世道德的楷模，认为有德的统治者，亦应是促使民众德性发展的教育者。

概言之，老子将人统作为道德教育的主体，与"教育只存于人世社会"的理论相符。《老子》"德"论的价值取向在于"人皆成圣"，而道德为每一个个体所具备，是老子"人皆成圣"的前提条件。在选定道德教育的主体后，在对施教者与受教者的选择上，老子则以是否有道德作为判定标准。有德者有资格及能力担任施教者的职责，不德者则是道德教育的对象，是在道德层面有待改进及提升的受教者。

三　道德教育的内容是什么？

道德教育内容是道德主体沟通、交流的中介。在道德教育过程中，受教育者对道德教育内容的体认及获得，有助于自身道德的获得与提升。在《老子》中，道德教育的内容有其特定的形式，即"德知"。"德知"，即关于"德"的知识。《老子》中是否有德知，似乎是个伪问题。因为《老子》中既有"德"论，何以没有德知？然而，此一看似不言自明的问题背后，实则包含着深意。《老子》中是否有"德知"，首要取决于《老子》中是否有"知识"。此一问题，曾经引起老学界的热议。

对于老子的知识观，目前学界仍有两种截然相反的观点：一种观点认为，老子是"反知"的。该观点主要由《老子》中的"绝学无忧"一言引发而来。该论点认为，知识的获得易于强化世俗的欲望，蒙蔽人"道法自然"应有之天性，故而认为老子持杜绝知识的立场。正如有学者所说："老子曾普遍地被视为是一个不可知论者。"① 另一种观点认为，老子并非一个彻底的反知主义者。"老庄非绝对的不要知识，反对智识，而是绝对地反对妄知，警惕妄知，从而发现真知。"② 这种观点认为，老子所反之"知"有其特征，即老子"绝学无忧"，意指"惟绝世俗末学则无尤"③。所谓的"世俗末学"，即在彼时经由"人的主观的偏执和专断的取舍"不合道之自然本性的"不能成为真正的知"④ 的知识。正如李约瑟所说，道家"攻击'知识'，但他们所攻击的'是儒家关于封建社会的

---

① 朱晓鹏：《道家哲学精神及其价值境遇》，中国社会科学出版社 2007 年版，第 24 页。

② 公木、邵汉明：《道家哲学》，长春出版社 2007 年版，第 83 页。

③ 魏源：《老子本义》，华东师范大学出版社 2010 年版，第 82 页。

④ 朱晓鹏：《道家哲学精神及其价值境遇》，中国社会科学出版社 2007 年版，第 25 页。

等级和礼法的学究式的知识，而不是关于大自然之道的真正的知识'"①。由此看来，"五千言的一个重要内容就是告诉人们知识的重要性以及如何获得真知。老子认识论的终极目标仍在于知道"②。老子的确反对知识，但并非主张"无知"论，反对一切知识。"老子对于具体的个别的一般事物的知识，采取了可知论的态度，并不能是反对外界的事物可以认识，所以他说为学日益，为道日损。"③ 老子所倡导的知识，是那些合乎事物自然性的知识。"道家严格区分了两种知识，一种是儒家和法家的社会'知识'，这是理性的，但却是虚假的；一种是他们想要获得的自然的知识，或洞察自然的知识，这是经验的，甚或是可能超越人类逻辑的，但却是非个人的、普遍的和真实的。"④ 可见，老子并非反对全部知识，其所反对者是"不德""不道"之知。对于合于"道"的知识，老子是提倡的。而关于"道""德"的知识，由于其本身便具善性，故而是善知、真知。

老子所希冀的状态是万物有道。因道是万物的起源处，且是最高之"德"的起源处，故而理想状态下的万物以及关于万物的知识均应是善的。然而，理想状态的善知、真知，在遭遇"不道""不德"的现实后，便有可能改变其"善""真"的本质，而转向"恶""伪"。老子后学庄子便认为知识有真伪、善恶之分，认为争权夺利、尔虞我诈之行为皆因"伪知"的缘故。《庄子·齐物论》指出："道恶乎而有真伪，言恶乎而有是非？"关于知识何以有真伪，庄子亦对此作过说明。《庄子·秋水》有言："牛马四足，是谓天；穿牛鼻，落马首，是为人。"在庄子看来，天之自然性，恰如牛马之四足，人对牛马的主观作为使得其丧失通体之自然性，不再是原初之面貌。相较之下，知识亦然。原本的合道之知，经过人们有目的、有计划的加工及处理，失却了知识本身的自然善性，成为供人们争权夺势、标榜自身的工具。正所谓"知也者，争之器也。"（《庄子·

---

① 李约瑟：《中国科学技术史》第 2 卷，科学出版社 1990 年版，第 35 页。

② 孙以楷：《道家与中国哲学》，人民出版社 2004 年版，第 104 页。

③ 任继愈：《中国哲学史论》，上海人民出版社 1981 年版，第 192 页。

④ 李约瑟：《中国科学技术史》第 2 卷，科学出版社 1990 年版，第 37 页。

人世间》)

与对"无为"的肯定相应,在老子看来,"不道""不德"之知皆是人为的"伪"知。世间的淫技巧智不仅无益于道德养成,反而侵蚀人之身心,膨胀人之欲望,使人背道离德。在诸种"伪"知中,老子尤为反对教条的、硬性的纲常条规。诸种人为制定的条规,与"无为"主旨相悖反,为老子所诟病。结合社会现实而论,西周的礼乐制度是"制度之知"。人们在"知"礼乐的前提下,遵行礼乐制度。同样,儒家孔子的"仁""义""礼"三者亦以知识形式呈现,先知后行亦是儒家道德实践的特征。可以说,行以知为前提的道德实践模式为西周时期及儒家所共同倡导。作为一种道德实践模式,知先行后的模式本身并无可供挑剔及批判的主观因素,毕竟其主要是由人类的思维方式及行为习惯决定的。既然模式本身没有问题,何以西周以及为孔子所大加赞赏的礼乐制度"崩坏"了呢?原因之一应在于"知"之不当,即人们所"知"者是非真非善的"不德"之知,依知而行之结果亦自然是"不德"的。西周及孔子的制度之"礼",被老子看作"乱之首",究其原因在于"礼"是"伪"知。知礼,需知礼之外在表现形式,只有在此前提下,人们对礼仪、礼节的呈现才有其依据及判定标准。而一旦所知所行者是其外部表现形式,则"知""行"二者皆是"伪"的,由"伪知""伪行"导致"崩坏"当属必然。循此可以说,真善之知对应真善之行,知德方能行德,知德、行德方能成德。

在《老子》中,合德与否是定义知识的首要标准。由于关于仁、义、礼的知识皆属下德之知,故而在老子看来其不足以成就有德、合道之人。老子对于"恶""伪"之知的否定及摒弃,印证了其对善知、德知的肯定及褒扬。在老子看来,唯有合德之知应为人们所体认,人们对合德之知的体认是使自身成为"有德"之人的首要前提。《老子》文本呈现了诸多合德之知,具体来说,大抵有以下几类。

首先,"无"之知。在老子看来,对于"无"的体认有助于对于"有"的利用。现实中的"万有"皆来源于"无","有"所产生的一切价值皆为"无"所赋予。老子甚为重视"无"之功用,认为世人皆汲汲于追求产生实效的知识,却不知世间合德之大知恰在于"无"之知。在《老子》中,关于"无"的知识亦可作为一种思维方式,其反映的是人们看待事物的角度以及所达至的思想境界。在老子看来,关于"无"的知识乃为真知,其是一切细末知识的本源所在,超越且涵盖一切有用之知。"三十辐共一毂,当其无,有车之用。埏埴以为器,当其无,有器之用。凿户牖以为室,当其无,有室之用。故有之以为利,无之以为用。"(今本《老子》第三十一章)"无"之空虚、包容万物的属性,是"人"应具之德。有了关于"无"的知识,人们可用其解决现实中诸多有用之知所解决不了的问题,在行事为人的过程中亦更易保有及发展自身的德性。

其次,自知之知。自知之知,即知自身之自然,表现为"不自见""不自是""不自伐""不自矜"。在老子看来,凡是违背人之自然性的思想及行为,都是不自知的表现,故主张个体具有自知之明、具有知其自身并且防止自身不自知的相关知识。老子对于不自知之人多有警告,如"自见者不明,自是者不彰,自伐者无功,自矜者不长。"(今本《老子》第二十四章)不自知之人违背自身天性为人处世,所得结果往往与所期待的结果相反。相比之下,"自知者明"(今本《老子》第三十三章),自知之人才是真正的智慧者。可见,掌握自然人性之知是促使人们得道、成德的前提。

再次,顺时之知。范蠡有言:"时不至,不可强生;事不究,不可强成……必有以知天地之恒制,乃可以有天下之成利。"(《国语·越语》)顺时而为乃是顺应事物起源、发展之自然性的表现,此亦存在于以标榜自然性为根本的《老子》中。从整体上看,老子之"道",亦动亦静,动静皆顺其时,故能生养、化育万物。"天地相合,以降甘露"(今本《老子》第二十五章),天地之所以降甘露,正因为天地合其时、顺其势,故万物和合,风调雨顺。正如魏源所言:"盖时然后言,人不厌其言。如时雨之应会而至,不疾不徐。若非自然而强谈诡辩以惊世,犹此飘风暴雨,徒盛于暂时而已。"[1] 此种具有自然之德的顺时之知,对于统治者教化民众以

---

[1] 魏源:《老子本义》,华东师范大学出版社 2010 年版,第 53 页。

及民众统筹协调自身生活大有裨益，故而是有德之知，为老子所提倡。

最后，处下之知。此处所谓处下之知，大抵包含不争、谦卑以及柔弱等诸如此类与硬性的、教条的纲常、规范等相反的知识。处下之知体现老子之道的自然属性，循着此类知识人们断不会养成争先、尚功、好利之品行。对于此类知识，老子多有褒扬。"夫惟不争，故无尤"（今本《老子》第八章）；"天之道，不争而善胜"（今本《老子》第七十三章）；"圣人之道，为而不争"（今本《老子》第八十一章），皆指出不争之知的重要性。"柔弱胜刚强"（今本《老子》第三十六章）；"弱者道之用"（今本《老子》第四十章）；"天下之至柔，驰骋天下之至坚"（今本《老子》第四十三章），皆指出柔弱之知的力量所在。至于第六十一章及第六十六章论及的"大国""小国""江海""百谷"等例子，则明确表明"谦卑"之知的重要性。

在理想状态下，因道遍布于万物，故而万物之知本合于道之德，是"德知"。然而现实中的人为造作多致使事物的发展背道而驰，使得有关事物的知识不再是反映事物自然性的合德之真知，而是成为恶知、伪知。鉴于此，老子必然决绝地抛弃那些表面化的、形式化的、不合道之自然性的知识，转而将"合德"的真知纳入知识范畴之内。只是与文本、语言的知识形式不同，老子的"德知"体现为思维方式、认知习惯等，其构成并体现为人们的认识、思想与观念。

以合德之知作为道德教育的内容，老子关注的并非书面化、语言化的道德知识，而是一种正确认识、实践道德的态度、观念和思维方式。

四 道德教育通过何种方式实施？

道德教育通过何种方式实施，关注的是老子道德教育的方法问题，此在《老子》"德"论中同样有体现。在《老子》中，"圣人"作为道德教育的实施者，有特定的教育方法，此即"不言之教"的方法。在《老子》中，"不言之教"作为教育理念，体现在教育的各个层面，其既是教育的方法，又是教育的原则，还是教育的内容。作为一种教育方法，老子的"不言之教"同样适用于道德教育。

在《老子》中，作为道德楷模的圣人是道德教育的施教者。由于"圣人"不仅是道德典范，还是理想的统治者，加之政治与教育之间的密切关联，是故"圣人"作为"人主"，其"教"民以德的方式是"不言之教"。"不言之教"作为理想的道德教育方法，有其自身的合理性及优越性。《老子》中"教"字出现次数不多，统共出现在三个章节中。除"人之所教，我亦教之：'强梁不得其死。'吾将以为教父"（今本《老子》第四十二章），《老子》的第二、四十三章亦出现过"教"字。"教"首次出现在"是以圣人处无为之事，行不言之教"（今本《老子》第二章）句。"不言"与"教"字连用组成的"不言之教"，是《老子》中唯一可直接与教育联系起来理解的概念。"不言之教"之所以为老子所重视，并被视为道德教育的主要方法，原因主要在于，作为方法的"不言之教"是善法。何以"不言之教"是理想的道德教育方法，此与"不言"之德有关。抑或说，在《老子》中，"不言"合于"德"。"不言"之所以与德合，因"不言"同于"无为"，与作为终极价值的"道"相符。

"不言"与"不言之教"均首见于《老子》"是以圣人处无为之事，行不言之教"句。单从此句而论，前句"无为"与后句"不言"之间存在对照关系，按照圣人"无为无不为"的逻辑，圣人亦"不言无不言"。宋代林逸希撰《老子鬳斋口义》有言："圣人以无为而为，以不言而言。"① 无为而无不为，故而不言而无不言，老子"不言"的理论基础是"道无为"。老子对合于"无为"的"不言"多有褒扬，认为作为言说方式的"不言"与"道"共具自然属性，能够与"无为"之道互相指涉。"多言数穷，不如守中"（今本《老子》第五章），老子在指出"多言"的危害后，进而指出要采用"守中"的方式。"守中"之"中"，读为"冲"，意为空虚，可引申为"谦虚自守"之意。可见老子对于"不言"的肯定以对"多言"的批判为前提，此从侧面指出了"不言"所具的"贵言""少言"的特性。此外，针对"大音希声，大象无形"（今本

---

① 林逸希：《老子鬳斋口义》，华东师范大学出版社2010年版，第3页。

《老子》第四十一章）之"希声"，王弼解曰："听之不闻名曰希"①，可得"希声"意为"不言"；"悠兮其贵言"（今本《老子》第十七章），即以言为贵、不多说之意，可知"贵言"也是合乎自然状态的"不言"。"希声""贵言"是老子对"不言"的别称，诸者均指称自然的、不言而无不言的"大言""大音"。

古今诸多学者以老子"道"之"无为"特性为依据，对"不言之教"进行解读。今本王弼《老子》对于"圣人处无为之事，行不言之教"的解释是"自然已足，为则败也；智慧自备，为则伪也"②。日本学者波多野太郎认为，王弼注解中"智慧自备"一句正对应"行不言之教"，而其中的"为"似可当"言"来解。③ 若如波多野太郎所言，"为"与"言"相对，则"无为"与"不言"相对，因"无为"是道之属性，故"不言"合于道之属性。同理，"不言之教"亦合于道。换言之，循着"不言"与"道"之契合，"不言之教"自然成为统治者用以教化民众的理想手段。"不言之教"中的"不言"合于自然性，是"不言之教"成为道德教育理想方法的前提。

除看重"不言之教"的自然性质，而将"不言之教"视为理想的道德教育方法外，老子亦看重"教"之改善、促进现世生活的功用。二者结合使得老子主张"圣人"在"教"的层面运用"不言"的方式，促使人们德性的获得及扩充。在《老子》中，以"圣人"为施教主体而开展的道德教育，主要体现为教育者的"以身作则"，即"圣人"向民众展示自身德性，并陶冶、感化之。

分析《老子》文本，以陶冶、感化为内涵的"不言之教"，在具体的运用过程中，可在以下层面展开。

其一，以百姓心为心。圣人以"百姓心为心"，是依靠自身德性教化民众的前提。"圣人无常心，以百姓心为心。"（今本《老子》第四十九

---

① 王弼：《老子道德经注校释》，中华书局2008年版，第113页。
② 王弼：《老子道德经注校释》，中华书局2008年版，第6页。
③ 王弼：《老子道德经注校释》，中华书局2008年版，第7页。

章）有德的"圣人"，思想开通、顺势而变，以百姓的思想作为自身统治的依据，时刻考虑民众的处境。在对民众进行德教时，"善者，吾善之；不善者，吾亦善之，德善。信者，吾信之，不信者，吾亦信之，德信"（今本《老子》第四十九章）。统治者以平等的态度对待德性不一的众人，并从一而终地善待、信任民众，此种行为带来的结果，便是民众在"圣人"的德教下，被圣人的德性所感化，成为有德之人。

其二，长善救人。圣人常怀善念、常施善行，此既是保有自身的方式，亦有利于自身德性的不断彰显，还能够发挥道德教育的功效。针对有德与不德民众之区分，老子有言："美言可以市尊，美行可以加人，人之不善，何弃之有？"（今本《老子》第六十二章）美好的语言可以换来他人的尊重，良善的举动能使人改过迁善，既然使人成为有德之人有法可循，那些无德者，即使做了恶事，又何必弃而不顾呢？"人之不善，何弃之有"的反问，在于强调圣人之"德教"应一视同仁、坚持不懈。针对于此，老子有言："是以圣人常善救人，故无弃人；常善救物，故无弃物"（今本《老子》第二十七章），表明圣人德教的对象是万物，德教的目的是使万物皆有德。圣人"长善救人""常善救物"的德行在救人、救物的过程中，亦间接地影响、感染着其他人。通过对"圣人"德性的体认，不德之人会潜移默化地受到"圣人"之德的影响，并最终成其德。此即老子的"无弃人""无弃物"的德性圆满状态。

其三，以德报怨。圣人在实施德教的过程中，面对着德性不一的众人，需要采取"报怨以德"的态度。"报怨以德"即前文所述的"善者，吾善之；不善者，吾亦善之"，体现为圣人以自身含蓄兼容、博大宽广之胸怀、气度，感染、感化民众，并最终"教"民众有德。针对"圣人"对民众"报怨以德"的原因，老子有言："和大怨，必有余怨，安可以为善？"（今本《老子》第七十九章）圣人认为一旦与民众结怨，便不好弥补，也不能很好地对民众进行道德教化。基于此，为着不与民众结怨，圣人虽然手握契券，却从不向人们索取。《老子》以"圣人执左契而不责于人"，说明有德的统治者为着避免与民结怨，故而采取无为的德政。民众在知晓与体认统治者的德性后，亦能够促使自身相应德性的形成。

在《老子》中，"圣人"所要做的正是持续地以自身之德感化民众。"荒兮其未央哉！众人熙熙，如享太牢，如登春台。我独泊兮其未兆，如婴儿之未孩。傀傀兮若无所归。众人皆有余，而我独若遗。我愚人之心也哉！沌沌兮！俗人昭昭，我独昏昏；俗人察察，我独闷闷。澹兮其若海，飂兮若无止。众人皆有以，而我独顽似鄙。我独异于人，而贵食母"（今本《老子》第二十章）。有德之"圣人"的教德正体现为其不羡慕"众人"的奢华、财富、聪慧，而始终以淳朴、自然、淡泊谦虚的形象示人，时刻保持着"众人皆醉，我独醒"的有德之人的状态。

在《老子》中，以"不言之教"作为道德教育的途径及方法，对于作为施教者的"圣人"提出特定的内在要求。在方法运用过程中，一方面要求作为施教者的"圣人"想民之所想；另一方面要求"圣人"具有教化民众的恒心、耐心。或许正是因为"不言之教"作为方法，并非易知易用，故而老子感叹："不言之教，无为之益，天下希及之。"（今本《老子》第四十三章）

第二节 《老子》"德"论的德育启示

《老子》"德"论，围绕"德"而展开；从概念、体系、层级、主体及表现形式以及实践理路等层面对"德"进行综合论述。《老子》"德"论作为整体性理论，其中不乏与道德教育直接相关的内容。

老子之"德"的伦理义，与道德教育关于"道德"的界定一致。《老子》"德"论的主体，虽包含道、天、地、人各者，但在人世社会中，"德"论的主体只能是"人"，此与人在道德教育中的主体地位一致。《老子》"德"论的内容，主要体现为"德知"。表现为思维方式、认知习惯等的"德知"作为《老子》"德"论的内容，亦是道德教育的内容。以"德知"为内容，老子主张通过"不言之教"的方式"教"德、"学"德。"不言之教"作为老子"德教"的途径及方式，意在使人成"德"，此与道德教育方法的取向及功用一致。

《老子》"德"论在内涵、主体、内容、方法等层面与道德教育理论及实践的契合之处，是其可为道德教育提供启示的前提。道德教育的展开，需要以相关的理论为指导。以认识指导实践，道德教育的实际开展才能够具备丰厚的思想及理论基础。《老子》"德"论以"德"为核心，道德教育围绕"道德"展开，二者于最根本处存在一致性。作为系统论述"德"的理论，《老子》"德"论能够与道德教育形成有效连接，能够为现实道德教育的开展提供理论层面的滋养及润泽。

一 道德教育需关注人的精神生活

在《老子》"德"论中，人世社会的道德不是凭空产生的，而是有其来源及依据。老子将宇宙拟人化，将宇宙中的万物统作为"德"之主体，主张"人"通过仿效宇宙、自然之"德"，成就理想人生。《老子》"德"论体现出的"形上—形下"、"哲学—伦理"以及"道—人"的过渡性，与今日将"德"理解为"道德"，认为"德"之主体仅为"人"的情况大为不同。

依照《老子》"德"论中"道"与"德"之间的关系，可得见"德"首先具备形上内涵，指的是终极价值。老子之"德"形上内涵的获得，是作为终极存在的"道"赋予的，"德"的最初属性是形上的。在《老子》"德"论中关于"德"之主体的部分，"德"的性质、属性，随着主体身份的不同而依次变化，自道至天地，自天地至人，"德"的内涵、属性不断变化，并最终于"人"之处，获得了伦理的"道德""美德"之义。

按照《老子》"德"论中蕴含着的"德"之内涵、属性等的演变过程，可见人世社会的伦理之"德"，并非本就存在或通过人世社会的构建而得，而是有其源头。通过反推法，可得见人世的道德来源于终极的"道"，"道"是人世道德的起源，人世道德分有"道"的属性，并成为彰显"道"的方式。在《老子》中，人世道德以终极之"道"为本源处，也可通过分析"德"之主体间的关系得出。"域中四大"的"道""天""地""人"四者的关系，被界定为"人法地，地法天，天法道，道法自然"；除"道"法"自身之自然"外，其余各者皆以前者为法则及依据。作为"德"之主体的道、天、地、人四者以"法"作为各者关系的连接，并层层递进。递进关系的连续性、顺畅性，说明各者之间的关系是同质的、从一而终的。由是在"人法地，地法天，天法道，道法自然"中，不仅"道"法自身，天、地、人最终所"法"者亦是"道"。由于"道"是"德"的源头，作为价值的"德"分有并彰显"道"的属性，故而"道"之终极、本源的角色及功用，决定了天、地、人各者所具之"德"，最终以"道"为来源处。抑或说，由于《老子》中天地万物的终极法则是"道"，故而各类主体的"德"必然依源于"道"，也就是那个纯粹形上的终极存在。

《老子》"德"论中关于"德"之主体关系的分析，体现出"德"之概念、内涵的演变过程，即沿着道之德-天地之德-万物之德-人之德的过渡与递进。借助"德"之主体间的关系，"德"之内涵演变过程可具体表述为："道"作为"德"的第一主体，是"德"的最初形态。由道而德，"德"作为价值起源处的存在，最先具有的是形上属性。在《老子》中，天地、万物的"自然而然""自是其是"与"道"合，是有"德"的。人通过借鉴天地、万物的自然性，体认、获得"道"，进而成"德"。与价值起源处的道之德、兼具形上形下双重属性的天地之德，以及纯粹形下的万物之德不同，人之"德"具备"道德""美德"的伦理义。也只有在以"人"为主体时，"德"之伦理义方显现。"道—天—地—人"模式下的"德"，整体呈现出"哲学—伦理"的过渡性与转化性。

何以老子之"德"具备过渡、演变的特性？原因在于，老子构建的是具备自上而下贯通性的"德"。这个贯通性的"德"，以形上的哲学之"道"为起源处，以形下的伦理之"人"为落脚点，以"天地""万物"为中介。伦理之"德"以形上之"德"为来源及依据，不仅说明《老子》"德"之概念、内涵的多样性、过渡性，更说明现实人世之"德"有其归属与本根。抑或说，在老子看来，现实之德必须有那个合法、正当的终极存在作为来源及依托，否则便不具备"常"性，不能长久有效地指导人世生活。在《老子》中，"道"之完满性是不言自明的，倘宇宙万物皆以"得道"作为终极目的，则宇宙社会的最终结果亦必然是完满的。

在道德哲学领域，可将老子的终极之"道"与"信仰"关联。人之"德"以终极的"道"为指导，并以对"道"的获得作为最高追求。与此相同，信仰既是成就人们道德的前提及原因，也是人们道德追求的目标及结果。《老子》的"德"离不开"道"，道德亦离不开信仰。如同《老子》的"常道"能够成就"有德"的个体、社会、国家，信仰亦是确保上述诸者长久"道德"的前提。

与老子关注人世道德起源处的形上存在，以及道德哲学需关注信仰的观点相似，现实的道德教育亦应有较高的德育目的。道德哲学关注的信仰，在道德教育中有多种表现形式，诸如信念、理想等。道德教育主体对于信念、理想的追求及向往，更多的是一种精神需求。道德教育作为手段、途径，其一般的目的是培养有道德的人，其高层次的目的则是促使人们形成对俗世社会的物质、欲望等的正确观念，关注人的精神境界的提升，重视个体良善的生活态度、生活方式的养成及获得，促使人们过一种精神性的生活。

作为社会中人，人之所以被称为万物之灵，主要原因在于人同时是精神性存在。道德教育关注人的精神生活，即是关注人的本质。由于对于人本质的关注，是教育作为一项社会活动能够施之有方、行之有效的关键，故而道德教育对人精神生活的关注，当是其分内之职。

二 道德教育不止于道德实践

在《老子》"德"论中，道德实践是人们获得"德"的重要途径。人对"德"的主动、自觉的探索、寻求，是得"德"的前提及条件。在《老子》"德"论中，道德实践主要包括"察""思""行"三种方式。

"察"即观察，指的是人们对于有德者的状态、言行、活动等的观察、体认。道德观察的过程与结果，与观察主体的主动、自觉性密不可分，是道德观察者有意识的、自觉的行为。不同于一般意义上道德实践行为的直观性、外显性，道德观察更多是观察者的内部活动，体现为感官活动、思维活动等，它是内部的、不明显的。由于道德观察以外显的"道德"为对象，故而道德之人、道德之事等可供观察者，自然成为观察对象。

运用道德教育的相关理论，老子的道德观察，实际上等同于道德教育中的榜样示范法。榜样示范法即是为观察者提供榜样，《老子》"德"论中的"圣人"作为道德楷模，其言行、举止、状态等均是道德观察的对象。在《老子》中，人们通过观察"圣人"，可对"圣人"的状态、言行、思想等有基本了解，进而对道德的基本表现形式有所体认。从这种意义上讲，老子将"察"作为"德"论的实践理路，主要目的在于促使人们道德认知的形成。

与"察"的方式不同，《老子》"德"论的另一实践方法"思"，主要体现为道德反思。道德反思与道德观察的本质区别在于，道德观察的目的在于道德认知的获得，而道德反思则必须在个体具备道德认知后方能开展。作为《老子》"德"论的实践理路，"思"的方式与"察"具有相同的特征，均是内部的、隐蔽的。在《老子》中，道德反思的开展具有一定的限制及要求。其一，只有那些道德认知相对成熟的人，才能够进行道德反思；其二，人只有在心境澄明的条件下，道德反思才具备展开的前提。以道德认知成熟的人作为道德反思的主体，原因在于道德反思活动的特殊性。道德反思的过程包括反思者对自身道德各个层面的反省、思索，在反思过程中需要有一定的道德标准作为对照及判定依据，这要求反思者具备相对成熟的道德认知。规定反思主体的心境，原因在于反思活动的开展离不开平静、澄澈的心境及思维。在《老子》中，"思"德之人之所以"涤除"私心杂念，并达至"致虚极，守静笃"的状态，正是为着排除个体主观成见的干扰，为道德反思提供理想的内部环境。

若说"察""思"的道德实践方式是内部的、隐蔽的话，老子的"行"则是直接的、外显的。"行"作为老子道德实践的方式，主要指的是个体对于道德的践行，表现为具体道德活动的展开。在《老子》"德"论中，"行"的道德实践方式主要包括"依人而行"与"依道而行"。"依人而行"在一定程度上是个体在道德观察后展开的道德行为，主要体现为模仿道德之人的言行、举止、状态等。此种层面的"行"含有一定的被动性，是较低层次的行。相比之下，"依道而行"则是得道者的道德实践。与"依人而行"不同，此种意义上的"行"，是主动的、自然的。由于得道之人与"道"合，其言行、举止自然地蕴含并彰显"德"。

"察"对应着道德认识的获得；"思"对应着个体对道德认识、道德行为等的反思；"行"对应着道德行为的显现。道德实践方法性质的不同，决定道德实践结果的不同。按照道德教育的一般理论，道德认知作为"知"的层面，是人们获得道德的前提；道德行为作为"行"的层面，是人们道德获得的结果及判定依据。个体道德认知的获得是道德教育的初级目标，个体对于道德的践行是道德教育的最终目标，个体的道德认识服务于道德实践。那么，道德实践是道德教育的终点吗？按照《老子》"德"论，非也？在老子看来，道德实践只是人们遵道、行道、有德、成德的体现，而非终极追求。人们践行道德，最终是为着个体精神生活的丰富与精神境界的提升，是为着"成圣"。《老子》中的"圣人"，其所"圣"之处在精神与境界。

以《老子》"德"论为借鉴，道德教育以个体的道德实践为目标，更多只是关注道德的现实价值与社会意义。这在相当程度上忽视了人们精神境界的提升。对于道德教育而言，道德实践可以是道德教育的落脚点，但并非是道德教育的止步之处。在道德实践之外，道德教育更加应该关注个体精神境界的提升，关注道德之于个体品格的陶冶、渲染功用，关注教育中人的德性生活方式及生活态度的养成。

三　道德主要不是教的功夫

《老子》"德"论蕴含的德育思想，体现出"道德可教"的理性判断。老子的"道德可教"与"道德"及"教"的特性相关。在《老子》中，道德的自然性与"教"的自然性，使得道德可教。

在《老子》中，"道德"是可"教"的，不过只能通过"不言"的方式。由于"道德"不同于一般的知识、经验，老子"不言"的德教理念，有着特定的内容、方式、情境。"不言之教"本质上属于"自我教育"，强调的是教育者的"身教"，以及受教育者的领悟、体会、实践，其与今日的德育理念存有极大的殊异。老子"德教"与今日道德教育的差别，体现在德育理念、德育实践的各个层面。

其一，从德育目的讲，老子的"德教"以个体对于道德的践行为落脚点，以个体精神生活的获得、宇宙社会的自然和谐为终极目标，是一种在大宇宙观、大自然观指引下的目的预设。相比之下，今日道德教育的目的，更多关注个体道德实践的获得，将道德实践作为检验个体道德与否、道德高低的唯一标准；更有甚者，以道德实践的次数，作为评判个体道德与否的依据。若说老子的"德教"目的在于"人人成圣"的话，则今日的德育目的，则在于要求"人人做好事"。"人人成圣"指向人的精神层面，"人人做好事"关注的则是外部的道德行为。关注点不同导致道德结果迥然有别。

其二，从德育内容上看，老子关注那些能够对人的道德提升具有促进作用的"德知"。在《老子》中，"德知"不仅是知识，更体现为人的思维方式及认知习惯。相比之下，今日道德教育的"知识"则具有表面化、形式化的特征，包括诸多的道德律令、道德规范、道德原则等。老子"德知"作为思维方式、认识习惯和态度等，能够与道德认识形成直接关联，对于个体道德的获得及提升具有直接的促进作用。而作为外部的、规定性的知识，道德规范、原则、律令等，则需要先得到个体认知、思维和态度等的认可，才能够与道德认识产生关联。形式化、规定性的知识与人们的道德认识之间存有障碍；德育内容的生硬、无趣与道德认知的感性、灵活性难以形成有效对接。

其三，从德育方法看，老子的"不言之教"作为方法，关注个体的自然本性，体现为对于个体道德发展的柔性呵护与温情关怀。在《老子》"德"论中，由于"不言之教"的本质属性是自然性，故而"不言之教"有今日所谓的教之名，而无教之实。在运用作为方法的"不言之教"的过程中，作为教育者的"圣人"更多地扮演着榜样及引导者的角色，其不会任意对受教育者的道德发展施以过分的干涉。结合《老子》中圣人之"德教"的相关论述，可得见以"不言"的方式"言"道，以"不言"的方式"教"德，正是一种摒弃道德说教，重视陶冶、感化的道德教育理念。相比之下，今日道德教育的方法虽然类型多样，也意在发挥受教育者的主动自觉性，但效果往往不尽如人意。类型多样、性质各异的德育方法，在具体运用时并不必然具备灵活性、针对性，加之施教者自身教育素养的不足，现实的道德教育很难通过对具体道德教育方法的运用获得理想的德育效果。

其四，从道德教育的主体看，老子德教的主体包括有德的施教者和失德及离德的受教者。由于老子德教以是否有德作为判定道德主体的唯一依据，是故在老子德教中，施教者无一例外是有德之人。相比之下，现实的道德教育则不尽然。在制度化的德育体系中，受教者并非全是有德之人。在德育主体的关系层面，老子德教的施教者扮演引导者、示范者的角色，关注受教者的自然性。而在现实德育中，施教者与受教者身份、地位等的特殊性，容易使教育者不自觉地将自身放置在道德制高点的位置，居高临下地对受教育者施以体系化的、规范化的、模式化的道德教育。施教者对于道德高地的强占，容易引起受教者的逆反，进而导致道德教育的效果背道而反。

"德教"层面的"不言之教"，重在唤醒被教者的道德意识及道德情感；对于"德"的认识主要依靠被教者自动、自觉的认识与行为，而非施教者苦口婆心式的劝说与训导。《老子》中的教者，即"圣人"，其要务在于"以身示德"而非"以言教德"。《老子》之"德"可教，但只能通过"不言之教"，或说明着一项基本的事实，即"德"之存有依靠的是主体自发、自觉的个人思行，而非外在因素强加干涉的结果。道德主要不是"教"的功夫，能够从反面揭示出今日道德教育在目的、方法、内容等层面的问题。将今日道德教育的理论及实践与《老子》"德"论的相关思想相对照，意在为今日道德教育中存在的道德教育目的定位过于现实，道德教育过程规范化、程式化，道德教育方法生硬、刻板等弊端及不足处，提供些许理论参考。

老子的"道德"以"不言"为"教"，说明道德问题不能主要依靠制度化、组织化的德育解决。这一方面体现出道德教育的"无力"；另一方面也为道德教育"开脱"。因于"道德"与"教"之间的特殊联系，在今日的教育现实中，一旦道德问题是或被当作是教育问题，则道德教育面临的将是整体变革，而非一时一处的"修补"。

第七章　不言之教——老子"德教"思想概览

在古典哲学思想中，现实事物总有其形上来源。从这种意义上讲，老子道德理论实为现实德育提供形上的理论依据。那么，可以据此说老子只提供了看待现实教育的视角或思路，而从未给现实教育以确指吗？显然不是，老子从来没有脱离"器"的范畴而谈"道"。《道德经》中对于形上之"道"在理论层面的系统建构，蕴含着浓厚的现实关怀意旨。

通过上文所述"德"论，可见老子为人们提供了自上而下的道德养成的理论及实践体系。由于道德与教育密不可分；古代教育主要指的是道德教育；道德教育关注道德从哪里来以及如何养成道德等问题。故而老子"德"论说的不是别的事情，而是教育。只是古代的教育与当前教育有很大的差别。与当前教育的相对独立不同，古代教育与政治、文化等常合而为一。

鉴于"不言之教"是《老子》中直接与教育相关的概念，故而专辟一章，以"不言之教"作为老子的"德教"思想，以期对老子"德"论的教育及德育归旨予以更为清晰的解读与阐释。

第一节　"不言之教"概述

老子说教育，一方面如上文所述通过多重言说呈现教育的理想样态；另一方面则几乎未加铺陈地直述教育的应然状态，此即《老子》第二章的"不言之教"。与上文分析与整合老子教育思想不同，接下来将从另一个向度对老子的"不言之教"进行条分缕析式的"剥落"，力求更为全面地呈现老子的教育思想。

一 不言及不言之教

"不言"及"不言之教"，在《老子》中最早见于第二章。理解"不言之教"，需要先行明晰包含深远意蕴的"不言"。

（一）言及不言的界说

"言"即"语言"，包括口头语言和书面语言。这种意义上的"言"，更多属于名词。另有一种"言"即"言语"，是"言说"之意，意指对口头语言的运用以及对书面语言的表达。动词意义上的"言语"，一指说话，二指著书立说。

众所周知，无论是书面语言，还是口头语言，无论是已然成型的言说，还是正在进行的言说，都存在着一个或者多个言说的参照物，否则言说所传达的含义便不易被人们理解和接纳。即便是我们日常所讲的"胡说八道"，其所说与所道亦必然有那个真实的、正当的实在作为参照。事实上，日常生活中那些能够用口头语言表达的人和事，换一种口吻和形式便会跃然纸上而成为书面语言。这种不同形式的"言说"转换的便捷性，正是由于组成言说的是一系列被人们所公认的、固定的、成体系的符号、概念。这类符号、概念来源于现实中的"可见""可名""可状"之物，它们构成言说的方式是以其自身的一种或多种意义在言说中进行合乎逻辑的排列。"在通常的认识中，人和万物都被扯碎成可以被言语表达，被概念规定的东西，这样语言就变成了信息。人们随处可见的是陈述、主张、发言、协商、请求、赞许、反驳、警告、演讲等方式的语言。诸如此类的语言涉及的是存在的东西，这样的语言是由现成的言词物组成"①。可见，人们通常所说的"言"是用描绘其他可言之物的语词来对世间诸多新见

---

① 那薇：《天籁之音源自何方——庄子的无心之言与海德格尔的不可说之说》，商务印书馆 2009 年版，第 75 页。

的可言、可见之物进行描绘。在这种层面上的言本身是作为对象被人们使用的，而构成言说的符号、概念本身亦是对象。于是对象与对象之间的多种连接方式，使得大千世界的言说丰富多彩，使得人们言如泉涌，下笔如有神。

那么此种言说产生的前提和基础是什么？是什么力量使得人们不得不通过言说的方式认识事物，表达自身？"作为表达和精神现象的日常语言得以产生的基础和前提，从来不是一个可以被把握，可以用语言表达的物质实体和精神实体，而是由人，用海氏的话说，由此在将他的此达于万物，与万物持续地相融照面而构成的那样一种境域。"[①] "言"之起源、存在的根本，并非是现实世界中的诸多可名状、可识别之物；运用可以驾驭的符号和概念去言说事物，亦并非言说的真正目的。换句话说，言说本身并非言说的目的。言说的真正目的是言说者——人，依靠言说，与"人"之外的万物相联系、沟通，并最终实现与万物相互关照、彼此融合的目的。这种目的的达成，亦是促使言说产生的前提。由此可见，对于有形、有状的事物的描述，以及由多组言说所组成的书面语言，仅仅是人们对于现存世界了解程度的有迹可循的反馈而已。运用"言"展开对现象世界的描绘及想象，是人们认识自我与其他现象的途径之一。至此，"言"仅是方式、手段。

除此之外，还有另外一种方式与"言"相对，但二者本质上并非相互冲突，在有些层面上二者反而相互补充，且二者皆有利于人们的认知和实践活动，此即"不言"。"不言"并非与"言"完全相反，乃是由于"不言"并非反对"言"之"话从口出"或"著书立说"的表达方式，而是与"言"比较起来，运用"不言"达到沟通与融合之目的的方式更加多样化。之所以说"不言"与"言"相对，乃是因为"言"所具有的局限性不存于"不言"，且能为"不言"所克服。上文在提及"言"对于可见可状之物的描绘的言外之意，即是表明了言说对于不可见、不可状

---

① 那薇：《天籁之音源自何方——庄子的无心之言与海德格尔的不可说之说》，商务印书馆 2009 年版，第 12 页。

之物的无能为力。于是相对于以表达为要旨的言说，"不言"在面对诸多未界定和未命名的现象时，其了解和把握现象的方法更加多种多样。比如，感知、观察、体悟等。此与"言说"相较而言，前者给了主体更大的主动权，而非是言说者在言说时无以言表或被逼得哑口无言。这种哑口无言的现象哪怕在语言高度发达的今日也是司空见惯。

事实上，现象世界可被言说的事物种类繁多，自古以来人类从没有停止过与外物沟通、交流的脚步。相应地，语言也在不断地发展，这使得在彼时被公认的真理，极有可能在此时被推翻而成为谬论。"言"因其与外物相联系的对象性特点，亦难逃被质疑、被斥责的命运。正如有学者所说："大抵古人借语辞文字以传久而行远者，皆第能就其有迹者言之耳。轮扁讥齐桓公读古书为徒拾糟粕，岂不信然！顾故言悠邈，旨意渊深，后人循言以求其意，即并其粗者亦不易知，往往传会穿凿，承伪袭谬，有历数千年莫之或悟者，则甚矣古书之不易读也。"①《庄子·大宗师》亦表达了这种言与所描绘对象不同步的现象："有知有所待而后当，其所待者特未定也。"这种不同步的现象，在面对"不言"时则不会出现，因为"不言"把握的不是事物的表面，而是为了避免"误从口出"，运用了诸多探寻事物本质的方法。

人类的言说除了传达构成自身的符号、概念外，更有一层意义，即向人们传达藏于言说之后的"意"。相对于符号化和概念化的"言说"，"意"比"言说"更具深奥内涵。而正是这最重要的"意"，往往被人们所能直接感知的东西遮盖。海德格尔曾经指出："那个没有被说出来的东西不仅由于它缺少宣告，而是由于未被道说的东西不是被显示出来的东西，不是进入显示中到达的东西。必须根本保持在不可说出来状态的东西，将被抑制在不可道说中。这样的不可说的东西作为不可被显示的东西持守在被遮蔽处，这就是神秘"②海氏所说的"神秘"，即是藏匿于

① 张舜徽：《周秦道论发微》，中华书局 1982 年版，第 29 页。

② 那薇：《天籁之音源自何方——庄子的无心之言与海德格尔的不可说之说》，商务印书馆 2009 年版，第 283 页。

“言”之中的“意”。由此可见，相对于“言说”，“不言”因其言说方法的多样性，使得主体可以对事物进行更为深刻、透彻的了解，绕开“言”对于事物表面描述所带来的遮蔽，可以直抵事物的内部。正如有学者认为，“言与意是两个概念和范畴，语言文字所能表达的只是事物的粗劣之处，而其深微奥妙之处语言就无能为力了，只能去意致”①。所以对于“言”来讲，“不言”恰恰以其方法的多样化弥补了“言”的表面性。

上述均是在方法层面论述“言”与“不言”。事实上，除了作为方法，“不言”更是目的，是上文海德格尔所谓的“言”的起源与归宿。“言”源自人对于万物共生共存、无声和谐的探索与寻求，在与万物沟通交流过程中，人们给事物命名，并找到了共同认识、利用事物的方式，即“言”或“不言”。然而，方法的运用，仍旧是为了终极目的的达成，即人类摆脱掉那种原初的、懵懂的对于万物共生的理解，而成就一种澄澈的、明晰的与万物和谐共存的“境遇”。在这种“境遇”下生存的人和万物，互通互达，即所谓的“心有灵犀”，以“不言”胜万言，整体上处于“不言”的和谐生存状态。

（二）老子“不言”的原因

理解老子提倡“不言”的原因，最主要的是了解老子“道”的特点。“道”是老子思想的核心概念，老子的全部思想均是依据和围绕“道”展开的。“道”字最早出现于西周早期的青铜器铭文中，本义是指人走的“道路”，属于形而下的范畴。在《老子》中，“道”之概念已由形而下上升至形而上之范畴并具备了伦理的含义。老子的道论表现出以形而上之道统领形而下之器的倾向，即从道的高度考察自然、社会和人生问题。②此种语境下的“道”，呈现出不确定性。道的这种不确定性，表现为以下两点。

其一，形质的模糊性和名称的未定性。《老子》文本中对“道”有过

---

① 高起学：《道家哲学与古代文学理论》，中国社会科学出版社 2009 年版，第121 页。

② 陈鼓应、白奚：《老子评传》，南京大学出版社 2001 年版，第 102 页。

多次描述和解说，但都未给予道以明晰确定的形质。例如，"道之为物，惟恍惟惚，惚兮恍兮，其中有象；恍兮惚兮，其中有物。"（今本《老子》第二十一章）可见，老子事实上认定"道之为物"是有象的，或曰具有物质的特性。既然道"为物"，就必然有形质，而老子却又将"道"描述为"其上不皎，其下不昧"的"恍惚之物"，是深远而不可见之物，是"迎之不见其首，随之不见其后"之物。此与"视之不见名曰夷，听之不闻名曰希，搏之不得名曰微"一致，皆承认道虽具有可视、可听、可搏等的物质特性，却并不停留在物质之上，而是在形质上超越了物质的可感性，具有无状无象的模糊性。同样，在给予具有模糊形质的、本为物质却超物质的"道"命名时，《老子》亦表明道有不确定性。这表现为"有物混成，先天地生……吾不知其名，字之曰道，强为之名曰大"（今本《老子》第二十五章）。可见，因道之形质的不确定性，人们不易全面地把握道。老子所谓的"道"，也仅是"强为之名"或者说勉强地为"道"命名而已。这亦体现为《老子》文本中多处存在着对于"道"的别称。如"视之不见名曰夷，听之不闻名曰希，搏之不得名曰微。此三者不可致诘，故混而为一"（今本《老子》第十四章）与"天得一以宁，地得一以清"（今本《老子》第三十九章）之"一"；"是谓无状之状，无物之象，是谓惚恍"（今本《老子》第二十四章）之"惚恍"；"朴散则为器，圣人用之则为官长"（今本《老子》第二十八章）之"朴"；"执大象，天下往；往而不害，安平太"（今本《老子》第三十五章）之"大象"；"天下万物生于有，有生于无"（今本《老子》第五十二章）之"有、无"。可见，老子未为道定形名，而仅呈现了道之不确定的形质和名称。

其二，道之复杂性。此复杂性体现为道创生万物、存于万物及复收万物三个层面。"道者，万物之奥"（今本《老子》第六十二章）的"奥"字，据《老子河上公注》是"藏"的意思，王弼注曰"可得庇荫之辞"，即说万物皆藏于道之中，道蕴含着万物生存发展的一切可能和潜力。"道生一，一生二，二生三，三生万物"（今本《老子》第四十二章）的演进过程，亦表明了道藏生万物的能力。道之所以能够藏生万物，因于"道冲，而用之或不盈。渊兮似万物之宗"（今本《老子》第四章），道的虚空及深远是道藏生万物的基础。道创生万物的过程即"朴散则为器"的过程，在此之后"万物并作"。万物生于道亦长于道，因道创生了万物，故万物本身便含有道的特性；万物在道的庇护和滋润下生长、发育直至成熟。之后，"芸芸万物"便开始"各复归其根"（今本《老子》第十六章）。万物之根，即是万物生于斯长于斯的道，即是"百行出，殊类生"（今本《老子》第二十八章）之前的"朴"，即"复归于朴"。处于此三种层面中的道，具有不同的状态，即处于朴—器—朴的循环往复之中。然而，万物生灭各有变数，道创生万物、存于万物、复收万物的过程并非按部就班、分步骤的，而是时刻处于变化之中。可见道的复杂性亦构成其不确定特性，即道藏生万物，却并非是万物的集合体；存于万物，而因万物有万形，故任何一物都不足以表示道；万物最终都要复归于道，却不能重构道的原本。

概言之，老子的"不言"，合于"道"之"自然""无为"的特点。相对而言，"言"恰是偏离了"道"的自然无为特性，充斥着人为造作的成分。此是老子提倡"不言"的第一个原因。其二，因"道"之"玄""恍惚""混沌"的特性，老子之"道"是"不可道"之"道"。其不可言说，一方面是由"道"本身的属性所决定，更重要的是与"言"的功能之局限有关。可见之物可言说，不可见之物如何言说？确定之物可以言说，不确定之物何以言说？言说能尽其全部奥义吗？正如庄子所说"道未始有封，言未始有常。为是而有畛也"①。道无边界，言无永恒，道不可言，言不尽道正是此意。其三，老子提倡"不言"还在于"言不尽意"②。有形质之物可言说，言说能尽"意"吗？有学者指出，"一个人思想的形成，是受他所意识不到的语言形式的那些不可抗拒的规律支配的"③。或许，这就是"言"背后所隐藏的"意"。言说的往往只是事物

---

① 郭庆藩：《庄子集释》，中华书局 2004 年版，第 83 页。
② 朱熹：《周易本义》，中华书局 2009 年版，第 242 页。
③ ［波兰］沙夫·罗兰：《语义学引论》，周易译，商务印书馆 1979 年版，第 343 页。

的表面，对于"意"的领会不仅依靠"言"，更多的是"不言"。"不言"给予人更大的余地和空间来领悟"意"。也正是在这个意义上，杰姆逊（Frederic Jameson）才宣称"是语言说我，而不是我说语言"①。可见，在考虑到"不言"的种种可行性之后，老子倡导的"不言"，实则指向周全的、完满的"言"。

（三）不言之教的内涵

中国传统文化的特点是"政教合一"，老子"不言之教"的提出，正是率先着眼于政治层面。"老子提出的行不言之教的教化政策是由无为的政治目的所决定的，是附属于政治目的的。因而老子直观地认识到教育的目的和方式是要遵循政治的目的和方式的。"② 陈鼓应《老子注释及评介》认为，"不言"指不发号施令，"不言之教"指非形式条规的督教，意为潜移默化的引导。"不言"，合于"道"之"自然""无为"。不言之教强调用合于自然的言论，而非以强制性的言论施以教化。将"不言之教"理解为"非强制性"的，"不发号施令"的教育，已得到诸多学者的认可。

陈鼓应在与白奚合著的《老子评传》及其所注解的《老子》中，均认为"'言'即声教、号令、也就是各种政令"，"不言之教"，即"不轻易发号施令，只是身体力行进行潜移默化的引导"。沈善增在《还吾老子》中认为："不言之教"之"教"的本来含义就是"言教"；"言"带有一定的逻辑性和强制性。依其逻辑，"不言之教"则是不含强制性的、无繁文缛节章法的教育。叶梦得的《老子解》认为，"号令教戒，无非言也"，认为"不言之教"为"无号令教戒的教育"。杨义的《老子评注》指出："言"即政教号令；"不言"即不发号施令，"不言之教"即施行不用言辞的教化。张松如在《老子说解》中指出"处事要顺其自然，自强作妄为；行教要潜移默化，不发号施令"。郭志坤的《老子宣传教育思

① ［美］杰姆逊：《后现代主义与文化理论》，唐小兵译，北京大学出版社1997年版，第32页。

② 米靖：《老子论教育》，《中国道教》2001年第6期。

想简论》中认为,“不言之教”包含有不发号施令强制人的意思。① 左孝彰在其《老子归真》中引用高亨关于“不言之教”的观点,即“圣人治国,知道有教则有所不教,因而行不言之教的教育”,指出不言之教与言教的差别。

除了上述将不言之教理解为“不发号施令的教育”外,诸多先行研究也将“不言之教”理解为“身教”。河上公注解的《老子》,将“不言之教”解为“以身师导之也”。李先耕在其著作《老子今析》中,引河上公关于“不言之教”的注解,指出河上公的注解有“以身作则”的含义,并指出,“我们以为用‘不言’来教导就是否定了名目、概念、教令”。赵毓民在其《老子道德经洗尘录》中指出,不言之教“不仅用言教,主要用身教来使之潜移默化,所以圣人顺应自然发展和社会进化的步调来处理世事。以自己的行为表现来影响教化周围的人”。蒋锡昌认为,“圣人行不言之教”是指“圣人一面养成自完,一面以自完模范感化人民”,“此圣人行不言之教(即以身为教)也”。② 张松辉在《老子研究中》说,“不言之教类似于今天的身教”。徐梵澄在《老子臆解》指出,“不言之教,此日常所见者也。扬眉瞬目,举手投足,皆可示意,不待语言。为教,则非言教,而为身教”。

综合上述关于“不言之教”概念的描述可见,诸位学者多是站在“方法”的层面解读不言之教,即主张运用自然的、非强制的教育方法。然而笔者认为,老子的不言之教并非仅是教育的方法论,其合于“道”的特性使其辐射范围可以涵盖教育的各个层面。抑或说,教育目的、内容、方法、管理以及其他诸多微观层面,都无一例外地被包含于其中。或者说,“不言之教”是对“有言”或者“言”教的整体的、全方位的批判与优化。

---

① 郭志坤:《老子宣传教育思想简论》,《沈阳师院社会科学学报》1984年第2期。

② 高明:《帛书老子校注》,中华书局1996年版,第5页。

二　不言及不言之教的理论依据

在《老子》中，教育层面的"不言"与"不言之教"蕴含着丰富的哲思，是构成老子思想的重要部分，与老子的哲学思想、政治思想等密切相关。

（一）不言与无为

"不言之教"，见于"是以圣人处无为之事，行不言之教"（今本《老子》第二章）句。单从此句而论，前句"无为"与后句"不言"之间存在对照关系，按照圣人"无为而无不为"的逻辑来理解，圣人亦应当"不言而无不言"。元代吴澄《道德真经吴澄注》有言："事而为，则有不为者也矣。惟无为，则无不为也。教而言，则有不言者也，惟无言，则无不言。"宋代林逸希撰《老子鬳斋口义》曰："圣人以无为而为，以不言而言。"可见，老子"不言之教"的理论基础是"道无为"。

英国著名汉学家李约瑟认为，"就早期原始科学的道家哲学而言，无为的意思就是'不做违反自然的活动'，亦即不要固执地违反事物的本性，不强使物质材料完成他们所不适合的功能；在人事方面，当有识之士已看到必归于失败时，以及用更巧妙地说服方法或简单的听从自然倒会得到所期望的结果时，就不会勉强从事"[①]。无为而无不为，不言而无不言，以不言为教并非闭口不作声，老子是在教育中寻找一种最合适的言说方式，即一种不妄言、不胡言、不多言的自然状态的言。老子所谓"多言数穷，不如守中"，倡导的正是具有自然属性的"希言""贵言"。有学者将"希言""贵言"理解为少说话，实际上，"大音希声"（今本《老子》第四十一章）之"希"字，王弼曰"听之不闻名曰希"[②]，其意亦为"不言"；"悠兮其贵言"之"贵言"也是合乎自然状态的"不言"。此二者仅是老子对"不言"的别称。它们均指称自然状态的、不言而无不言的

① ［英］李约瑟：《中国科学技术史》第2卷，上海古籍出版社1990年版，第472页。

② 王弼：《老子道德经注校释》，中华书局2008年版，第113页。

大言，此其一。其二，老子多次对"言"作过表述与评判，如"信言不美，美言不信，正言若反"。通过文本可得知，老子提倡的是"信言"，贬低的是美言，运用的是"正言若反"的言说方式，欣赏的能使言无瑕疵的"善言"之人。可见，老子并不是在教化中排斥一切言说，其"不言之教"绝不是字面意义上的"不说话"，而是与"无为而无不为"一致，是以不言为教达至无不言的教育目的。

古今诸多学者以老子"道"之"无为"特性为依据，对"不言之教"进行解读。《淮南·原道篇》曰："无为为之而合于道，无为言之而通乎德"。《管子·心术上篇》曰："必知不言无为之事，然后知道之纪。"王弼注解的《老子》中，对于"圣人处无为之事，行不言之教"的解释是，"自然已足，为则败也；智慧自备，为则伪也"。日本学者波多野太郎认为，王弼注解中"智慧自备"一句正对应"行不言之教"，而其中的"为"似可当"言"来解。林希逸的《老子鬳斋口义》指出，"盖天下之事，有有则有无，有难则有易，有长则有短，有高则有下，有音则有声，有前则有后""故圣人以无为而为，以不言而言"。吴澄注解的《老子》认为"事而为，则有不为者矣，惟无为，则无不为。教而言，则有不言者矣，惟无言，则无不言也。"魏源《老子本义》中有言，"圣人知有名者不可常，是故终日为而未尝为，终日言而未尝言"。高延第曰："圣人知可道可名，不足为尽善尽美，故以无为而治，不贵言语教条。"[1] 冯达甫的《老子译注》认为，"顺应自然来处事，就不用施为；顺应自然来施教，就不讬空言"。古棣在《老子校诂》中指出，"'行不言之教'与'处无为之事'当属一类，即以言论来说话，相反的言论就出现了"。孙以楷的《老子通论》认为，"行不言之教，正是不言之言，不言可以达到言的教化作用"。

（二）不言之教与无为之治

众所周知，老子主张统治者依靠"无为"为百姓带来安泰和谐的生活，从而成就"无不为"的政治理想。"不言之教"作为老子提倡的理想

---

① 张舜徽：《周秦道论发微》，中华书局 1982 年版，第 165 页。

的教化模式，"不言"的理论依据是"无为"。按照政治与教育的关系，可见不言之教是政治层面上的"无为而治"在教育层面的具体体现，二者本质一致，都合于老子"道"之"无为而无不为"的本质特点。换句话说，老子的"无为之治"指向的是政治统治层面，"不言之教"则是将无为之治下放到教化层面的体现。老子的无为之治侧重于统治者的"无为"，无为即不妄为、不多为，是适可而止的为。对于统治者无为所能达到的理想结果，老子通过对有为统治的贬斥予以揭示。

老子之时，诸侯割据、战争连年不断是当时社会最显见的特征。彼时，儒家所秉承的以礼为核心的政治和伦理思想在统治社会人心方面尚有一定的影响。然而，在这种以"仁"为本的纲常伦理框架中，人们却争名逐利、争权夺势，冒着"目盲、耳聋、口爽、行妨"的危险，不计成本地索取"五色""五音""五味"和"难得之货"。正如陈鼓应所说："在老子那时代，礼已演为繁文缛节，拘锁人心，同时为争权者所盗用，成为剽窃名位的工具。"① 无止境的欲望使得诸侯之间的战事频发，使得人与人之间的关系愈加紧张。"以道佐人主者，不以兵强天下，其事好还。师之所处，荆棘生焉。大军之后，必有凶年"（今本《老子》第三十章）。老子将"有道""有德"之人与"好治"之人做了区分，认为前者因其"有道""有德"不会挑起战事，毕竟战争带来的绝不是社会的繁荣安定，而是荆棘丛生、满目疮痍、灾祸连年的社会。相反，"无道""无德"的"好治者"，为了领土的扩充，政权的扩大，会不顾人们生活的疾苦，选择通过战争的形式巩固自己的统治。针对"国之利器不可示于人"（今本《老子》第三十六章），王弼曰，"示人者，任刑也。刑以利国则失矣……利国之器而立刑以示人，亦必失也"。老子对于刑罚的鞭笞，正是由于当时社会上广泛存在着滥用刑罚的现象。为了维护统治，统治者运用各种强制手段束缚、压制人民，完全背离"德""仁"的初衷。可见，在标榜道德的社会中，反而有着一群利欲熏心、热衷权势的人们，此显然与当时的道德条目相悖反。老子也正是站在此种角度，指出了彼时人们道德

---

① 陈鼓应：《老子评介及注释》，中华书局 1987 年版，第 217 页。

沦丧的现实。"失道而后德，失德而后仁，失仁而后义，失义而后礼。夫礼者，忠信之薄而乱之首"（今本《老子》第三十八章）。老子将"礼"视为"忠信之薄而乱之首"，抑或说是一切祸乱的源头。事实上儒家孔子，亦对当时"假仁假义"的"礼乐"持批判态度。《论语》中的"礼云礼云，玉帛云乎哉！""乐云乐云，钟鼓云乎哉"，所极力反对的，正是当时虚假的礼乐流弊。诚然，老子所谓的"夫礼者，忠信之薄而乱之首"，并不是针对"礼"本身，而是看透了"礼"在当时社会流于形式主义和教条主义的虚假表象，看穿了人们只是将这些伦理纲常看作道德的幌子而并非衷心地身体力行的虚伪嘴脸。

此外，当时的道德沦丧可以从人们对于道德的强烈呼吁中得到论证。其最直接的体现，便是通过制定道德条目，施以强制性的教化，依靠外力使人们将诸多条目内化入自己的言行举止之中。

概言之，老子的"不言之教"是对教育中存在的一切虚假的、片面的"言"的摒弃；老子的"无为之治"是对政治中一切"伪"的行为的摒弃；老子政治上的无为之治若想广而化之，就必然缺少不了对"不言之教"的身体力行。抑或说，"无为之治"的推行，离不开教育层面的不言之教的实施；而"不言之教"的实施，又离不开对政治层面的"无为之治"的参照，二者相辅相成。

三 不言之教与老子道论的关系

《老子》五千言是言说的产物，言说是显现道的重要方式。不言不是不说，是不妄言、不多言，是运用其他方式代替口头语言，目的在于摒弃口头语言对于事物本真的遮蔽与割裂。符合《老子》开篇"道可道，非常道"的立论，不言、不言之教与老子道论之间的关系，在《老子》首章便得到确指。

（一）"言"与"道"的关系

"言"，即"言说"之意。然而，"书不尽言，言不尽意"（《易经·系辞上》）。由于言说本身具有局限性，"道"的不确定性必然使"道"不能为言语所全方位涉及。抑或说，言说不可能全面的把握"道"。《老子》开篇有言"道可道，非常道"。此句即对言与道的关系作了总的概括。句中前一个"道"是指形而上意义上的涵盖万物的大道。后一个"道"，则有言说之意。即可以言说的"道"，不是原本意义上的"道"，不是那个无所不能、无所不包的"大道"。此亦表明对于"道"的"言说"，使得"道"失去了原本真实的含义。此种解说，关系到"道"与"言"二者本身的区别。汤用彤先生指出，"道之别一名为常"，而常的第一种含义是"本然义，本来如此曰常"①。"道"的本然义就体现为其本原的、自然之义。相比之下，"言"则不同，其是人为造作的，具有指向性。基于此，当用人为性的"言"来言说自然性的"道"时，正所谓"言之者失其常，不以言为主，不违其常"。② "言"必然划分和切割道，有损于道的完整性。可见，老子不提倡用"言"说"道"。然而，既然道是不可以言的，为何老子又说"道可道"？原因在于，老子承认道与言之间的联系。这种联系恰恰就是"道"可以被"言说"，只是言说的结果是不尽如人意的"非常道"。诚然，这也正是老子从多角度论述道却不给道以确定的形质及名称的原因。

事实上，"道可道"说的是道与言之间的关系，"非常道"指的是言说的结果，二者并非同一件事。在此种层面上讲，老子又对道可言作了一定程度的保留。可见，道与言之间的这种可说与不可说的关系，在《老子》开篇便形成了悖论。事实上，总体上来看，道不可依靠言来成就道本身与老子理论二者之间亦是悖反关系，毕竟《老子》全文皆是以言说的方式言道的。基于此，老子一方面确信言不可尽道；一方面又竭其所能地言道，此亦从侧面体现了言说具有彰显道的重要作用。不然，作为形而上之惚恍、无状、无象的道本体，与向下化生为万物的道的载体，以及适用于社会人事的普遍规律和法则，就无法被世人认识和理解，那么道存在的意义便注定自我消亡。此其一。其二，老子多次借圣人之口对道予以言说。如"故圣人云，我无为而民自化，我好静而民自正，我无事而民自

① 汤用彤：《魏晋玄学论稿》，上海古籍出版社 2005 年版，第 126 页。
② 王弼：《老子道德经注校释》，中华书局 2008 年版，第 67 页。

富，我无欲而民自朴"（今本《老子》第五十七章）。老子"圣人言道"的目的在于为言找到一个合适的主体，体现言说的应然性；借高高在上的圣人之口言道，显然有助于应证言说本身的合理性。此外，老子也多次以圣人或得道之人喻道，其旨亦在于为言寻找合适的载体。如圣人的"方而不割，廉而不刿，直而不肆，光而不耀"（今本《老子》第五十八章），以及"婴儿之未孩、沌沌、昏昏、闷闷、独顽似鄙"（今本《老子》第二十八章）的状态等，皆是对道的多层面的言说。

基于此，道与言之间的特殊联系，使得虽言不尽道，然无言道不显。这就为"何以言道"提出了思考空间，而老子的"不言之教"正是"何以言道"此问的最好答案。

（二）不言之教与老子教育之道

上文通过论述老子之"道"的特性，对何以不言做了解说。老子"道"之形而上意义，是指贯穿于一切事物的规律和法则。与此相应，当将"道"下放至教育层面时，道亦覆盖教育或者说教育中无时无刻不存在着"道"。这种存于教育之中的"道"与老子形而上之"道"是具体和一般的关系。前者存在的状态比后者更加具体化，此亦即"道"优化社会人事的工具属性在教育中发挥作用的体现。形而上之道存于万物之中，教育中亦蕴含着道。道的存在使得教育有自身的"教育之道"，且使得教育理应依道、循道而存在与发展。教育中的一切相关因素都在道的统摄下各司其职、各尽其责，扮演自身本有的角色。"不言之教"作为老子所倡导的教育理念，贯穿于教育的始终，其既是教育的目的又是教育的内容和方法，还是指导教育发展的准则和目的。"不言之教"所具有的自然性，既使得教育目的、内容、方法均能够自然而然地存在，又使得各者之间协调有序。道的属性是自然，当自然的道蕴含于教育之中时，复又使得教育自然而然。正如上文所言，"不言之教"的着眼之处正是教育本该有的自然属性，于是为着达成"不言之教"的教育目的，而采用"不言之教"的教育内容和方法，是依循教育之"道"从事教育的必然要求和必经之途。具体来讲，"不言之教"遵循与体现"教育之道"可简单从以下几方面进行阐释。

首先，从教育规律来看，在老子的语境中，“道”是一切事物运动的规律和法则，事物合于道的运动便是合于自然。这里的“合于自然”意指合于事物本身之自然。由于道之广博的自然特性包含自然万物的自然属性，是故教育中蕴含着成其自身的因素，合于自身自然地发展，即是合于道。从此种层面上讲，教育的规律即是遵循教育本身既有之自然规律发展自身，循道、循教育之道、循教育本身之自然之道而“教育”。作为因循教育之道的“不言之教”，由于“不言”本身是合于道的，是对自然的最好阐释，故而“不言之教”绝不会有违教育之自然规律。

其次，从教育目的来看，教育若是合于“道”的发展，决然离不开对于自身自然性的展开，于是整个教育活动是自然而然的过程。这个过程的展开只是为了教育能够更加向着自身所具有的“道”靠拢，只是为着教育能够更加彰显“道”，能够更加体现自然之道的诸多特性，进而使自身更加完善。正如海德格尔所言：“我们不能够把成其自身（Ereignis）归之于它能够被解释的什么东西。成其自身也不是其他东西的结果。”① 教育目的更多关注的是教育自身，是教育中所包含的一切因素之本身。从教育中个体的角度讲，教育目的是为着促进个体朝着他自身本该前进的方向发展。从教育的整体来讲，教育中个体的充分发展成就整体的充分发展，进而优化由整体人所组成的社会。于是，合于道的教育目的并非直接和其他教育之外的目的相联系，而是从教育所蕴含的事物出发，由小及大，逐层推进。当然，在整个过程中必然贯穿着合于“道”的自然而然。

再次，从教育方法看，合于道的一切事物的发展都应合于其本身自然性。同理，合于道的教育亦重视教育中诸因素的自然属性。选择适合于各因素自然性之发展的方法，是在教育中遵道、体道的要求。“不言之教”作为不发号施令的、不强求的、自然的方法，最能关注事物自身的自然性。

最后，从教育内容看，“道”无所不包的特性，使得合于道的教育同

---

① 那薇：《天籁之音源自何方——庄子的无心之言与海德格尔的不可说之说》，商务印书馆 2009 年版，第 292 页。

样承载着不尽的教育内容。由于言说本身的局限性，以符号、概念为主的书本知识和口头知识理当仅仅被看作有限的且未必真实的教育内容的一部分。相比之下，合于道的教育内容所包含的则是一切合于道的知识。"不言之教"，关注的即是"言说"之外的那些不能被言说的知识。

第二节　老子对教育的解构

从某种意义讲，老子以"不言之教"批判与优化"言教"的过程，充满着"解构"的意味。需要说明的是，为明确呈现老子解构教育的相关思想，需要先找寻到一个可供"解构"的对象，之后再通过分析、比较的方式，呈现老子"为什么解构""解构谁"以及"怎么解构"等内容。

老子所处的春秋末年是一个新旧交替的时期。一方面，西周的文化政治体制开始解体但仍有广泛影响力；另一方面，有识之士业已开始期待并积极构建新的社会理念。其中，以孔子为代表的儒家，忠实笃定地崇拜着西周社会，而以老子为代表的道家，则致力于对西周社会制度的批判。由于老子所要批判的正是建立于西周的"破而未消"的社会制度，而孔子思想在相当程度上体现为对西周文化的坚守与继承，故而特选择以孔子为代表的儒家教育思想，作为老子解构的对象。此既有助于清晰呈现老子解构教育的过程，又可依次而得见儒道教育思想的异同。或许在时间上，老、孔二者的思想不具备比对的可能性及必要性，但将孔子思想作为西周文化、教育等的映射或显现，使得老、孔在教育思想的比较成为可能。

一　老子解构教育的背景

任何一种理论或学说，都是思维的产物，而思维出自人们对于自身及周围客观事物的认识和反思。思维形成的过程及结果与个体所处的社会背景、历史条件、生活环境、文化氛围等有着密不可分的关系。同样，老子时代客观存在的社会现象，对于老子教育思想的产生亦有较大影响。

（一）政治状况

据高亨先生的考证，老子年长于孔子。孔子生于鲁襄公二十二年（前551），老子生于鲁襄公二年（前571），比孔子大二十岁。[①] 张岱年亦认为，"春秋末期孔老同时并生"。[②] 按照孟子关于孔子生于"世衰道微，邪恶暴行有作"（《孟子·梁惠王下》）的说法，老子正是亲历了当时社会的暴乱和动荡，加之老子"周守藏室之史"（《史记·老子传》）的身份，使他能够更加切近地体察到彼时政治的动荡。老子目睹周王室内乱频发，诸侯国之间为了争夺权利不断挑起战事。《老子》所谓"朝甚除，田甚荒，仓甚虚"，就是对当时因政治动荡而导致的社会不安、民不聊生之事实的描述。有学者用"政治腐败、社会遽变、经济崩溃"[③] 概括当时的社会特征。

这种在政治上的巨变，皆根源于西周时期所实行的那一套制度的瓦解。换句话说，平王东迁之前已然被破坏的政治秩序和社会规范，使得暴乱从统治阶级内部蔓延到了整个社会。西周时代，在统治阶级内部，天子与诸侯、卿大夫之间的关系存在的前提是"分封制"。所谓的"分封制"，即是天子将土地分封给诸侯，诸侯再将土地分封给大夫，三者之间形成的是一个以血缘为纽带的宗法统治网络。但是时至春秋时期，天子和诸侯之间的这种上下等级关系，因诸侯力量的不断壮大以及诸侯国之间的争权夺利而趋于瓦解。"春秋时代大的诸侯国家的经济和军事力量实际上已超过了西周时期周天子的力量，甚至诸侯分封的卿大夫的'家'也等于一个小国家"。[④] 在这种情况下，周天子的独尊地位受到挑战，周王室开始逐渐衰微。"周室衰微，诸侯强并弱"（《史记·周本纪》），诸侯以大兼小，以强并弱，以"尊王攘夷"的名义，行"霸政"之实。正如有学者

---

① 高亨：《老子注释》，河南人民出版社1980年版，第11页。

② 张岱年：《道家在中国哲学史上的地位》，《道家文化研究》第6辑，上海古籍出版社1995年版，第7页。

③ 黄卓明：《诸子学》，北京大学出版社2000年版，第3页。

④ 张智彦：《老子与中国文化》，贵州人民出版社1996年版，第47页。

所说，"在这一时期的历史舞台上，诸侯们再也不愿生活在'共主'的身影下，更不愿朝聘贡献，而致力于不断地扩展自己的利益，卿大夫们各自为城，使'国不堪二'的制度遭到彻底破坏"①。

这种动荡的局面，亦可通过下层民众的生活状态予以折射。"不尚贤，使民不争；不贵难得之货，使民不为盗；不见可欲，使民心不乱"（今本《老子》第三章）。此章虽论说的是统治阶级何以进行统治的问题，但从侧面也可以看出，在"上"的影响之下，社会生活中"争""乱""盗"的现象已实属常见。毕竟希冀"不争""不盗""不乱"，恰恰与已然发生且正在不断发生的"争""盗""乱"的事实相对应。总之，彼时动荡的政治状况，无论是从上层统治阶级，还是下层百姓身上都得到了明显的体现。

（二）文化状况

论及先秦时期文化与政治之间的关系，正如黄宗羲所言："古者儒墨诸家，其所著书，大者以治天下，小者以为民用，盖未有空言无事实者。"（《今水经序》）儒、墨显学著书立学的最初以及终极目的，皆是为了"治天下"的政治统治。老子也不例外，五千言的《道德经》中诸多章节均是就政治统治而发问，给予统治者以警示。正如有学者所言："就连形似逍遥、超然物外的老庄，'齐物'也是为了'齐人'，骨子里还是琢磨着何以'应帝王'。"②

西周时期，周公"制礼作乐"，建立了尊卑有别的宗法制度。礼乐文化体现在政治上便成为政治制度，并成就了西周时期社会政治经济的安定繁荣。然而，随着礼乐的崩坏，西周社会乱象丛生。"大体上可以说春秋早期的社会基本上还是一个有'辞'，或者说大致上守礼、讲理的社会，西周以来的传统礼仪规范还具有形式上的作用，还规约着诸侯霸主们的贪

---

① 朱哲：《先秦道家哲学研究》，上海人民出版社 2000 年版，第 7—8 页。
② 李红琼、宁淑华：《传统儒家文化与政治现代化》，《湖南农业大学学报》（社会科学版）2001 年第 4 期，第 4 页。

欲，但是愈往后来发展，诗、书、礼、乐的思想，连形式的作用也没有了。"① 这也正是老子摒弃"礼"的重要原因。

面对着政权更迭频繁、战事不断的社会现实，"诸子百家"应运而生。诸子著书立说，阐发各自对于社会现实的看法，虽然角度、方法不一，但正如上文黄宗羲所言，皆是为了"救时之弊"。彼时的诸子百家中，儒家和墨家被今人称为"显学"。综观诸家学说，老子与孔子学说的差异性极为明显。孔子的故乡鲁国是周公"制礼作乐"主要的传承之地，周代的典章制度在鲁国保存的较为完整。孔子自幼便在"礼乐"文化中接受熏陶，当西周遭遇"礼坏乐崩"之时，孔子给出的策略是"克己复礼"。"克己"主要是从统治者的角度而言，要求统治者克制兼并霸权之欲望；"复礼"即恢复尊卑有别的"周礼"。正如孔子所谓"周监二代，郁郁乎文哉！吾从周。"（《论语·八佾》）。孔子对于周代的礼乐文化情有独钟，主张依靠"礼乐"安邦定国。老子对于儒家"克己复礼"的"救世"方略则有不同的见解。《史记·老子韩非列传》记载："孔子适周，将问礼于老子。老子曰：'子所言者，其人与骨皆以朽矣，独其言在耳。'"这段"孔子问礼于老子"的记载，表明老子对于西周时期的礼乐文化业已不合时宜之特征的论述。此也正是有学者将以老子为代表的道家学派视为"反主流"的原因，"在人类思想史上，老庄可以说是最早的反潮流主义者和反异化论者"②。总之，由于孔子所倡导的礼乐文化沿袭自西周时期，具有"正统"性，加上其"积极入世"的思想特色，故其说在彼时诸子百家中具有较大的影响。

（三）教育状况

学界通常认为，我国古代政治与教育一体，或说"政教合一"。正如有学者所说，"我国古代完全把教育事业看做政治事业"③。"书传所载，从古以来，政治与教育融为一体，学校所诏告，即政治之所措施；政治之

---

① 朱哲：《先秦道家哲学研究》，上海人民出版社 2000 年版，第 12 页。

② 秦彦士：《诸子学与先秦社会》，河北人民出版社 2003 年版，第 13 页。

③ 徐式圭：《中国教育史略》，中华学艺社 1932 年版，第 47 页。

所令禁，即学校之所劝惩。学校教孝亲，政治亦隆孝道；学校教事长，政治即重尊老。学者在校所学，出校所染，同此一道，心志专一，故德行易成风化易醇。"① 同于政治与教育之关系，教育与文化之间的关系亦十分紧密。正如余家菊所说："教育情况随文化情况为转移，此一定不易之则也。"② 综观春秋战国时期，社会政治的动荡带来了学术文化上的百家争鸣之盛况。按照政治与文化相互影响的关系来看，春秋战国时期的教育对比先前亦得到了较大的发展，"春秋政治不统一，中央不集权，对于言论、思想，甚为自由。此为当时学术发达原因"③。这主要表现为，当时"学在官府"的一统局面被突破，各家私学得以建立并且规模不断发展壮大。彼时政治上的动荡导致官学式微，学术思想下移到民间。面对着传统官学的衰败，诸子百家各自以自身的理论学说为基础，竞相开办私学，开学授徒，一时间民间学术的发展异常繁荣。在诸子所办的私学中，当时规模最大且最具影响力的当属孔子为代表的儒家。据《史记》载，孔子"弟子盖三千焉，身通六艺者七十有二人"。孔子主张"克己复礼"，主张依靠礼乐文化重获政治上的安定。那么依照教育作为传播文化主要途径的观点来看，孔子的教育势必与礼乐关系重大，这也是有学者将孔子的教育称为"克己复礼的教育"④ 的原因。

事实上，孔子的礼乐教育在目的、内容、方法和结果上，大都属于"言教"。周公的礼乐作为政策和制度服务于政治统治，并进而促成宗法封建制度的政治功用。同样，孔子礼乐教化亦是为了通过礼乐制度的建立而安邦定国。"'克己复礼'的根本政治目的并不是维护现存政权或者个人统治的合理性，而是实现一个充满'道'的理想社会秩序。这个'道'就是规范性的政治秩序。"⑤ 此其一。其二，孔子礼乐教育的内容主要是

---

① 余家菊：《中国教育史要》，上海中华书局 1935 年版，第 137 页。

② 余家菊：《中国教育史要》，上海中华书局 1935 年版，绪言。

③ 王凤喈：《中国教育史大纲》，上海商务印书馆 1933 年版，第 45 页。

④ 周满江：《诸子百家与文化元典》，济南出版社 2007 年版，第 28 页。

⑤ 陈中浙：《先秦儒家政治理想建构的文化基础》，《哲学动态》2009 年第 10 期。

其整理的"六经"，即《诗》《书》《礼》《乐》《易》《春秋》，此六者皆是古人所遗之言。其三，从教育方法来看，对教育内容的学习，以对话或曰口头语言的方式为主。其四，从教育的结果来看，其沿袭了传统官学的特点，主张"学而优则仕"（《论语·子张》）。

概言之，孔子的教育为了"言"，以"言"为内容，以"言"为方法，以"言"为规范，以"言"为结果，其"克己复礼"的礼乐教育属于"言教"的范畴。

此是对私学中颇具代表性的孔子教育的论述。事实上，彼时虽然私学得到了极大的发展，但传统官学并非消失殆尽，由于其较深的历史渊源，官学亦在不断发展。众所周知，任何朝代的官学，从机构设置到制度法规的制定，从教师的选拔到教学内容的选择，从教学方法的选定到对于人才的考核、筛选，无一不依靠各项条目、规则，并因此被安排得井然有序。至于官学中制度化的、形式化的"言教"特征，在此不述。总之，虽然彼时"礼崩乐坏"，但学术教育方兴未艾，且两条教育干线——官学和私学所推行的主流教育均为"言教"。

二　老子解构教育的内容

不言之教蕴含着政治统治、民众教化、文化传承、道德培养等的丰富内涵，是一种大而全的教育理念。老子不言之教的提出在相当程度上是对其时具有主流地位的言教的"反叛"，蕴含着通过倡导新的教育理念而使社会风气为之一变、民众道德获得提升、国民福祉得以确保的深厚的人文关怀。以不言之教的内涵为指引，老子全面而深刻地反思与批判了彼时的教育。

（一）对教育观的解构

继承西周礼乐教化的思想及实践，孔子礼乐教育的主要范本是"六经"，即《诗》《书》《礼》《乐》《易》《春秋》。事实上，"六经"各自承载了不同的教育内容。《诗》在当时主要是用于典礼、讽谏、言语和赋诗言志等方面。孔子认为，学《诗》可以锻炼语言表达能力，"不学《诗》，无以言"（《论语·季氏》）。《乐》，不仅包含音乐学习的基本知识，同时也是道德、审美教育的依据。《书》，被孔子当作政治教材和历史教材来用。《礼》，一是被作为文献材料用于有关"礼"的知识的讲解；二是用于学习"礼"的仪式技能。《易》，孔子曾汲取书中朴素的辩证法思想来教育弟子。《春秋》，包含了孔子的社会政治理论，作用是定名分、寓褒贬，是孔子对学生们进行政治和历史教育的教科书。至于人们所熟知的"六艺"即礼、乐、射、御、书、数，虽在"《论语》一书，孔子言诗、书、礼、乐者极多，言射、御者甚少"①。但各者皆是重要的教育内容。而孔子所说的"学而不思则罔，思而不学则殆"的"学"与"思"的对象，皆可被视为知识。基于此，可见孔子重视对知识的传授。依靠知识的传授使人们得"礼乐"之教，从而形成理想人格，最终实现"克己复礼"的教育目的，是孔子教育的重要特征。可以说，孔子主张依靠知识的传授实现礼乐文化的传播，并形成其所希冀的有"道"——如同西周那般"郁郁乎文哉"的社会。

与孔子不同，在老子那里，知识并非个体及社会向前发展的必然中介。老子认为获得知识以及得"道"的途径是不同的。"为学日益，为道日损"（今本《老子》第四十八章），在老子看来，学习与得道是两个层面上的事情。学习因其对象——知识的广博特性，"吾生也有涯，而知也无涯"（《庄子·内篇·养生主第三》），故而个体永远不能够穷尽知识。而得道的过程是个体摒弃欲望、权势、财产等物质上的诱惑，合于道的生活，最终成为有道、有德之人的过程。如此来讲，知识与道德是通过两条不同的途径获得的，二者之间不存在直接的转化关系。此亦正是"绝学无忧"（今本《老子》第二十章）所要表达的，即学习知识对于美德的获得无直接的促进作用。老子对于知识与道德之间关系的界定，源于其对知识以及知识学习结果的综合认识。

老子认为，关于各类事物的知识必然涉及事物的概念、内涵等，而一旦有了关于事物的概念，即便是关于事物"善"的概念，由于事物之间辩证统一关系的存在，关于事物"恶"的观念亦必将显现。《老子》所谓

---

① 黄卓明：《诸子学》，北京大学出版社 2000 年版，第 16 页。

"唯之与阿，向去几何？善之与恶，相去几何？"表明的正是以知识形式存在的善与恶随意转换的特性。基于此，知识的突出特点，是其所表达真理的相对性和暂存性。而这种相对性和暂存性与统领人之德的"道"的永恒属性相背离，此也正是老子对当时某些伦理纲常进行批判的原因。当时，儒家对于"仁义礼"等德性均给出了较为明确的概念，评判人们有德与否的标准是人们是否依照这些德目行事为人。在老子看来，这是不可取的。老子认为，将德性以概念、条目等知识形式呈现出来，并非将其内化为个体道德的应有方式。抑或说，有了关于"仁义礼"的知识，便会有关于"不仁""不义""不礼"的知识，二者之间的转化是随时进行的。正如《老子》所言，"智慧出，有大伪；六亲不合有孝慈；国家昏乱有忠臣"。对此，王弼注曰"甚美之名，生于大恶。"王弼亦对于学习的本质作过描述，"然则学求益所能，而进其智者也。"不断学习是为了"智"的提高，对于不同知识的学习所促进的是关于各类事物的智的形成。对于"智"，王弼说道："任术以求成，运数以求匿者，智也。"此处的"求成""求匿"，乃有智之人的行为。在老子看来依靠学习知识所得之"智"，对于统治者以及个体合于道的生活具有阻碍作用。老子通过对知识所生之"智"的批判，表达了其对当时社会重知识之教育观的批判。

在《老子》中，专门针对"智"的解构比比皆是。老子将"智"分作两类，且对待两种智皆有鲜明的态度：一种是合于道之智；另一种是去道之智。前者是老子关于"智"的理想状态，如"知人者智，自知者明"（今本《老子》第三十三章），"智者不言，言者不智"（今本《老子》第五十六章）皆是对于"智"的肯定。之所以对于这种"知人""不言"之"智"表示肯定，是因其自然淡泊之性。相比之下，后者是《老子》解构的对象，之所以对其进行解构，则由于其"伪""奸""造作"之特性。

"是以圣人之治，虚其心，实其腹。"（今本《老子》第三章）此句是针对政治统治而言，指出"有智者常为，无智者守真"之见，提倡统治施以"愚"道，使人们像圣人那样"为腹"，以减少人民对统治的不满，从而避免"志生事以乱"。此从反面道出了"智"危害统治的观点。

可见，老子对于"智"的解构是与"愚"的重构同步进行的。"智慧出有大伪"（今本《老子》第十八章），认为"智生伪"。此观念，在逻辑上显然是行得通的。若人与人交往，用智不用实，虚伪必生。王弼将其解释为"行术用明，以查……故智慧出则大伪生也"。"绝圣弃智，民利百倍"（今本《老子》第十九章），则直接指出对智之解构的重大意义。对付此种助长奸伪之"智"，需要将其抛弃并永不复用。依此，足见老子对于此类"智"的厌恶以及与其决断的决心。"民之难治，国多贼"（今本《老子》第六十五章），认为社会不稳皆源于智的存在。"民之难治，以其智多。故以智治国，国之贼；不以智治国，国之福"。王弼用"多智巧诈""思维密巧"来形容"智"的特点；以"奸伪益滋"表明"智"的危害，足见"智"本身的不可取。"古之善为道者，非以明民，将以愚之"，则提出了克"智"的劲敌，即"愚"。王弼对"愚"的解释是："愚，谓无知守真，顺自然也。"可见，"愚"与"智"的本质区别，在于"顺自然"与否。实际上，若将此句置于解"智"之后，其逻辑仍然成立。可见，老子将对"智"的解构和重构同步进行。

至此，老子通过对知识以及学习知识之结果的论述，说明"道"的获得与知识无关的论点。老子对于"智"的解构，可以说是对当时教育中仅仅注重知识之流弊的强烈批判。

（二）对教育管理的解构

公允地说，西周社会之所以能够长治久安两个半世纪之久，与统治者恰当的积极"有为"关系密切。秉承"克己复礼"的先秦儒家，寄希望于统治者再度施行礼乐教化，从而有效地对民众施以管理。"先秦儒家认为，拯救礼制的关键仍在于统治阶级能否'克己'，以礼规制自己的社会政治行为，成为自觉遵守礼制的模范，对被统治者起到示范和引导作用，进而感化庶民百姓，使其归服于礼制。也就是说，礼能否成为建构和维护整个社会秩序的关键不在于庶民百姓，而在于统治者自身。"[①] 可见，孔

---

① 赵明：《先秦儒家论和谐社会的建构——兼论其对当代中国和谐社会法制建构的精神意义》，《湘潭大学社会科学学报》2006 年第 5 期。

子倡导的是延续西周时期"有为"的政治统治,其强调"克己"的主体主要是针对统治阶层。换句话说,下层百姓符合"礼乐"的行为,主要是被动地依靠统治阶层的上传下达实现的。这里的上传下达,既包括统治阶层的示范作用,又包括统治阶层用自身的权力对人们实施的"管理"。事实上,西周时期等级森严的礼乐制度所推行的是上层统治者的"上施",以及下层百姓的"下效"。这种对于下层百姓管理的权力,是统治者所天然具备的。正如《荀子·富国》所说,"人君者,所以管分之枢要也",帝王是政治统治的枢纽,所有的管理工作都由他统筹号令。《春秋繁露·立元神》亦为"王"的有为统治之合理性作诠释:"君人者,国之元,发言动作万物之枢机。枢机之发,荣辱之端也。"可见,儒家看重统治者对于社会和百姓的统筹管理能力。因为"惟有中国的儒家(或曰儒教)从产生之日起,既不发问自然,亦非叩问人生,而是专注于政治哲学,将治国平天下作为其最高的也是其惟一的理想。"① 一"治"一"平"在体现统治者主动性的同时,亦相应地体现了下层百姓的被动。而按照古时"政教合一"的特点,这种政治统治的特点被应用到教育中亦复如此。老子的思想正是通过对政治统治中"在上"者对下层百姓的过度干涉的解构,相应地批判并解构了教育中过于"有为"的行政管理。

《老子》中涉及权力的章节,多是针对统治阶层发论。以"王"为首的统治者们执掌政权和兵权。虽然当时兵权与政权合二为一,但二者之间亦会如今日这般形成权力制衡。为避免政权旁落,"王"两手各执政权与兵权,对自己国家的子民运用政权施以教化,保国无尤;对他国则用兵权发动战争,扩大领土和势力。拥有一定权力的其他统治者亦会存在不同程度的以权谋私行为。老子认识到这种社会现实,故而专对当时政权和兵权的不合理运用进行了一定程度的解构,其目的在于构建一个"有度"的权力运用机制。这表现在以下两方面。

第一,用"民可自化"解构"过度"的政权干涉。"其政闷闷,其民淳淳"(今本《老子》第五十八章),将政权的运用与民众的反应和状态

---

① 启良:《儒家政治哲学的悖论》,《船山学刊》2010年第4期。

相联系，指出二者的因果关系。老子认为，"闷闷之政"对应的是"淳淳"之民。无政可举之政带来的必然是无所争竞、淳朴敦厚的民众。后句"其政察察，其民缺缺"，则与上句形成反差，指出过分运用政权治理民众必然导致民怀争竞，继而可能引起斗争。在此，老子倡导的是使民"自化"的"闷闷"之政，驳斥的是干预民生民权的"察察"之政。尤其对于前者的肯定，在第十七章得到了证明。"太上，下知有之。其次，亲而誉之。其次，畏之。其次，侮之。"（今本《老子》第十七章）此句描述的是由四种不同政权的实施，而引发的人们对于"王"的不同态度。"太上"是老子极力推崇的，因其不去干涉民众的生活，仅仅让人们知道有权力的"王"的存在，而感觉不到其运用权力。后几句则依次指出运用政权过多干涉民众生活得到的无非是"畏之"、"侮之"的后果。老子认为，民可"自化"，无须他者的过多干涉；政权仅仅可作为权力的象征，不可过度用于治理民众。

基于上述对于政权的态度，老子给予施政者一剂良方，即"治人事天莫若啬"（今本《老子》第五十五章）。王弼注曰，"啬，农夫"，"农夫之治田，务去其殊类，归于其一也。全其自然，不及其荒病，上承天命，下绥百姓，莫过于此。"老子主张政权的实施不可采取拔苗助长的方式，人民如同田园间的禾苗，有其自然之性，过多地压制或者急于求成只能适得其反。可见，老子并非对政权持完全排斥态度，他所解构的是"过度"地施政，重构的是合乎人民本性"自化"的政权。

第二，以"躬于道"解构"依于兵权"。兵权是"王"之权力的重要保障。因兵权与政权相比杀伤力和毁灭性更大，王可因兵权的丧失致使政权旁落。在古时，兵权是政权得以存在的基础。《老子》基于对兵权的认识并结合当时纷战的社会现实，对运用兵权发动战争，造成民不聊生的不堪境况给予强烈的谴责。他认为运用兵权发动战争虽是对付异己的手段，但仍需极力避免使用兵权。若战争不可避免，不得已用之仍要把握好"度"，即其所谓"不得已而用之，恬淡为上，胜而不美"（今本《老子》第八十章）。总体上来看，老子并非全盘反对战争，因其明确指出"用兵之道在于奇"。老子反对的是"王"滥用兵权，或者说不合理地运用兵权造成的不必要的战争。为此，老子解构了当时统治者"依于兵权"的现象。

"以道佐人主者，不以兵强天下。"（今本《老子》第三十章）王弼解为"以道佐人主，尚不可以兵强于天下，况人主躬于道者乎！"在此老子用"躬于道"替代了当时普遍存在的"依于兵权"的现象。"不以兵强天下"，就是不倚仗自身强大的兵权，用发动战争的方式争强于天下。这是老子对兵权的初步瓦解。之后，该章后句用"师之所处，荆棘生焉；大军之后，必有凶年"，道出了借助兵权发动战争的危害，明示其解构兵权的必要性。"兵者，不详之器，非君子之器。"（今本《老子》第三十一章）此句明确指出了依靠兵权发动战争的不可取。兵权作为不祥之器不为君子所持。所以"王"作为域中"四大"之一，作为民众的首领，若想征得民众的拥护，依靠的并非是生硬冰冷的兵权，而是"躬于道"。躬行于道的"王"只是将兵权看作和政权一样的权力象征，断然不会过度地、不恰当地运用兵权，即便不得不用，也遵守恬淡、有度的原则。在此，老子解构"依于兵权"时，用的是直接解构的方式，并未像前文那般借圣人作比，而是直指倚仗兵权的不可取及危害性。但无例外的是，老子在解构的同时依旧进行了重构，即重塑了一个不倚仗兵权、"躬于道"的"王"的形象。

此外，老子对执掌政权和兵权的"王"如何恰当地运用权力，也有系统的描述，即圣人的"方而不割，廉而不刿，直而不肆，光而不耀"（今本《老子》第五十八章）。

（三）对教育制度的解构

统治者权力的实施必然需要一套有效的制度予以保障，或者说制度是权力行走的通道。一方面，有权之人依靠制度的制定使其权力的实施合法化；另一方面通过制度的确立规范权力的实施及人们的日常行为。但事实上，对于权力之制约的最终目的往往是对实施权利合法性的维护。"为保证君主一尊的万世续统，儒家一方面认为君主至尊，另一方面，又主张君权仍然不是无限的。在儒家政治传统中，抑君方略主要有二：一以'天'制约，一以民制约……这里监督制约的目的并非为限制君权，恰恰相反，其真正目的正是为君权的恒久服务。"① 可见，彼时制度制定及实施的肇始者及最终受利者皆为统治阶层。

学界公认，"克己复礼为仁"是当时以孔子为代表的儒家思想的核心。在"礼崩乐坏"的背景之下，孔子所要恢复的"礼"，其参照系是西周时期尊卑有别的礼乐制度。有学者认为，当时的"'礼'当然不是原始宗教的禁忌体系，而是相当发达的文明的仪式准则体系，但仍然是一种外在的约束体系，是'仪式准则'的约束体系"②。可见，孔子倡导"复礼"的目的是为了维护和延续西周时期的礼乐制度。这种制度是一种自上而下的制约机制，更确切地说是对下的制约体制。"尊君抑民"的君本位意识，在早期儒家典籍中便有所体现。如《说文》云："君，尊也。从尹；发号，故从口"；《左传》曰："君，天也"；《礼仪·丧服》称："君，至尊也"。除对于仪式准则之社会制度的倡导，孔子亦主张通过"法治"达至社会的安定有序。如"圣人之治化也，必刑政相残焉。太上以德教民，而以礼齐之；其次，以政导民，而以刑禁之。化之弗变，导之弗从，伤义以败俗，于是乎用刑矣"（《论语·为政》《孔子家语·刑政》）。孔子认为，要改变春秋时期天下大乱的社会现状，恢复政治上的平和安定，就要恢复周礼的权威，建立一套如同西周那样"亲疏有别"的社会制度。

相比之下，老子"无为"的政治思想必然使得其对人为制定、实施及评估的制度持批判态度。老子对于彼时充斥于社会各个层面的以"礼"为核心，以"刑"为辅助的制度及其所衍生的礼乐文化给予了批判与解构。"老子对孔子和儒家礼乐文化之异化的揭露和批判，给先秦文化的发展吹进了强劲的新鲜空气，从而打破了'礼乐'文化因异化而带来的僵

① 李红琼、宁淑华：《传统儒家政治文化与政治现代化》，《湖南农业大学学报》（社会科学版）2001 年第 4 期。

② 陈来：《古代思想文化的世界：春秋时代的宗教、伦理与社会思想》，生活·读书·新知三联书店 2002 年版，第 288 页。

化。"① 下文仍旧以老子对政治层面之制度的解构为先导，映衬老子对于教育中各项制度的解构。

"故失道而后德，失德而后仁，失仁而后义，失义而后礼"（今本《老子》第三十八章）句，将"礼"这个儒家的核心概念放在末位，足见老子对礼的态度。老子认为，礼是人的本性丧失殆尽后的产物，其本身不包含任何感情色彩，是一种表面化、形式化的人为设定。紧接着，老子又指出"夫礼者，忠信之薄而乱之首"。由王弼对于礼的解释中，也可见礼的不仁之本质。"夫礼也，所始首于忠信不笃，通简不阳，责备于表，机微争制。夫仁义发于内，为之犹伪，况务外饰而可久乎！"王弼认为，礼为易生争端之制，与礼相关的仁义忠信皆具有伪的特性。可以说，老子直斥礼制的要害，对礼制进行了比较通彻的解构。"法令滋多，盗贼多有"（今本《老子》第五十七章）与"其政察察，其民缺缺"（今本《老子》第五十八章），此两章又是对礼制实施之恶果的斥责。两章皆指出立刑名、明赏罚，得到的只能是实施严刑酷法所带来的"盗贼多有"和"其民缺缺"。"鱼不可脱于渊，国之利器不可示于人。"（今本《老子》第三十六章）王弼注曰："利器，立国之器也。示人者，任刑也。刑以立国则失也。"此句之"利器"，即利于统治的制度，意指"刑罚"。老子对于刑罚制度的驳斥，在第四十九章也有提及。参照王弼对该章的注解，可显见刑罚制度的危害性。其曰："若乃多其法网，烦其刑罚，塞其径路，攻其幽院，则万物失其自然，百姓丧其手足，鸟乱于上，鱼乱于下。"此两章亦皆认为以刑罚示人，等于忽视人的本质，仅把人当作被统治的对象，从而限制了人发展的自由。然而，人和鸟鱼一样有自由、自然发展的天性，若塞之，则失其本性，丧其自主自觉之能力，终将导致祸乱。"民不畏死，奈何以死惧之"（今本《老子》第六十章），此句从民众的角度指出严刑酷法的不可取。因制度的表面化、形式化的特点，民众并不会从根本上畏惧制度，对待制度也会相应地采取应付的手段。因制度本身的"伪"性，民众对待制度的态度方式和行为也具有"伪"的特点。

---

① 张智彦：《老子与中国文化》，贵州人民出版社1996年版，第170页。

(四) 对教育功利主义的解构

学界之所以称儒学为积极入世的哲学，与孔子本身的积极入世不可分。在《论语》中，有多处对孔子入仕意愿的论述。如，"苟有用我者，期月而已可也，三年有成"（《论语·子路》）；"如有用我者，吾其为东周乎!"（《论语·阳货》）从孔子前半生不得志，周游列国寻求贤主的真实经历中，亦可知孔子汲汲于入仕之志。

儒家倡导"三不朽"，即"立功、立言、立德"。这"三不朽"，皆是通过"有为"的政治作为，间接实现个人的价值。正如有学者指出："立功、立言、立德，此三者在当时都直接或者间接与从政有联系，因为只有通过从政才可以更突出地显示出或者立德、或者立言、或者立言的仁的业绩。"① 由此，以孔子汲汲于通过入仕建立丰功伟业，也可反衬当时世人多渴望立功、立言、立德的迫切心理。此也正真切地体现在了儒家"学而优则仕"的教育目的当中。人们学习是为了从政做官，整个社会亦是给人开辟了如此通向功德的途径；万千学子饱读诗书的目的就是为了能够争得一官半职，进入仕途。这种对于仕途的向往，既可源于"治国平天下"的远大抱负，亦可出于仕途本身所含有的功利目的。而在老子看来，上述诸种对于功德的追求是不可取的。也正是因为如此，老子对功德施以解构，意在警醒人们行事为人莫须抱着功利之心，主张教育的终极目的在于个体自然性的获得，而非朝向功名、利禄诸种身外之物。老子认为，真正的统治者应该淡泊名利、清心寡欲。有鉴于此，老子对在上之人的功德之心进行了无情的批判。此外，在上之人的行为影响在下者，当在上者极力追求功名利禄的时，在下者也会不断致力于自身欲望的满足。

老子对于"功德"的解构，首以圣人对待"功德"的态度为切入点。"上善若水，水善利万物而不争，处众人之所恶，故几于道。"（今本《老子》第八章）至善的圣人拥有水的品性，惠及万物却不争功德；处于最卑微的地方，对功德漠然不理。这是对圣人之功德、水之功德的肯定。针

---

① 匡亚明:《孔子评传》，南宁大学出版社 1990 年版，第 165 页。

对"居善地，心善渊，与善人，言善信，正善治，事善能，动善时"，王弼注曰："此言人水皆应于此道也。"这里的"此道"正是指圣人和水的"不争"之道。所以，末句有"夫唯不争，故无尤。"然而，与上述理论相对的是《老子》的时代背景。其时是一个"破旧立新"的时代，政治上表现为诸侯征战，以取得霸权；学术上表现为"百家争鸣"，以求"三不朽"之"立功、立言、立德"。人们力求功德的目的皆在于标榜自身、成就功业以至于名垂青史。基于此，老子对于功德的解构，源于其对当时人们汲汲求取功德的极度不满。"不自见，故明；不自是，故彰；不自伐，故有功；不自矜，故长。夫唯不争，故天下莫能与之争"（今本《老子》第二十二章）。王弼对此句的解释是"不自见，则其明全也；不自是，则其是彰也；不自伐，则其功有也；不自矜，则其德长也"。之后，《老子》又曰："少则得，多则惑，是以圣人抱一为天下式。"王弼将"一"释为"少之极也"。此句表明了圣人对待功德的态度，即"极少"地像世人那样去"争""居"功德。故后句又有"夫唯不争，故天下莫能与之争"句，意在警醒世人"不争"是得德的前提。《老子》第九章是对功德的直接解构。老子先以"持盈""揣锐""金玉满堂""富贵"等，表明了人们对于功德的向往和争取。接着又列举了"不可长保""莫之能守""自遗其咎"等，指出了功德的表面性、短暂性以及祸及人的特性，对当时人们对于功德的渴求予以斥责。基于前文观点，在第九章最后，老子指出："功遂身退，天之道。"对于此句，王弼解为"四时更运，功成则移"。言不居功德，乃顺乎天道的行为。此外，"夫唯弗居，是以不去"（今本《老子》第二章），亦言"不居"之道。

概言之，《老子》第八章和第二十二章皆是以物观物，以圣人之"不争"功德观俗人之"争"功德。其中，前者是需要人们建构的、重视的、效仿的功德观；后者是人们应予以摒弃的功德观。第九章和第二章对功德特性的阐释，则指出"不居"功德的见解，再次解构了人们的"居"功德。至此，可以说，老子解构了功德之后，重构了一个人们"有功德"，却"不争""不居"功德之对待功德的淡泊心态。

（五）对教育特权的解构

西周时期的宗法-封建制度及其所衍生的礼乐文化，体现在社会关系上，就是"爱有等差""长幼有序"和"尊卑有别"等。到了春秋末年，这种人与人之间的"差序格局"仍旧没有消除。如，在《论语》中，当其弟子樊迟问"仁"时，孔子答曰"爱人"。而孔子所说的"爱人"并不是指爱一切人。正如有学者所说："在孔子理想中，所要'爱'的'人'是有阶级属性的，绝不是无差等的爱一切人。他还说过'泛爱众'这样的话，但从词义上说，这里提到的'众'系指处于各种关系之下的广义的人，即抽象的大多数……'爱'是有分际有差别的，有不同身份的人，就有不同情况的'爱'，表现为不同情况的'仁'。"[1] 人与人之间的不平等，造成社会各个层面的不平等。在教育层面，尤其在"学在官府"的官学中，有权势之人的子弟从教育之始至教育结束的过程中皆享有特权。有学者认为，孔子所开办的私学教育中的诸多层面，亦均借鉴了官学。[2] 实际上，当时的"学在官府"，完全由"血而优则学"的贵族垄断了教育权，其结果必然导致"血而优则仕"。尽管孔子所开办的私学及其"有教无类"的办学理念，试图打破"血而优则学"的一统局面，进而开"学而优则仕"之新风，但是就当时"学在官府"的整体垄断地位而言，其私学规模尚不足以形成瓦解官学的气候。[3] 对于这种因人世袭身份的不平等，所造成的各项权利的分配不均甚至缺失的现实，老子是十分忌讳的。他站在"万物有德"和"人生而平等"的立论前提下，对人的差异进行解构，摒弃了人们在社会生活中的一切不平等现象。可以说，老子这种放之四海而皆准的平等观点，对瓦解教育中的不平等现象同样奏效。

老子在解构人世不平等的差异方面，是以当时社会中普遍存在的人与人之间的不平等现象为依据的。彼时的封建宗法社会实行"封土建邑"

---

① 刘毓璜：《先秦诸子初探》，江苏人民出版社1984年版，第26页。

② 刘毓璜：《先秦诸子初探》，江苏人民出版社1984年版，第39—40页。

③ 于洪波：《由"君子""小人"到"中民""公民"》，《陕西师范大学学报》（哲学社会科学版）2011年第3期。

和"封侯赏爵",头衔的高低代表了社会地位的高低,从而造成人身份的差异。当时社会明显存在将人的社会地位,等同于人的天生秉赋及后天能力的现象。如《论语》有言:"中人以上可以语之,中人以下不可以语之。"此句不仅明显地将人分等,亦否定下层百姓启蒙的可能性。这种对人的分等造成了对平等人性的极大歪曲,或者说也正是由于人与人之间他定的不平等,才使得封建礼制可以长盛不衰。与此相对,老子的立论视角远远超越并颠覆了以"差序格局"为基本特征的礼乐制度,他所向往并试图建构的是"万物平等"和"人人平等"的和谐世界。对此,老子的论证大凡有以下诸方面。

"天地不仁,以万物为刍狗;圣人不仁,以百姓为刍狗"(今本《老子》第五章)。此句以"天地"和"圣人"作比,指出了天地、圣人二者对于生灵万物一视同仁的态度。"仁"在此解作"偏爱",指天地圣人对待万物是平等的、无偏爱的。另一种说法,如王弼注解中言"仁者必造立施化",造立施化即创设法令、施以教化,这与儒家所倡导的带有等级性的"礼"制极为相似。有学者站在此种角度指出"天地不仁,圣人不仁"句有"反孔"倾向,认为老子以天地圣人不造立施化来驳斥儒家的那套礼仁制度。笔者认为,此种说法完全是针对《老子》的一个动机不纯的"创新"。按照《老子》一贯的思维,一旦事物出现任何一个极端,都代表着会有另外一个极端与其产生矛盾和冲突。有"仁"的行为,就会有不仁之行为。为了避免"偏爱"现象的出现,才更当设法避免"不偏爱"。然而,必须看清楚的是,老子提倡的不偏爱和避免的不偏爱是完全不同的两种状态。前者即圣人、天地所持的不偏爱,是没有"偏爱"或"仁"的概念存在的一种原始的、澄澈的状态;后者则是试图在"仁"和"不仁"出现之后,极力避免"偏爱"而带来的"不偏爱",二者有本质的区别。老子所持的是不经任何雕饰和掩盖的"生即平等"观,其远远高于宗教宣称的教条式的平等和今日所谓的平等,而其之所以用天地圣人作比,也是基于此点。在给平等观念定位之后,《老子》则着手对彼时存在的人与人之间的差异进行解构。

"不尚贤,使民不争,不贵难得之货,使民不为盗。"(今本《老子》

第三章）王弼注曰，"贤，犹能也。尚者，嘉之名也。贵者，隆之称也"。此句明确指出"任能""嘉名""隆称"之行为是造成"争""盗"的根本原因。反过来讲，人们争盗无不因为有可争、可盗之物及争、盗之心。前者是因为人的差异而带来的物质财富的差距；后者则是因差异而引起的心理落差。鉴于上述"贤""贵""尚"三者皆是"仁"的体现，所以在此老子推行的仍旧是一种无偏爱的、平等的理念。"同于道者，道亦乐得之；同于德者，德亦乐得之；同于失者，失亦乐得之。"（今本《老子》第二十三章）此句更加明确地彰显了老子人人平等的"不仁"观点。此句含有的等式可以转换为"道是道，德是德，不道是不道，不德是不德。失是失，得是得，该失的不会得，该得的不会失"。此一等式中包含的不仅仅是一对一的关系，倘将其放在社会人事方面，亦可以称之为最原始、最完善的平等观。事实上，老子所构建的这一等式完全要求一种"不仁"的、无偏爱的环境作背景。在此《老子》呼吁的仍旧是"不仁"。

最为明显地表现老子人人平等主张的是"善者，吾善之；不善者，吾亦善之。信者，吾信之；不信者，吾亦信之。圣人皆孩之"（今本《老子》第四十九章）。此句是老子对"不仁"思想最直接的阐发。王弼在注解此句时用到"能大则大，资贵则贵"八字，亦指前文所述的"不尚贤，使民不争；不贵难得之货，使民不为盗"之意。后句"圣人皆孩之"，即便不论其意，仅从"皆"字也可足见其用心。

可见，老子在对人的差异进行解构时，并非直接用否定的方式指明人们之间不平等的不足和不可取之处，而是开门见山地以圣人、天地的"不仁"作为导入，指引人们认识到"不仁"的可贵之处；进而在人们肯定"不仁"之后，自然而然地将"仁"解构掉，并顺理成章地重构了一个人人平等的"不仁"的理想社会。当人人平等的理想实现后，教育中因阶层、门户差别而造成的教育特权亦会随之消失。

第三节　老子解构教育的原因及结果

老子解构教育的思想，总体上可视为老子对彼时教育的反思与批判。

前文所讲的解构教育的背景，可被看作老子解构教育的时代原因。抑或说，时势使然，老子能够经由对当时社会境况的反思及批判，而得出有关教育的主张。此是在较宽泛意义上为老子解构教育寻找辩护。深究老子"不言之教"的思想，其中所蕴含的独特的价值取向、知识论基础及实施方式，可被作为不言之教的优势之所在。以不言之教的优势与其时主流教育的弊端相对照，从而可为老子"为何解构彼时的主流教育"提供答案。以对不言之教的解读为参照，可见老子并非为了解构而解构，其目的在于建构新的教育理念，而不言之教正是老子重新构建的教育理论。可以说，不言之教既是老子解构教育的原因，又是老子解构教育的结果。

一　老子解构教育的原因

老子解构彼时的主流教育，原因盖有三点。第一，春秋末年的社会动荡、政权更迭、民心不安，已然表明彼时教育难以实现敦化民俗、改良风气等的积极功用。第二，从彼时主流教育本身看，教育中功利主义泛滥、教育特权广泛存在、教育制度僵化等现象，亦体现出彼时教育弊端丛生、不合时宜的现实。第三，以老子的"不言之教"为参照，同样可以得见其解构彼时教育的深层次原因。前两种观点已在上文予以表述，下文将通过解读不言之教的价值取向、知识论基础及具体实施，呈现老子对于其时教育的解构旨在构建"不言之教"的内在逻辑理路。

（一）不言之教的价值取向

与其他教育思想一致，不言之教作为老子教育的理想状态，其指向并非仅囿于教育范畴，而是有着更为宽泛的现实意义。顾炎武曾经指出："教化者，朝廷之先务；廉耻者，士人之美节；风俗者，天下之大事。朝廷有教化，则士人有廉耻；士人有廉耻，则天下有风俗。"[①] 可见，古代之教化抑或现代之教育，都关乎社会现实，乃移风易俗的重要途径。老子亦是看到了教化的重要性，并结合彼时民不聊生、人们思想被束缚、社会发展停滞不前的现实，提出了与当时主流教育相左的"不言之教"。他主

---

① 顾炎武:《日知录集释》，上海古籍出版社 2006 年版，第 987 页。

张通过不言之教，改变上述社会现实，即通过不言之教实现人的解放和社会的民主。此也正是有学者将老子《道德经》称为"华夏民主思想的先河"，将老子哲学称为"平民哲学"① 的原因。

老子对个体解放的论述，主要体现在两方面。其一，个体行动层面的解放。如"故圣人云，我无为而民自化，我好静而民自正，我无事而民自富，我无欲而民自朴"（今本《老子》第五十一章）之"自化、自正、自富、自朴"，与"自宾、自均"（今本《老子》第三十二章），皆道出在无律令条规指导下人们自然自律的活动。这是一种排除他物干扰的个体的自然状态，在这种自然状态下，个体的生存发展是主动自觉的。正如有学者认为，"一个种的全部特性、种的类特性就在于生命活动的性质，而人的类特性恰恰就是自由自觉的活动"②。个体的自正、自朴指向的是归复人之类本性后的自由自觉状态，是摆脱了束缚，获得了解放的状态。其二，"学不学，复众人之所过"（今本《老子》第六十四章），指出过去之人所学之偏颇与肤浅，对过去之学存有批判，主张个体从过去那种不正确的"学"中解放出来，提倡通过"不学"的方式达到"无所不学"的真学之结果，以弥补过去所学的过失和不足。在老子这种"学不学"状态下的个体，绝不是沿着旧时遗留且延续下来的那套观念体系行事，只知模仿，不知变通，而是能通过"学"达到前人所远不及的知识水平和境界，从而对前人不当的思想和观念予以扬弃，既能"知古史"又可"御今之有"，从而能够获得更好的发展。

与个体的解放相应，老子将理想的社会描绘为：统治阶级处于"太上"位置，人们只知其存在，而感觉不到被统治的压力，统治阶级的权威消亡，严刑酷法未闻，阶级鸿沟被填平，"损不足奉有余"的"人之道"不复存在，人们生活于"甘其食、美其服、安其居、乐其俗"的理想国中。依此，可见老子"不言之教"中蕴含的和平、安定、有序、和

---

① 赵毓民、赵敏：《华夏民主思想的先河——老子道德经洗尘录》，中州古籍出版社1991年版，第2页。

② 《马克思恩格斯全集》第42卷，人民出版社1979年版，第96页。

谐的理想社会观。

（二）不言之教的知识论基础

老子对于知识的看法与其对"道"的观点一脉相承。道之无所不包，存于万物的特点，使得世间之物各有其道，使得宇宙间可知之识不可尽数。也正是在这种层面上老子说："知者不言，言者不知。"老子的知识合于"道"之广博特点，故不可尽言，不可尽知。任何一种对于知识的言说都是片面的，正是因为人们"盲人摸象"似的言说，导致了更多的知识被忽略、被淹没。相应地，言说者亦显示出了自身知识的匮乏，故老子称其为"不知"。

老子后学《庄子》给出了"知识为何不能尽知"的解答，即"吾生也有涯，而知也无涯，以有涯随无涯，殆已！"（《庄子·养生主》）。此一方面沿袭了老子知识不可为人们所尽知的观点；另一方面说明由于知识和个人存在时间的长短之差，导致了人们没有足够的时间和精力去"知"。这也正是《庄子·逍遥游》中的"小知不及大知，小年不及大年……朝菌不知晦朔，蟪蛄不知春秋"所表达的意思。既然人们所知都属于片面之知，这种人之知与合道之知之间应该存有何种关系？对于这个问题，庄子同样给出了解答，即"以其知之所知，养其知之所不知"（《庄子·大宗师》）。关于这句话，释德清解释道："所知者，在人间日用见闻觉知之知也。所不知谓妙性本有，人迷不觉，故日用而不知。由其不知本有，故但知贪欲以养形，而不知释智遗形以养性，故举世昏迷于物欲，戕生伤性，不能尽性全生，以终其天年。人若能于日用之间，去贪离欲，即境明心，回光返照，以复其性，是以其智之所知，养其智之所不知。如此妙悟，乃知之盛也。"[1] 至此可见，老子和庄子所秉承的知识是那些不戕害人之本性、不生成奸诈巧伪之人心、不造就贪婪无度之人性的"真知"。他们主张用这些"真知"来对应那些原本便存在的、不能被言说的、没有被觉察的、更加广渺无边的知识。可见，知识虽然不能被人们所尽知，但人们可以"知"。至于"何以知"则是针对合于道之知识的另

---

① 胡哲敷：《老庄哲学》，中华书局 1935 年版，第 86 页。

一个问题。

老子所倡导的"不言之教"是针对"言教"而发的。孔子的教育内容主要是"六经"。"六经"虽各自蕴含着不同的教育内容，但从其形式来看，"六经"统一属于书本知识的范畴，且这些书本知识主要是通过孔子的讲解及学生的读诵内化至头脑中。此是称其为"言教"的主要原因。相对比而言，"不言之教"关注的重心并非"言教"之理论知识的传授与获得，而是在"言教"之外寻求到了另外两种知识，用今日的话来讲即实践性的知识和反思性的知识。这也是老子呼吁"学不学，复众人之所过"（今本《老子》第六十四章）的原因。

春秋时期，儒家的私学教育注重对理论知识的传播，并因其积极倡导"学而优则仕"的入世观念而吸引了大批学者。在老子看来，理论知识只是浩瀚知识海洋中的一隅，更多的知识无法通过"言教"获得。基于此，老子呼吁人们通过多样化的途径获得多样的知识，以弥补"言教"对于知识的割裂。老子说："反者道之动。"不断地向其本来的地方归复是道运动的特点。事实上，这里的"反"无论是"反面"还是"返回"，二者的意思是相通的，强调的都是一种对待事物的"逆向思维"。这种从事物的反面着眼的方式，所获得的正是依靠常规思维所无法获得的反思性知识。在老子看来，反思性知识比比皆是。比如，《老子》第二章，通过反思"美"，得到了有关"恶"的知识；通过反思"善"，得到了有关"不善"的知识；第五十八章，通过反思"福"，获得了有关"祸"的知识；第六十七章，通过反观"强大者"的处境，获得了有关"弱小者"生存状态的知识。此其一。其二，《老子》亦提倡通过实践的方式获得知识。老子运用比喻的方式，主张通过实践的方法获得相应的知识。"合抱之木，生于毫末；九层之台，起于累土；千里之行，始于足下"（今本《老子》第六十四章），此句旨在说明"行动"对于获得知识的重要性。而在《庄子》中，实践性的知识更是广泛存在，《庄子·养生主》所讲的"庖丁解牛"即是绝佳的例证。"庖丁为文惠君解牛，手之所触，肩之所倚，足之所履，膝之所踦，砉然向然，奏刀騞然，莫不中音。合于《桑林》之舞，乃中《经首》之会。文惠君曰：'嘻，善哉！技盖至此乎？'庖丁释刀对曰："臣之所好者道也，进乎技矣。始臣之解牛之时，所见无非牛者。三年之后，未尝见全牛也。方今之时，臣以神遇而不以目视，官知止而神欲行。依乎天理，批大郤，导大窾，因其固然，技经肯綮之未尝，而况大軱乎！良庖岁更刀，割也；族庖月更刀，折也。今臣之刀十九年矣，所解数千牛矣，而刀刃若新发于硎。彼节者有间，而刀刃者无厚；以无厚入有间，恢恢乎其于游刃必有余地矣，是以十九年而刀刃若新发于硎。虽然，每至于族，吾见其难为，怵然为戒，视为止，行为迟。动刀甚微，謋然已解，如土委地。提刀而立，为之四顾，为之踌躇满志，善刀而藏之。'文惠君曰：'善哉，吾闻庖丁之言，得养生焉。'"从庖丁解牛的整个过程来看，其从最初的"见全牛"到后来的"不见全牛"再到后来的"不见牛"之"技"的形成，完全是一个在行动中不断积累经验的过程。而运用这种实践性知识直接地解决问题，既能够摒除在施力者与受力者之间的间接障碍，直接地作用于问题本身，又能表现出一种"合于《桑林》之舞，乃中《经首》之会"的美感。

总之，老子提倡"不言之教"，一方面承认知识不能为人们所尽知的事实；另一方面又因"道"的广博特性，倡导获得多种类型的知识。可以说，老子将"道"与知识统筹兼顾，其实践性知识和反思性知识在很大程度上既批判又弥补了"言教"所倚重的理论知识的不足，并珍视与确保了知识的完整性。

（三）不言之教的具体实施

如前文所及，不言之教既是目的又是方法，当作为方法时，不言之教的实施需要借助于"道"。"道"，是《老子》的核心概念。拥有形而上意义的"道"，是一个终极的价值、权威和法则。然而在《老子》那里，"道"仅仅是作为一个权威，像西方形而上哲学中的"上帝"那样，端坐在最光明、最隐秘的地方俯瞰世事，等待世人的顶礼膜拜吗？答案是否定的。这同时也是老子哲学与西方哲学的不同之处。由于《老子》理论并不限于专门的哲学问题，抑或说，《老子》的初衷是解决社会人事问题，因而与西方传统哲学相比，《老子》更加关注社会人生，而少有神学色彩。正如朱晓鹏所言："老子道论不过是用以建构这些关于政治和人生学说的'研究纲领'和'理论框架'"①。此处所指纲领和框架，皆被包含于形成学说的过程中，是被构建物，二者本身不会自造，现实人们也正是通过所构建的纲领和框架实施行动。基于此，老子的"道论"被附上工具的色彩。而在《老子》中，关于"道"的工具性的话语比比皆是。诸如，"道冲，而用之或不盈。"（今本《老子》第四章）"执古之道，以御今之有，能知古始，是谓道纪"（今本《老子》第十四章）。"孔德之容，惟道是从。吾何知众甫之然哉？以此。"（今本《老子》第二十一章）"执大象，天下往。视之不足见；听之不足闻；用之不可既。"（今本《老子》第三十五章）"化而欲作，吾将镇之以无名之朴。"（今本《老子》第三十七章）"侯王得一将为天下正，谓侯王无以为证，将恐蹶。"（今本《老子》第三十九章）"反者道之动，弱者道之用。"（今本《老子》第四十章）"修之身，其德乃真；修之家，其德乃馀；修之乡，其德乃长；修之邦，其德乃丰；修之天下，其德乃普。"（今本《老子》第五十四章）"以道莅天下，其鬼不神。"（今本《老子》第六十章）"古之善为道者，非以明民，将以愚之。"（今本《老子》第六十五章）

概言之，老子之"道"的提出，不是将其仅仅作为"恍惚""玄妙"等类似"紧箍咒"的概念去单纯地束缚和教化人们，而是将其作为工具，以其理论意义上的指导性和功用性对诸多不合理事物施以"解构"，向下促使形而下之社会人事的完满，向上"自构"形而上之道的完善。

老子的道论涵盖社会人事的各个层面，其整个道论的出发点和归宿皆在于这些方面的终极和谐。若说形而上之道属于哲学范畴，那么形而下之道则脱离哲学更加与实际切近。事实上，行而下之道对上述方面的整合功效更为显著。陈鼓应关于老子的形而下之道的观点是："形而上的道向下落实成为人生准则的道，它对人产生的意义就更显然了。这一层意义上的道，具有'自然无为''虚静''柔弱''不争''处下''为而不恃，长而不宰，功成而不有'的特性。"② 老子也正是以"道"的颇多特性为工

---

① 朱晓鹏：《老子哲学研究》，商务印书馆 2009 年版，第 57 页。
② 陈鼓应：《老子评介及注释》，中华书局 1987 年版，第 219 页。

具，解构了形而下世间的诸多不合理之事物。

二　老子解构教育的结果

老子解构教育的直接结果，是经由对其时教育的反思、批判，构建了"不言之教"的理念。"不言之教"在《老子》中不独为当前人们所理解的狭义的教育思想，而是一种集哲学、政治、文化、教育等诸多因素在内的大而全的理念。以当前的分学科的视角，运用教育学的思维解读老子解构教育的结果——"不言之教"，可得见其中诸多丰富且独特的教育观念。

（一）因任自然的新方法

不言之教是老子提倡的教育方法。按照《老子》文本，亦可将不言之教看作个体得道的主要途径。这主要体现为以下三方面。

首先，随顺自然。陈鼓应在《老子注释及评介》中认为"不言指不发号施令，不言之教指非形式条规的督教，而为潜移默化的引导"；张松辉在《老子译注与解析》中将"圣人行不言之教"解释为"圣人的教育都是顺应人心，而不是提倡言语教化"，将不言之教解释为"没有言辞的教育"。此两种解释对比前人在"道无为而无不为"基础上解释不言之教，其指向性更为明确。可以说，今人在把握不言之教的含义时，均未脱离不言之教本身所具有的自然性，均看重不言之教的自然性。不发号施令，潜移默化地引导，顺引人心，皆渲染了较浓厚的自然意味。与对自然性的倡导一致，《老子》文本中也有对形式条规、科条律令的批判。如，"法令滋彰，盗贼多有"（今本《老子》第五十七章），"其政察察，其民缺缺"（今本《老子》第五十八章），皆指出了过多的律法规定在国家治理上的负面作用。按照老子的语境，若将条规律令放入道德教育之中亦难以收到好的效果。原因在于，一旦事物的自然性被硬性的条规所框住和蒙蔽，必不能长久。由此可见，老子的不言之教事实上强调的是自然而然的教育，是用合于自然的言论，而非强制性的、刚性的言论对个体施以自然而然的教化。

其次，注重身教。陈鼓应先生关于不言之教的解释中有另外一层重要含义，即"非形式条规的督教和潜移默化的引导"。展开来讲，"潜移默化的引导"必然要求教育者为学习者呈现一个良好的参照物，以使学习者在自然而非强制的状态下获得学习内容。正所谓"我无为而民自化，我好静而民自正，我无事而民自富，我无欲而民自朴"（今本《老子》第五十七章）。上之所欲，民从之速也，施教者的道德示范对学习者道德的发展有直接影响。当施教者喜顺自然之性，学习者也将因任自然而达致"自化""自正""自富""自朴"，在自然状态下获得美德。故"圣人处无为之事，行不言之教，万物作而弗始，生而弗有，为而弗恃，功成而弗居。"自然的前提和过程，对应着自然的结果。这种以无声胜有声的潜移默化之引导，正是无声的身教。

最后，以学为教。上述这种无声教育的达成，是身教能独自包揽的吗？全然不是。施教的效果如何，还有赖于学习者的接受方式与接受程度。"上士闻道，勤而行之"（今本《老子》第四十一章），强调的是学习者勤于习道的实践环节；"强行者有志"（今本《老子》第三十三章），道德的获得离不开个体坚持不懈的实践，即在生活之中不断地"体道""行道"。"勤而行之"，必有所获，只有行动才能有所收获。可见，依靠"不言之教"获得道德不仅仅是施教者"教"的功夫，也是学习者实践与反思的"学"的结果。二者相较而言，学习者作为受教育者，其实践与反思对于自身德性的发展与完善的作用与意义更甚。

（二）"人皆成圣"的新理想

老子的"圣人"是理想的得道之人。站在人人平等的理论前提下，老子的"圣人"没有对立面。不像儒家那样依据人的道德人格将人分为"小人""君子"和"圣人"，在老子那里，凡是达不到"圣人"的人都不是圣人，他既不是小人，也不是君子，仅仅是"非圣人"。但是"非圣人"，并不是"圣人"的对立面。老子从未先天地预设"圣人"和"非圣人"。在老子那里只要合乎"道"地为人处世，人人都会获得圣人应有的德行，人人都有成为圣人的条件和机会。如老子所言："同于道者，道亦乐得之；同于德者，德亦乐得之"（今本《老子》第二十三章）。由"非圣人"到"圣人"之间的大门是永远敞开着的，不会因为个体德行低下而关闭其通往圣人的入口。老子“人皆成圣”的理论依据是人人平等，全方位的平等。

“圣人常善救人，故无弃人；常善救物，故无弃物”（今本《老子》第二十七章），圣人善救人救物，从而使天下无弃人，无弃物。老子的“圣人”，并非高高在上的等待敬仰的道德榜样，也不是一手执掌正义公平的道德领袖，其职责在于以其所具有的道德之力量去救人、救物，化人、化物，进而达到互救、互化和共生。当然，圣人在感化道德对象之时，并非诉诸自身单方面的施为，其注重的是对象的“自化”过程。“自化”是个体获得道德的前提，也是在感化他人过程中注重发挥德育对象主动自觉性的体现。可见，老子的圣人自始至终都在做着与道相关的事情，成圣之前循道、依道，进而得道；成圣之后，不失道、布道。换言之，老子教育的最终理想是为了人人得道，进而产生一个有道的国家社会。在成为有道之人之前，哪怕高高在上的统治者也是教化的对象；每个有道之人，都毫不吝啬地将自身的“道”“德”传递给他人，并依道、顺道，不断积累扩充自身的“道”，进而缔造一个其乐融融的和谐社会。

可以说，老子的“人人皆可为圣人”，是其对教育中人的最高期望。由于圣人是“得道”的道德人，故而一个由圣人组成的社会必然是矛盾和分歧不攻自破，和谐与美好不期而来的社会。

（三）低调内敛的“在上者”形象

在老子看来，“道”由于其广博、永恒、似有若无的特性，不能被清晰地界定，只能依稀地判断其“象帝之先”（今本《老子》第四章），只能牵强地“字之曰道，强之为名曰大”（今本《老子》第二十五章）。进一步讲，宇宙中的事物之所以合于道，乃是由于事物含有自然之德，比如谦卑、柔弱、处下、不争等。然而，上述之德乃是个别的德性；在这所有的美德之上，有一种最接近道的美德，即“上善”。“上善”即最高的善。对于这种最高的善，由于其离道最近，又由于道的不可界说，老子亦没有给出“上善”明确的概念界定，而是用水作比，将水作为“上善”的表现形式。“上善若水，水善利万物而不争，处众人之所恶，故几于道。居善地、心善渊、与善仁、言善信、正善治。”（今本《老子》第八章）老子将水比作最高的善，原因概有二。

其一，水滋润万物、生养万物，是事物存活的命脉，但其却总往低处流，甘愿处下，不去争先居首；其涤荡一切污秽，而洁身自好；其凭借自身坚忍的耐力，用自身的柔软滴穿坚硬的顽石；其浩瀚、广薄，深不可测，永远朝着更广、更远、更低的地方流去。可见，水柔弱、谦卑、不争、甘于平庸、乐于奉献，包含着一切自然之德，是宇宙中最符合自然之道的事物。

其二，在老子的五千言中，用自然界之事物比喻自然之德的例子比比皆是。换句话说，老子界定美德、使人们理解美德的方式就是找出美德的表现形式。同理，对于最高美德的界说也是用这种比喻的方式。水作为自然界中可感知的事物，其诸多特性毫不保留地展现在人们面前。水的可感知特性，使人们完全可以目睹到水滋润万物的功用及其所包含的谦卑、处下等品德。这也正是老子不将水等同于道，而称其"几于道"或曰"接近于道"的原因。王弼在论及"水"与"道"的区别时指出，"道无水有，故曰几也"。可见，在摒弃了可否感知的区别后，以水为形式的"上善"已然与"道"同义。于是，拥有最高德性、依道行事为人的"圣人"之存在状态，必然合于水之特性。

除以"水"喻"圣人"，老子对于圣人的形象、品格等多有描述。"豫焉若冬涉川，犹兮若畏四邻，俨兮其若容，涣兮若冰之将释，敦兮其若朴，旷兮其若谷，混兮其若浊"（今本《老子》第十五章）。圣人之所以深不可识，源于其小心谨慎、不居功、不自傲，凡事谦让。"俗人昭昭，我独昏昏；俗人察察，我独闷闷，澹兮其若海，飏兮若无止"（今本《老子》第二十章），说的是圣人具备眼光深远、胸怀宽广的品格。可以说，因圣人生存状态如水那般谦卑、居下，这反而使得圣人虽然身为道德的楷模，却处于茫茫人海之中，甚至不为众人所知晓。诚然，此正与老子所倡导的圣人的政治身份相一致。在老子看来，圣人作为道德的楷模，理当成为统治者。"圣人之治"应该依道而治，而鉴于"几于道"的"水之道"倡导的是谦卑、不争、处下的德性，所以有道的统治者理应践行所谓"太上，下知有之"（今本《老子》第十七章）的统治理念。有学者认为，此句应为"太上，不知有之"，或者"太上，下不知有之"。在此不做考据的工作，毕竟无论何种解释，均为统治者不去干扰人们的生活之意。按照这种讲法，圣人绝不应该依仗自己在政治上的权力，任意地推行繁文缛节甚或严刑酷法，而是自甘退居百姓之后，希冀百姓依靠"自化""自正""自富""自朴"获得完满的生活。可以说，老子的圣人像水那般润物细无声，表面好似唯唯诺诺地行事为人，实则忘却功名，忘却自我，始终"以百姓心为心"（今本《老子》第四十九章），默默地优化社会人事。基于此，以"不言为教"的教育者，首先应该摒弃自身的"有为"之言行，注重发挥受教育者的主体性，养成如"水"般谦虚处下、乐于奉献的品质。

（四）以人为本的教育管理理念

正如上文所述，老子的管理者在摒弃了对权力的"有为"之后，寻找到的是依道、循道的管理方法，亦即不随意发号施令、不强为、不妄为的"不言"的管理理念。在管理者主动摒弃了"有为"之权柄后，其仍需重新寻找一个合于道、合于"不言"之要求的管理路径。在《老子》文本中，对此多有表述。老子"符道合德"的管理理念，具体包括以下诸方面。

从管理的施行者来看，管理者要以人为本。"圣人无常心，以百姓心为心"（今本《老子》第四十九章），表明的即是圣人从普通百姓角度出发，关注百姓的心声；从百姓需要出发，想群众之所想。老子倡导圣人从普通"人"的角度出发筹划家国社稷，就是为了促使"人"不偏离道的大方向，并最终能够得道。在整个管理的过程中，管理者所关涉的不是个别人或者某一部分人，而是所有人，亦即"圣人常善救人，故无弃人；常善救物，故无弃物"（今本《老子》第二十七章）。将天下之"人"放在管理的中心位置，使个体的"人"在管理中处于平等的位置，使得每个人都拥有依靠"不言之教"的管理而达至"道"的可能性。可见，老子以人为本的管理理念的对象是教育场域中的每一个人。

具体到管理态度及方法，则要求管理者具备富有爱心、甘于处下、不以智取、治于未乱的素养及能力。"善者，吾善之；不善者，吾亦善之"

（今本《老子》第四十九章），此句指出管理者要具有爱人之心，能够宽宏大量，对待每一个人都抱持慈爱之心。诚然，老子的管理者在摒弃了"有为"的权力之后，并非站在高处若有所失地怅然自叹，而是身体力行地走下来，走到人们背后，以己度人，甘于处下。正所谓"大国者下流"（今本《老子》第六十一章）。对此，王弼注曰："江海居大而处下，则百川流之。大国居大而处下，则天下流之。故曰，大国下流也。"在老子看来，大国都要甘于处下，更何况管理者。老子指出了管理者理应退居百姓身后，以退为进；因为只有这样，百姓才能像万川入海般，自然地顺应管理。相应地，不以智取的方法，则体现为"爱国治民，能无知乎"（今本《老子》第十章）。老子对于淫技巧智极为厌恶，类推到管理层面，即要求管理者在管理过程中莫要处心积虑地投机取巧，而应以自然无为的态度对待被管理者。即便是在管理中遇到了困难，也应该"化而欲作，吾将镇之以无名之朴"（今本《老子》第三十七章），"以'道'、以朴素的宇宙自然之真理教育人民是非常重要的管理方法"①。相对于前三种方法，"治之于未乱"则要求管理者具有未雨绸缪的洞察力，以防患于未然。正所谓"其安易持，其未兆易谋，其脆易泮，其微易散。为之于未有，治之于未乱"（今本《老子》第六十四章），管理者应时刻谨小慎微，防微杜渐。

总之，老子以人为本的教育管理理念，既关心管理者的自身素养，又关注管理态度及方法的自然性。这种自然性主要体现为不靠制度、不依巧智、将心比心。在老子看来，理想的教育管理是依靠"不言"管理的自然性达至管理的实效性，乃至于被管理者的自然自化。

第四节　不言之教之教育意旨

著名学者余英时曾经指出："每一个源远流长的思想至少相对于它自己的文化系统而言都含有某些经得起时间考验的真理和价值，所以思想虽

---

① 朱建亮：《道德经新评赞——老子领导成效最优解集》，暨南大学出版社2012年版，第158页。

然随时代而变，并且在一定的限度内反映时代，但同时又超越时代，不是时代所能完全限定的。而且从长远来看，它超越时代的意义甚至更为重要、更为基本。"① "不言之教"作为老子的教育思想，作为与当时主流教育形态相左的学说，其能够承传至今，正是由于其具有"超越时代意义"的价值和功用。正如《老子》所谓"执古之道，以御今之有"，以两千五六百年之前老子倡导的"不言之教"关照当下之教育，其跨越时代的内涵，仍然熠熠生辉，堪为国人借鉴。

一　不言之教与教育目的

以"不言"为教，在"不言"中教，为了"不言"而教，老子的"不言之教"所要培养的是那种不为名号、不争利禄、不好功德的淳朴之人。"淳朴"应是彰显人性之"善"、为人之"真"、处事之"诚"较好的形容词。教育若离开"育人"而言他，难免会成为舍本逐末的功利性事业。

（一）走出功利主义的教育目的

当前教育界对于教育目的的看法颇多，不同学者从不同角度对教育目的有不同的论述。总体上来讲，当前理论界对于"教育目的"的概括主要有四点："'工具主义观还是本体主义观'，'教育是通向平等的入口还是社会成层的手段'，'教育是倾向于社会化还是个性化'，'通才教育还是专才教育'。"②

显而易见，当今社会生活的各个方面都存在着物化现象，最可为人们直接感知的便是经济领域的物化现象。经济领域的"物化"触角，同样延伸到了教育领域。"在现代技术文明的社会中，不能不令人感到教育已

---

① 余英时：《中国传统思想的现代诠释》，台北：联经出版事业公司 1987 年版，第 59 页。

② 袁振国：《教育原理》，华东师范大学出版社 2001 年版，第 42—97 页。

经成了实利的下贱侍女，成了追逐欲望的工具。"① 此强调了教育的工具价值被现代人所倚重的事实。不可否认，教育的确具有工具价值。但是在教育中，除却工具价值，教育亦具有本体价值，此是由教育中的人决定的。过多地关注教育的工具价值而忽视教育中的"人"，所导致的结果是教育的片面化和教育目的的功利性。这种情况用诗人艾略特的话来说，就是"个人要求更多的教育，不是为了智慧，而是为了维持下去，国家要求更多的教育，是要为了胜过其他国家，一个阶层要求更多的教育，是为了要胜过其他的阶级，或者至少不被其他阶级所胜过"②。现实地看，在教育的诸多层面上为着功利性的教育目的之实现而"着紧用力"，势必会减少对"人"的关注，在功利主义教育目的的笼罩下，教育的培养目标、课程目标以及教学方法等，都不可避免地被烙上浓重的功利色彩。著名的批判教育学家阿普尔认为，"从过去和现在的整个可能领域里进行选择，某些意义和实践被当做重点选出，而另外某些意义和实践则被忽略和排除。更加至关重要的是，这些意义被进行了解释、淡化或者改变形式，以支持有效主流文化的另外一些要素或至少与之不相冲突"③。筛选、修改的目的，是为了能够与既定的目的相一致。功利主义教育目的的达成，也遵循相似的路径。

有学者深入教育内容层面揭示教育目的的功利性，"对于教育而言，对于人事的关注就是四个基本的东西：知识、技能、能力、规范。实际上我们目前现实中的教育基本上是停留在这一层面，现实可见的层面，这个层面就是功利主义的教育"④。功利主义教育的弊端，已经广受学界批判。池田大作有言："现代教育陷入了功利主义，这是可悲的事情。这种风气

---

① ［英］A. J. 汤因比、［日］池田大作：《展望二十一世纪——汤因比与池田大作对话录》，荀春生等译，国际文化出版公司1985年版，第61页。

② 金生鈜：《理解与教育——走向哲学解释学的教育哲学导论》，教育科学出版社1997年版，第25页。

③ ［美］迈克尔·W. 阿普尔：《意识形态与课程》，黄忠敬译，华东师范大学出版社2001年版，第5—6页。

④ 刘铁芳：《教育生活的永恒期待》，湖南出版社2010年版，第43页。

带来了两个弊端，一个是学问成了政治和经济的工具，失掉了本来应有的主动性，因而也失掉了尊严性。另一个是认为唯有实利的知识和技术才有价值，所以做这种学问的人都成了知识和技术的奴隶。由此产生的结果是人类尊严的丧失。"① 既然功利主义教育导致了如此严重的后果，那么改变现状就成为当务之急。正如有学者所指出的那样："教育价值高于一切价值。经济价值、社会价值、文化价值都是人创造的，而教育使人成其为'人'，成其为有价值的人。"②《老子》的"不言之教"所倡导的，正是以"百姓心"为"常心"，以人为目的的教育。

（二）个人自由、社会民主的教育目的

印度学者克里希那穆提曾针对教育目的提出过如此反问："我们受教育是为了什么？是为了让心灵符合前辈所设定的模式，还是去了解和超越我们整个内在和外在的混乱的生活结构？是仅仅为了获取知识还是让我们从混乱中脱身并带来一个新的社会？"③ 针对上述问题，克里希那穆提回答道："教育是要给心灵彻底的自由……也将带来一个不同的社会结构。"④ 教育的对象是人，人的发展使教育成为可能。基于此，有学者认为，"倘若要问某人'什么是教育？'也就等于问他'什么是人？'"⑤可见，关注教育中的人，就是关注教育。

正如上文所言，人具有能动性，可以创造社会价值、经济价值和文化价值。同样，人能够对自身所处的社会条件以及自身状态进行反省和思考。"人被宣称为应当是不断探索他自身的存在物——一个在他生存的每

---

① ［英］A. J. 汤因比、［日］池田大作：《展望二十一世纪——汤因比与池田大作对话录》，荀春生等译，国际文化出版公司 1985 年版，第 60 页。

② 罗崇敏：《教育的逻辑》，人民出版社 2011 年版，第 9 页。

③ ［印］克里希那穆提：《教育就是解放心灵》，张春城、唐超权译，九州出版社 2010 年版，第 209 页。

④ ［印］克里希那穆提：《教育就是解放心灵》，张春城、唐超权译，九州出版社 2010 年版，第 209 页。

⑤ ［法］米亚拉雷：《教育科学导论》，思穗、马兰译，教育科学出版社 1991 年版，第 30—31 页。

时每刻都必须查问和审视他的生存状况的存在物。"① 基于此，教育必须关注教育中的人。关注教育中的人，就要求关注人本来的需求与特性。加拿大哲学家查尔斯·泰勒在对"现代性"的隐忧进行论述时，曾涉及"自由的丧失"的问题。② 针对此论题，有学者指出："对扭曲的'现代性'的纠偏和发展，也是对新人形象的期待和呼唤。"③ 关于"自由的丧失"所导致问题的严重性，美国著名哲学家曾论述道："没有自由，旧的真理变得陈腐不堪和失去效用，以至于它们不再作为真理，而纯粹成为外部权威的命令。没有自由，探求新的真理以及开辟人类可以安全和公正地前行的道路，也就到此结束。为争取个人解放的自由，是社会运动朝着更有人性的崇高目标前进的根本保障。限制他人自由的人，特别是限制探究和沟通的自由的人，最终会危害他自己的自由以及他的子孙后代的自由。"④ 由此可见，面对"现代性"的困惑，将人作为对象的教育，在造就自由的"新人"上有着不可推卸的责任。这也正是当今诸多学者主张教育应该造就"自由人"的原因。诸如，"教育就是帮助儿童获得独立和自由的能力，学会独立思考，独立地作出判断，独立面对世界"⑤。"教育的根本目的就是培养自由自主的人，即让每个人都能在这个世界上自立、自主的生活，并且懂得去追求更好的生活。一句话，教育就是培养自由人。"⑥ 进而言之，当组成社会的人是"自由人"时，社会也便是民主的。因为"民主主义建立在对人类的自由和平等的信念上"⑦。也正是在这种层面上，有学者称民主社会为"个人自由的社会"。

可见，在教育过程中关注教育对象，培养"自由人"，既实现了教育

① ［德］恩斯特·卡西尔：《人论》，甘阳译，上海译文出版社1985年版，第8页。

② ［加］查尔斯·泰勒：《现代性之隐忧》，程炼译，中央编译出版社2001年版，第2页。

③ 王啸：《全球化与中国教育》，四川人民出版社2001年版，第221页。

④ 杜威：《现代世界的智慧》，纽约现代图书馆1939年版，第165页。

⑤ 肖川：《教育的情趣与艺术》，岳麓书社2008年版，第197页。

⑥ 刘铁芳：《教育生活的永恒话题》，湖南出版社2010年版，第180页。

⑦ 杜祖贻：《杜威论教育与民主主义》，人民教育出版社2003年版，第59页。

的社会价值，又符合教育目的需从个体与社会双重角度加以确定的现实需要。

二　不言之教与课程设置

以"道论"作为理论基础的不言之教，关注人发展的自然性和全面性。老子之所以批判以知识传授为主的"言教"，原因在于碎片的、割裂的知识对于人的影响是片面的。在老子看来，对于知识获得的过分关注并非教育的应然状态，关注教育中人精神境界的形成及个体素养的提升，才是老子不言之教的要旨。为提升个体德性、重建"符道合德"的社会，老子主张关注多种类型的知识。以对"言教"过分关注"智识"的批判为依据，老子的"不言之教"看重经由观察、实践、反思所得的知识。

（一）不言之教对知识的整合

知识作为人类观念与思想的载体，其所具有的承上启下的延续性，对于促进现实生活的进步具有重要作用。著名作家托尔斯泰认为："知识是工具，而不是目的。"[①] 所谓"知识不是目的"，有两方面的含义：一方面，知识本身只是观念与思想，没有行动的参与，其本身无法促进现实生活的改进；另一方面，正如庄子所言，"吾生也有涯，而知也无涯。以有涯随无涯，殆已！"在知识爆炸的今天，以有涯之人生随无涯之知识，实有偏离与违背人生目的之嫌。所谓"知识是工具"，则指出了知识的工具特性，侧面体现了当前人们对于知识工具价值的认可。由于不同的工具，有不同的特性与用途，倘要使"无涯之知"更好地为人所用，则必然要对知识予以分门别类。故而，为了方便运用，知识被人为地划分为不同的类型，且不同学者对于知识划分的标准及结果亦不同。

波兰尼把人类的知识分为两种，即显性知识和默会知识。前者是指用文字、图表和数学公式等呈现的知识，即"符号知识"；后者则指无法用符号呈现的、处于不可言说状态的知识。赛义德采用划分地域的标准，将知识分为东方知识和西方知识。孔德则将知识划分为宗教知识、形而上知

---

① 张世莹：《外国格言》，天津人民出版社1985年版，第54页。

识、实证知识三类。然而，在诸多对于知识类型的表述中，较具代表性的当数德国法兰克福学派代表人物尤尔根·哈贝马斯的论述。哈贝马斯对于知识的分类是在批判实证主义唯自然科学为知识的过程中展开的，其将人类旨趣与知识相联系，认为"认识与兴趣是统一的"①，是相互蕴含的。于是在确立了人类具有的技术、实践及解放三种旨趣后，哈贝马斯将知识划分为三种类型，即经验–分析的科学、历史–解释的科学以及批判的科学，亦即"我们习惯上所称呼的自然科学、人文科学和哈贝马斯所特指的社会批判理论"②。然而，知识的分类对于教育有何意义？教育选择何种知识作为工具能够促使教育目的的实现？如果将科技教育的内容对应哈贝马斯所划分的第一种知识，将价值教育的内容对应于哈贝马斯第二、三种知识，那么知识类型的确立以及教育中人对知识的选择就决定了教育的性质。科技教育所传递的知识，即是波兰尼所谓能用文字、公式等呈现并可以通过语言传递的"显性知识"；价值教育则包括以实践和解放为旨趣的不可言传的"默会知识"。事实上，现实教育也主要是通过这两类知识达成教育的个体与社会价值。

正如有学者所说："现代的教育归根到底是'生存的教育'而不是'存在的教育'。"③ 这意味着知识教育"以知识为中心、以知识为本"④。抑或说，现今教育倾向于传递那些能使个体持续存活的科技知识，即可以被公式化的、高度确定的知识；而不甚关注个体依靠实践与批判活动，接触与获得的不确定性知识，即哈贝马斯的后两类知识——其作用在于创建更为美好的现实生活。可见，人类划分的知识类型，并没有在教育中得到全面合理的呈现。教育中传递的多是浩瀚知识中的某一特定类型；充斥于社会生活层面的诸多类型的知识，并没有通过教育而服务于现实生活。相

---

① 夏巍：《实证主义与哈贝马斯只是原则的存在论初始定向》，《四川大学学报》2010 年第 6 期。
② 钱厚成：《哈贝马斯的知识类型观》，《南京航空航天大学学报》2006 年第 3 期。
③ 石中英：《教育哲学》，北京师范大学出版社 2007 年版，第 74 页。
④ 孟建伟：《从知识教育到文化教育——论教育观的转变》，《教育研究》2001 年第 1 期。

应地，教育中以传授知识为主要目的的课程设置与实施等亦不能关涉知识的整体性，其结果是对学生身心发展的全面性造成一定程度的负面影响。鉴于知识的整体性恰恰为《老子》的不言之教所关注，故而"不言之教"能够对当前课程过分关注学科知识而忽视学生需求，集中开设显性课程而忽略隐性课程的教育价值，过分依赖课程方案而忽略课程情境创设等提供参照与启示。

（二）关注生成性知识

有学者指出："教科书只是课程的一个要素，完整的课程在师生交往中生成。"[①] 学生在与教师交往过程中的所学不仅包含知识，还包括形成良好的人际关系、学会为人处世、形成优良品德、养成健康向上的生活态度等。对比书本知识，这类知识是活的，其并非教材上可看、可读、可记忆的符号概念。而其之所以能够"活"起来，正是由于这类知识所面对的主体是千差万别的；正是因为这种知识在面对学习者时没有先入为主。面对"活"知识，学习者真正成为主体，并可以根据自己的需求灵活选择知识。相比之下，在教育活动中，那些没有被选择的知识，亦并非僵化，因其仍在不断的交往、活动过程中生成着。这种"活知识"或说生成性知识的最突出的特点是"不确定"性。这种不确定性表现为两方面。

一方面，形式的不确定。在交往活动过程中生成的知识，首先，可以以口头语言的方式呈现，即学习者通过他人之口获得自己所需要的知识。其次，由于活动和交往的特点，知识同样可以通过肢体动作来表达。此种知识相当于操作性知识，获得的途径类似于今日通常所谓"手把手地教、一对一地学"，此亦是通过个体的实践活动所得的知识。最后，通过观察、体悟而来的知识。在共同交往与活动过程中，个体与个体之间较容易"心有灵犀一点通"，比如，一个眼神就知晓对方的意思。产生这种现象的原因，正是由于双方处于共同的情境下，能够"以身观身"（今本《老子》第五十四章）。这都是学习者获得生成性知识的途径，获得途径的不

---

① 肖川：《教育的使命与责任》，岳麓书社 2007 年版，第 38 页。

同亦相应地表明了知识呈现形式的不同。另一方面，生成性知识的不确定性还表现为其出现时间的不确定性。诚然，交往与活动的过程，并非能够完全依照事先规定而开展。也就是说，在交往与活动的过程中，很多确定性的因素都退居其后，活动的进行要依据实时状况而定。这在一定程度上否定了那些硬性的、为时间和空间所限定的知识的有效性，从而印证了生成性知识具有时间和空间上的延展性，具有符合学习者内在需求的特征。正如哈格里夫斯在《知识社会中的教学》中所说，"知识是一个有弹性的、能流动、永远膨胀和永远移动的资源"。

可见，在交往活动中生成的知识，不仅能够弥补书本知识呆板、固化、片面等的不足，还可以活化知识，使得知识可以被创造、被改变、被发现。正所谓"教学就是'即席创作'"①。生成性知识的不确定性，与"不言之教"所力证的"不言"之不确定性有异曲同工之妙。"在教育中，将任何一种理论、学说、思想置于一种不容置疑的地位，都是对教育真义的背叛。"② 不言之教关注整体知识、关注生成性知识，乃富含教育理想之宏略大论。

三　不言之教与教学方法

"不言之教"的首要关键词是"不言"。以"不言"立论，不言之教是在"不言"指导下，围绕"不言"的原则及宗旨展开，旨在达成"不言"目标的教育活动。从教育方法的角度看，"不言"可被视为不言之教的方法论。在教育中关注"不言"的方式，既意味着教师身份、权威等的部分隐匿或消解，又意味着学生主体地位的确立与彰显。运用"不言"的方式实施教育，使"不言"真正成为有效促成"教书育人"目标的方式或手段，需要弱化"言教"方式在教育中的比例，使学生的官能、心理等有更多出场的机会及空间。

---

① ［加］马克斯·范梅南：《教育机智——教育智慧的意蕴》，李树英译，教育科学出版社 2001 年版，第 104 页。

② 肖川：《教育的情趣与艺术》，岳麓书社 2008 年版，第 231 页。

（一）关注学生的主体性

从字面意义上来看，关注学习者的主体性就是关注学习者作为主体的那些本来就有的特性。抑或说，关注学习者成其自身的先天自然性以及后天需要。这也是老子"不言之教"之自然性最突出的体现。

在教育中关注学习者的主体性，首先表现为关注学习者的自然性。裴斯泰洛齐说过："教育是人类一切知能和才性的自然的、循序的、和谐的发展。"哲学家雅斯贝尔斯对于教育的定义，亦看重整个教育过程及受教育者的自然性，"所谓教育，不过是人对人的主体间心智交流活动（尤其是老一代对年轻一代），包括知识内容的传授，生命内涵的领悟，意志行为的规范，并通过文化传递功能，将文化遗产交给年青一代，使他们自由的生成，并启迪其自由天性"①。福禄贝尔更是用生动的语言表达出了教育关注个体自然的重要性，"人啊，你遨游在田园里，你蹰躅于原野间，怎么不听着自然所给你的静默的教训？就是花和草，也表现着各部构造和形态的和谐发展，做父母的啊，你违背了儿童的自然性，强塑着你的定型，该让他有美丽的、和谐的发展啊!"②福禄贝尔对于关注儿童自然性的呼吁，正是从反面印证了教育不顾学习者本性、硬性强压的现实。"我们的儿童像羊群一样被赶进教育工厂，在那里无视他们独特的个性，而把他们按同一个模式加工和塑造。我们的教师们被迫或自认为是被迫按照别人给我们规定好的路线去教学。这种教育制度既使学生异化了，也使教师异化了。"③这意味着在教育过程中，扼杀学生自然本性的教师，也"自杀"了自身所具有的独特本性。

彰显学习者的主体性除了要求关注个体的自然本性外，亦要求时刻关注个体的需要。而对于学习者需要的体察程度，依赖于教育者对学习者的

---

① ［德］雅斯贝尔斯：《什么是教育》，邹进译，生活·读书·新知三联书店1991年版，第3页。

② ［德］福禄贝尔：《人的教育》，孙祖复译，人民教育出版社2001年版，第9—10页。

③ 陈友松：《当代西方教育哲学》，教育科学出版社1982年版，第119页。

理解程度。正如有学者所说，"如果教育学希望从一切方面去教育人，那么它就必须首先也从一切方面去了解人"①。在教育中，了解并关注学生的需要，对学生及对教育的发展都起到至关重要的作用。毕竟，"从教条主义出发，脱离学生的真实需要，我们的教育无异于戴着枷锁跳舞"②。

此外，关注学习者的主体性不是指关注某个和某些学习者，而是指向全体学习者，且尤其不能忽视对"边缘人"之主体性的关注。对于全体学习者主体性的关注是实现教育促进每一个人发展的前提。此正与"不言之教"打破人与人之间的不平等，承认并关注个体差异相一致。

（二）反省及实践方法的运用

事实上，现实社会的知识教育已然偏离了对学习者应然受教育目的的关注。这表现为广存于学校教育课堂上的授受关系，更多的只是以语言为中介的知识传递过程。学习者获得的是一个个抽象的符号，这些符号是前人遗留下来的、呆板的、古老的思想与观念。在这种境况下，学习者也在试图通过对于符号的学习通往智慧之门，从而促进现实生活的改善。然而，这恰是对教育的莫大误解。"世人或以教育但限于授、算、写作之知识、技能，而学校但为授教科之地者，或以教育为但于学校施之者，皆不知教育之真义也。"③ 这种以言为教的教育不是真正教育的全部，"教授之真正目的，在使儿童天赋之诸能力调和发达，而陶冶其为人。则教授时不当以授观念、造概念为足"④。课堂上的知识传递，无法达成理想教育目的之实现。通过所谓的知识学习，学习者获得的既不是灵活的心灵，也不是自由的思想。知识教育更多造就了一批批用知识堆砌而成的"符号人"。这类由教育塑造出来的"符号人"，只能和知识打交道，未来的他们也更有可能成为被旧事物驯化和对现实服从的人，对于解放自身和促进

---

① ［俄］乌申斯基：《人是教育的对象》，李子卓等合译，科学出版社1959年版，第11页。

② 肖川：《教育的使命与责任》，岳麓书社2007年版，第62页。

③ 王国维：《教育学》，福建教育出版社2008年版，第1页。

④ 王国维：《教育学》，福建教育出版社2008年版，第37页。

社会进步益处甚微。显见，有"言"之教在目的的应然与实然之间存有根深蒂固的矛盾。这种矛盾的存在，使得教育有必要从沿袭已久的"言教"的知识教育之路径中退身，通过实践与反省的教育路径达至个体及社会进步之目的。

所谓实践与反思的教育，正是老子所谓的"自化""自正""自富""自朴"之充分发挥主观能动性的教育。这种教育是摒弃了"言"之规范性、强制性的教育，也是学习者在权威消解的前提下获得自由自觉之学习状态的教育。这种形式的教育，不仅没有抛弃教育范畴内的它物，反而突出了学习者在教育过程中的主体地位。如此一来，教育者将不是"言教"中处于上位的教育权威的代言人和实施者，而是成为能够合时宜地"言"说，且有助于学习者之身心发展的另一"学习者"。学习者的解放，首先体现为用自知自觉的实践与反思去获得多样化的知识。之后，从烦琐复杂的旧知识中脱身，从先前用知识搭建起来的对于社会的理解中解放出来，寻求到一种看待自身及社会的崭新视角。

可见，实践与反思的教育培养出来的是活的"现实人"，其集思想和行动于一身，能在实践中反思。其行动来源于自身内力的驱动，而不是外力的作用；其行动的地点不是在已有的记忆与知识所限制的时间与领域里，更不仅是在教室里，而是在广阔的现实生活中展开。

四　不言之教与师生关系

"言教"中的师生关系往往是紧张的，以言说作为师生沟通交往的中介，一方面减少师生心灵、精神沟通的可能；另一方面，语言的工具性较易触痛甚至伤害柔软且敏感的人性。相比之下，以"不言"作为师生交往的方式，则既能够在相当程度上避免言说所带来的"风波"，又能够让师生双方通过无声的交流达成同理心。"太上，不知有之。其次，亲而誉之。其次，畏之。其次，侮之"（今本《老子》第十七章）明确指出"不言"对于建构理想人际关系的积极作用。以"不言"作为处理师生关系的原则及依据，蕴含着教师不以自身的权威、智识、能力、名号凌驾于学生之上的平和姿态，体现出教师不用口舌聒噪、颐指气使方式对待学生的容人雅量。相比于主要依靠语言训诫、警告、提醒、鞭策学生的教师，以"不言"的心胸和态度对待学生的教师，其呈现给学生的更多是从容而优雅的形象。

（一）"人—人"关系

从本质上说，师生关系是人与人的关系。在教育中，教师和学生同为交往的主体，"师—生"交往首要涉及的是人际层面。众所周知，良好关系的形成必然要求主体在交往过程中遵循一定的交往原则，而人与人之间交往的最基本原则便是"尊重"。尊重是双向的尊重，但由于良好师生关系形成的关键在于教师，抑或说教师更应该有意识地构建良好的师生关系，所以"'双主体'关系下的尊重在于教师对学生的尊重，也在于对自我的尊重，这也就实现了对教学的尊重"①。教师对学生的尊重体现在很多方面，在教育中尊重每一个学生，要求教师接受并尊重个体的差异性。差异性的存在使个体成其自身，也正是差异性的存在使个体为人处事的方式不同于他人。"每一个学习者的确是一个非常具体的人。他有他自己的历史，这个历史是不能和任何别人的历史混淆的。他有他自己的个性，这个个性随着年龄的增长而越来越被一个由许多因素组成的复合体所决定。这个复合体是由生物的、生理的、地理的、社会的、经济的、文化的和职业的因素所组成的，而这些方面对于每一个人来说都是各不相同的。"②

每一个个体的发展，包括教师在内，都是不断生成的；也就是说，个体自身所具有的差异性也在不断变化。这种动态的生成性，使得教师在把握受教育者的特征时面临着不小的困难。尤其是在今日班级授课制模式下，庞大的学生数量更是对教师尊重每一个学生提出了挑战。于是这便要求教师具备一种比"尊重"更具统摄力的情感及行为，此即教师对学生的"爱"。老子的圣人对待百姓的首要原则是"慈"。在日常生活中和学

---

① 李秀伟：《教育言无言》，广西师范大学出版社 2009 年版，第 113 页。

② 联合国教科文组织国际教育发展委员会编著：《学会生存——教育世界的今天和明天》，华东师范大学比较教育研究所译，教育科学出版社 1996 年版，第 195—196 页。

生接触频繁的教师，若能抱着一颗慈爱之心对待学生，那么学生在感受到爱的同时，也会主动地将爱奉献给他人。可见，良好师生关系达成的第一步便是教师通过爱学生的方式与学生建立联系，让学生认识、肯定、接纳自己。正是教师对学生的爱，拉近了师生之间的距离，使得学生能够反过来爱教师、爱他人，并为个体日后的发展积累一笔宝贵的财富。"我坚信在爱的环境中成长起来，最后成为失败者，成为一个无法经受挫折的人，这样的挫败者一定会更少，而且从爱的教育里面成长起来的成为善人的一定会更多，这就是教育的正面力量。"①

当师生彼此的尊重和爱成为连接二者的纽带时，师生关系便从传统的以"专制""控制""塑造"为特征的单向模式中脱身，转而成为尊重、理解、包容、成全的双向交往模式。在这种模式中，存在于教师和学生之间的制度、规则等中介消失。在交往中直接照面的对方，各自回归了"人"的本质。此与老子将"自然性"看作人的本质并在教育中施以自然教育是一致的。换言之，教育中人际关系的建立，必须以体认与成就个体的本质为前提。否则，便极有可能造成教育中人际关系的异化。

（二）"师—生"关系

日本学者斋藤孝说："老师的存在是因为有徒弟的存在。"② 同理，学生之所以为学生，是因为有教师。可见，师生并不仅仅是人和人之间的关系。建立和维持良好的师生关系，除了上文所述师生之间彼此的爱和尊重外，还应发挥学生自我身份认同及教师示范效应的作用。

有学者认为，学生身份的自我认同，"关键是教师能否让徒弟意识到自己也是支持老师这个角色的一分子。当学生因为门徒（弟子）的角色而感到骄傲时，他进步的速度必然也很可观"③。这意味着学生要为自己

---

① 张文质：《教育的心灵之约》，北京师范大学出版社 2009 年版，第 133 页。

② ［日］斋藤孝：《教育力》，张雅梅译，华东师范大学出版社 2011 年版，第 153 页。

③ ［日］斋藤孝：《教育力》，张雅梅译，华东师范大学出版社 2011 年版，第 153 页。

的身份感到自豪，并为能够成为某一或某些教师的学生而骄傲。这便要求教师能够认同自己的身份，并为自己的学生感到自豪。

正如阿德勒所说："教师不只是一本谈话的书、一张活的留声唱片，对一群不认识的现象广播。"① 如果教师对学生进行教育的方式只是"广播"，等于教师并未将学生看作是具有自主性的个体。这种情境下的教师，站在学生之上或之前。教育中的以"学生为本"，强调的正是教师对于学生的帮助和指导，"教育是对人的'自我实现'的帮助，教育者的作用具有一种助产性的，即助产的功能，但不是一种制造的功能"②。以帮助和指导为方法的教师，始终处于学生"身后"。正如诺尔特所说："如果孩子生活在批评里，他将学会谴责；如孤傲孩子生活在敌意里，他将学会暴力……如果孩子生活在肯定中，他将学会自爱；如果孩子生活在被接纳和友谊中，他将学会喜爱这个世界。"③ 如果教师懂得谦让和居后，那么学生也会同样谦逊地对待教师，师生双方会以同样的态度用心地甚至小心翼翼地经营着"师—生"关系。这便是老子的"不言之教"中圣人的"榜样"作用给当今教育中师生关系的启示。

总之，老子"不言之教"传达的诸多教育理念，均值得今日教育中人深思。这包括以合于"道""德"的不言之教的超功利特性，与现行功利主义教育目的相对照；对过于"有为"之繁文缛节和条规法文的摒弃，提醒人们教育的根本目的在于"个体的自由和社会的解放"；以"道"之整体和广博特性关涉知识的整体性；以"言说"的不确定性，关注生成性知识的获得；以个体的自然性和主观能动性为前提，为今日教育中广泛存在的灌输式的教学方法谏言；以对实践和反省方法的重视，对应当今教育过于倚重口头讲解和书面表达之"言教"方法的偏颇；以"天地不仁，

---

① ［美］阿德勒：《西方的智慧》，周勋男译，吉林文史出版社1990年版，第95页。

② ［奥］茨达齐尔：《教育人类学原理》，李其龙译，上海教育出版社2001年版，第58页。

③ 黄向阳：《德育原理》，华东师范大学出版社2000年版，第145—146页。

以万物为刍狗"的人人平等观，关照当下教师和学生关系中占主导的"上施下效"的权威模式；以圣人之"退后""居下"的行为方式，为教师何以建立和维持良好的师生关系提供借鉴。

尼采说过，老子思想"像一个永不枯竭的井泉，满载宝藏，放下汲桶，唾手可得"①。"不言之教"作为《老子》五千言中直接论及教育的理论，正如"泉眼无声惜细流"中那汩汩不断流淌的泉水般清澈明净。泉水所流之处，尘埃尽无，润物无声。这也正是应然之教育所当达到的理想境界。

---

① 莫善钊：《台湾、港澳〈老子〉研究》，《国内哲学动态》1985 年第 11 期。

参考文献

一　著作

（一）历史类、哲学类

（汉）司马迁：《史记》，中华书局 1959 年版。

（汉）班固：《汉书》，中华书局 1962 年版。

（宋）朱熹：《四书章句集注》，中华书局 1983 年版。

（清）郭庆藩：《庄子集释》，中华书局 1961 年版。

（清）王先慎：《韩非子集释》，中华书局 2013 年版。

［英］李约瑟：《科学思想史》，科学出版社 1990 年版。

《道藏》，文物出版社、上海书店、天津古籍出版社 1988 年版。

《广阳杂记》（卷一），中华书局 1957 年版。

《正统道藏》，台北艺文印书馆 1977 年版。

蔡元培：《中国伦理学史》，广西师范大学出版社 2010 年版。

陈少峰：《中国伦理学史》（上册），北京大学出版社 1996 年版。

冯友兰：《中国哲学史》，华东师范大学出版社 2000 年版。

胡适：《中国哲学史》（上卷），中华书局 1988 年版。

黄钊：《中国道德文化》，湖北人民出版社 2000 年版。

赖蕴慧：《中国哲学导论》，刘梁剑译，世界图书出版公司 2013 年版。

梁启超：《先秦政治思想史》，岳麓书社 2010 年版。

吕思勉：《三皇五帝考·古史辨（七）》，上海古籍出版社 1982 年版。

吕思勉：《先秦史》，上海古籍出版社 2005 年版。

吕思勉：《中国文化思想史九种》（上、下），上海古籍出版社 2009 年版。

罗国杰：《中国传统道德》，中国人民大学出版社 1995 年版。

牟宗三：《中国哲学十九讲》，吉林出版集团有限责任公司 2010 年版。

任继愈：《中国哲学史论》，上海人民出版社 1981 年版。

汤用彤：《魏晋玄学论稿》，上海古籍出版社 2005 年版。

唐君毅：《中国哲学原论》，台北学生书局 1993 年版。

唐宇元：《中国伦理思想史》，台北文津出版社 1996 年版。

王海明：《伦理学原理》，北京大学出版社 2009 年版。

王正平：《中国传统道德论探微》，上海三联书店 2004 年版。

余家菊：《中国伦理思想》，商务印书馆 1970 年版。

曾仕礼：《先秦哲学》，云南大学出版社 2009 年版。

张岱年：《中国哲学大纲》，中国社会科学出版社 1982 年版。

张岂之：《中国思想学说史》（先秦卷 上），广西师范大学出版社 2008 年版。

张荫麟：《中国史纲》，中华书局 2009 年版。

周绍良：《全唐文新编》，吉林文史出版社 2000 年版。

朱贻庭：《中国传统伦理思想史》，华东师范大学出版社 1989 年版。

（二）《老子》读本、译注类

（汉）河上公：《老子道德经河上公章句》，中华书局 1993 年版。

（汉）严遵：《老子指归》，中华书局 1994 年版。

（魏）王弼：《老子道德经注校释》，中华书局 2008 年版。

（宋）王安石：《王安石老子注辑佚会钞》，华东师范大学出版社 2013 年版。

（宋）林逸希：《老子鬳斋口义》，华东师范大学出版社 2010 年版。

（宋）吕惠卿：《老子吕惠卿注》，华东师范大学出版社 2015 年版。

（元）吴澄：《道德真经注》，中华书局 1991 年版。

（明）焦竑：《老子翼》，华东师范大学出版社 2011 年版。

（明）释德卿：《道德经解》，华东师范大学出版社 2009 年版。

（清）王夫之：《老子衍 庄子通 庄子解》，中华书局 2009 年版。

（清）魏源：《老子本义》，华东师范大学出版社 2010 年版。

（清）姚鼐、奚侗、马其昶：《老子注三种》，黄山书社 2014 年版。

《老子》（全二册），《四部要籍注疏丛刊》，中华书局 1998 年版。

陈鼓应：《老子今注今译》，商务印书馆 2003 年版。

陈鼓应：《老子今注今译》，商务印书馆 2013 年版。

丁原植：《郭店竹简老子解析与研究》，台北万卷楼图书有限公司 1998
　年版。

冯振：《老子通证》，华东师范大学出版社 2012 年版。

高亨：《老子注译》，清华大学出版社 2010 年版。

高华平：《老子》，南京大学出版社 2010 年版。

高明：《帛书老子校释》，中华书局 1996 年版。

公木：《老子》，长春出版社 2011 年版。

古棣：《老子校诂》，吉林人民出版社 1987 年版。

刘笑敢：《老子古今》（上、下），中国社会科学出版社 2006 年版。

吕祖秘：《道德经心传》，广西师范大学出版社 2014 年版。

马王堆汉墓帛书整理小组：《马王堆汉墓帛书老子》，文物出版社 1976
　年版。

聂中庆：《郭店楚简〈老子〉研究》，中华书局 2004 年版。

王孝鱼：《老子衍疏证》，中华书局 2014 年版。

许抗生：《帛书〈老子〉注译与研究》，浙江人民出版社 1985 年版。

尹振环：《帛书老子解析》，贵州人民出版社 1995 年版。

张松辉：《老子译注与解析》，岳麓书社 2008 年版。

张松如：《老子说解》，齐鲁书社 1998 年版。

朱谦之：《老子校释》，中华书局 1984 年版。

左孝彰：《老子归真》，天津人民出版社 2012 年版。

（三）《老子》思想研究类

［美］韩禄伯：《简帛老子研究》，学苑出版社 2002 年版。

［日］池田久让：《道家思想的新研究——以〈庄子〉为中心》，中州古籍出版社 2009 年版。

［英］葛瑞汉：《论道者——中国古代哲学论辩》，中国社会科学出版社 2003 年版。

晁天义：《先秦道德与道德环境》，中国社会科学出版社 2010 年版。

陈鼓应：《道家的人文精神》，中华书局 2012 年版。

陈鼓应：《老庄新论》，上海古籍出版社 1992 年版。

方东美：《原始儒家道家哲学》，中华书局 2012 年版。

冯友兰：《老子哲学》，北京大学出版社 1984 年版。

公木、邵汉明：《道家哲学》，长春出版社 2007 年版。

李安纲、赵晓鹏：《道德玄参——〈道德经〉道德体系研究》，中国社会科学出版社 2012 年版。

梁启超、章太炎等：《国学大师说老庄及道家》，云南人民出版社 2009 年版。

刘晗：《〈老子〉文本与道儒关系演变研究》，人民出版社 2010 年版。

刘介民、郑振伟：《道家与现代教育》，广东高等教育出版社 2013 年版。

刘名瑞：《道源精微》，山西科学技术出版社 2011 年版。

陆建华：《建立新道家之尝试》，安徽大学出版社 2011 年版。

罗安宪：《虚静与逍遥——道家心性论研究》，人民出版社 2005 年版。

梅珍生：《道家政治哲学研究》，中国社会科学出版社 2010 年版。

宁镇疆：《〈老子〉"早期传本"结构及其流变研究》，学林出版社 2006 年版。

曲小强：《自然与自我——从老庄到李贽》，济南出版社 2007 年版。

司马云杰：《大道运行论——关于中国大道哲学及其最高精神的研究》，陕西人民出版社 2003 年版。

孙以楷：《道家与中国哲学》，人民出版社 2004 年版。

孙以楷：《披云集》，安徽大学出版社 2010 年版。

孙以楷、陆建华、刘慕芳：《道家与中国哲学》（先秦卷），人民出版社 2004 年版。

王海珺：《〈老子〉道德精神透视》，三秦出版社 2013 年版。

王英杰：《自然之道——老子生存哲学研究》，人民出版社 2010 年版。

杨启亮：《道家教育的现代诠释》，湖北教育出版社 1996 年版。

杨义：《老子还原》，中华书局 2011 年版。

詹剑锋：《老子其人其书及其道论》，华中师范大学出版社 2006 年版。

张岱年：《道家文化研究》（第 6 辑），上海古籍出版社 1995 年版。

张松辉：《老子研究》，人民出版社 2009 年版。

张松辉：《老子译注与解析》，岳麓书社 2008 年版。

张智彦：《老子与中国文化》，贵州人民出版社 1996 年版。

朱晓鹏：《道家哲学精神及其价值境遇》，中国社会科学出版社 2007
年版。

朱晓鹏：《老子哲学研究》，商务印书馆 2009 年版。

（四）其他

［英］阿诺德·汤因比：《人类与大地母亲》，上海人民出版社 2001 年版。

《汉语大字典》（缩印本），四川辞书出版社 1993 年版。

常金仓：《周代礼俗研究》，黑龙江人民出版社 2005 年版。

陈来：《古代宗教与伦理——儒家思想的根》，生活·读书·新知三联书
店 2009 年版。

方东美：《方东美演讲集》，台北黎明文化公司 1984 年版。

郭沫若：《郭沫若全集》（第 1 卷），人民出版社 1982 年版。

郭沫若：《十批判书》，人民出版社 1954 年版。

李承贵：《德性源流——中国传统道德转型研究》，江西教育出版社 2004
年版。

梁启超：《梁启超论诸子百家》，商务印书馆 2012 年版。

梁韦弦：《中国传统伦理思想研究》，黑龙江人民出版社 2007 年版。

林晓平：《先秦诸子与史学》，中国社会科学出版社 2009 年版。

牟宗三：《现象与物自身》，台北：学生书局 1990 年版。

王曰美：《人的主体意识的发展与先秦文学》，中国社会科学出版社 2008
年版。

吴怡：《生命的哲学》，台北三民书局 2004 年版。

徐复观：《中国人性论》（先秦篇），台湾商务印书馆 1999 年版。

许春华、田昌五、臧知非：《周秦社会结构研究》，西北大学出版社 1996
年版。

叶飞：《现代性视域下的儒家德育》，北京师范大学出版社 2011 年版。

于省吾：《甲骨文字诂林》（第 1 册），中华书局 1996 年版。

张广志、李学功：《三代社会形态》，陕西师范大学出版社 2001 年版。

章太炎：《国学十八篇》，中国华侨出版社 2013 年版。

周法高：《金文诂林》，香港中文大学出版社 1974 年版。

二 论文

白晋荣、杨翠英：《〈老子〉"德"论探微》，《河北学刊》2016 年第 1 期。

白奚：《老子思想与儒道互补》，《道学研究》2003 年第 1 期。

曹峰：《论〈老子〉的"天之道"》，《哲学研究》2013 年第 9 期。

晁福林：《先秦时期"德"观念的起源及其发展》，《中国社会科学》
2005 年第 4 期。

陈成吒：《先秦老学考论》，博士学位论文，华东师范大学，2014 年。

陈鼓应：《老子与孔子思想比较研究》，《哲学研究》1989 年第 1 期。

陈霞：《论道家道德哲学的几个特点》，《宗教学研究》2010 年第 9 期。

樊浩：《"德"——"道"理型与形而上学的中国形态》，《北京大学学
报》（哲学社会科学版）2010 年第 2 期。

郭沂：《从"欲"到"德"——中国人性论的起源与早期发展》，《齐鲁
学刊》2005 年第 3 期。

景海峰：《〈老子〉道德关系论》，《深圳大学学报》（人文社会科学版）
1987 年第 10 期。

李德：《先秦时期"德"观念源流考》，博士学位论文，吉林大学
2013 年。

李开：《从郭店楚墓竹简本〈老子〉看春秋战国之际的道家哲学》，《江海
学刊》2002 年第 6 期。

刘长欣:《论老子的"道"与"德"及其"反"道德伦理观》,《中国道教》2001 年第 1 期。

刘俊杉:《连接"道"与"人"的桥梁——老子"天德观"思想及其德育价值》,《教育学报》2012 年第 1 期。

刘峻杉:《老子的仁德观及其伦理价值》,《道德与文明》2013 年第 5 期。

马德邻:《老子形而上学思想研究》,博士学位论文,华东师范大学 2002 年。

普慧:《先秦儒、道"通"、"异"论》,《求是学刊》2010 年第 9 期。

孙熙国、肖艳:《"德"的本义及其伦理和哲学意蕴的确立》,《理论学刊》2012 年第 8 期。

王敏光:《〈老子〉哲学"德"论探赜》,《理论月刊》2011 年第 9 期。

王园园:《〈老子〉的道德梳理》,《广西大学学报》(哲学社会科学版) 2010 年第 2 期。

王志宏:《也论老子的"善"》,《南昌大学学报》2001 年第 1 期。

王中江:《〈老子〉的"德性论"》,《中国社会科学报》2012 年第 9 期。

王中江:《早期道家的"德性论"和"人情论"——从老子到庄子和黄老》,《江南大学学报》(人文社会科学版) 2012 年第 7 期。

徐建良:《老子道家"慈"》,《伦理学研究》2011 年第 1 期。

许春华:《老子道论》,博士学位论文,河北大学 2011 年。

许建良:《中国"道""德"哲学的原初图式》,《西北师范大学学报》(社会科学版) 2004 年第 12 期。

许抗生:《构建当代新道家学说之初步设想》,《安徽大学学报》(哲学社会科学版) 2009 年第 2 期。

许彦龙:《对老子之"礼"、周公之"礼"和孔子之"礼"关系的再认识》,《淮南师范学院学报》2010 年第 1 期。

许彦龙:《老子〈道德经〉中"礼"之探微——兼及早期周孔之礼比较》,《江汉大学学报》(人文科学版) 2010 年第 8 期。

杨深:《从道德虚无主义走向道德秩序重建》,《哲学研究》1995 年第 5 期。

叶树勋：《"德"观念在老子哲学中的意义》，《中国哲学史》2013 年第 1 期。

叶树勋：《老子"玄德"思想及其所蕴形而上下的贯通性——基于通行本与简帛本〈老子〉的综合考察》，《文史哲》2014 年第 5 期。

叶树勋：《老子对"德"观念的改造与重建》，《哲学研究》2014 年第 9 期。

臧宏：《说〈老子〉中的"德"》，《社会科学战线》2001 年第 10 期。

张华勇：《老子"德"的内在意蕴及其现代阐释》，《道德与文明》2015 年第 9 期。

张尚仁：《"唯道是从"的德论——〈道德经〉的研究》，《学术探索》2014 年第 9 期。

张学方：《老子古本道德顺序试探》，《北京社会科学》1994 年第 2 期。

章媛：《老子之"德"英译得失考》，《学术界》2012 年第 6 期。

赵庙祥：《老子"道之德"思想探析》，《太原师范学院学报》（社会科学版）2009 年第 3 期。

赵素锦：《〈道德经〉"德"之伦理意蕴》，《华中科技大学学报》（社会科学版）2011 年第 9 期。

后　记

本书的主体内容是我的博士学位论文。常听说，一个好的博士论文选题是学术生命的起点，现在想来的确如此。在工作四五年的时间内，读博期间的研究主题的确是我毕业之后开展研究工作的源头活水，每每迷茫与困顿之际，便会毫不犹豫地重回其中。在其中，我收获了太多美好的感叹，关于人生的、生活的、教学的、科研的、家庭的、人际的、修身的……可以预见并确定地是，这本书中的内容仍将持续在我的科研旅途中处于至关重要的位置，它是永恒而常新的主题，是灵动而美妙的旋律，是活生生观念与思想的载体，值得热爱与追随。

值得仰望与追随的，除了思想，还有人。我的导师于洪波先生，他深沉而舒展，自持而安人，包容而谦和，美好而内敛。他对这本书倾注了大量的精力，进行了字斟句酌式的修改与完善。

这本书的出版得益于山东师范大学教育学一流学科的经费支持，基于单位和学科的助力，青年教师的发展才有更为坚实的后盾。此外，感谢中国社会科学出版社的安芳编辑，在她悉心周到的工作下，此书得以顺利出版！

这本书定有各种缺陷与不足，真诚希望各位方家不吝赐教！

王康宁

2020 年 10 月 26 日书于泉城